KB195598

당신도 감정 소모 없이
말할 수 있습니다

당신도
감정 소모
없이

말할 수
있습니다

50 Sätze,
die das Leben leichter
machen

카린 쿠시크 지음 — 한윤진 옮김

명쾌하게 자신을 드러내고
단호하게 관계를
정리하는 심플한 태도

청림출판

프롤로그

당신의 삶을 편하게 해줄 50가지 조언

이 책은 당신의 시간을 절약해준다. 오해, 자기 합리화 또는 혼잣말로 허비하는 시간을 말이다. 어쨌거나 살다 보면 인생에서 종종 튀어나오는 극적인 사건으로 생기는 여러 우회로를 막아준다. 내가 이 책에 담은 조언들은 어떻게 보면 간단한 말이지만 효과는 매우 커서 분명 당신 인생을 한결 편하게 해줄 것이다. 각각의 조언은 정직, 명확성, 확실한 자기 주도와 진정성으로 인도하는 초대장이다.

50가지 조언 중 다섯 가지만이라도 당신이 주로 쓰는 어록에 포함시키면 인생에서 외적인 효과는 물론 내적인 변화도 나타날 것이다. 분명 좋은 쪽으로.

이 책의 조언 중 일부는 급진적이지만 다른 일부는 그리 눈에

띄지 않거나 진부하게 느껴질 수도 있다. 나는 이런 조언들도 의
도적으로 배치했다. 보편적인 말일수록 더 중요하기 때문이다.
'이 정도면 나라도 할 수 있겠다'고 사람들이 생각하게 만드는 것
이 내가 바라는 목표다. 내 조언대로 말하다 보면 당신의 인생은
지금보다 훨씬 더 편해질 것이다.

　얼마 전 나의 한 내담자가 가족 모임에서 이 책에 수록된 간단
한 조언대로 했더니 친지들이 모두 놀라워했다고 한다. 그는 그
저 "내가 말했듯이"라고 말했을 뿐이다. 이 짧은 두 마디가 가족
에게 상당한 동요를 일으켰다. 이러한 효과는 사용할수록 반복
된다. 실제로 사용하기도 간단하고 효과도 확실하다. 어떻게 이
보다 더 좋은 조합이 있을까?

　평소에 명확성, 경계 설정, 가치 판단과 같은 주제에 관심 있
다면 이 책이 특히 유용할 것이다. 코치로 일하며 나는 거의 모
든 문제의 뿌리가 바로 이 주제에 있음을 배웠다. 나를 찾아온 내
담자의 고민이 무엇이었든 결국에는 이 주제 중 하나 또는 세 가
지 모두에 닿아 있었다. 따라서 이 책에 수록된 에피소드들의 방

향도 그러하다. 즉, 이 책은 셀프 리더십을 다룬다. 자신의 성장에 관심 있는 사람이라면 의식적이든 무의식적이든 자동으로 리더십에 관심을 갖기 때문이다. 직원을 이끄는 법, 대인 관계, 결혼 생활, 대화를 이끌어가는 법, 또는 자기 자신과 소통하는 방식마저 고민하기 마련이다. 확신하건대 셀프 리더십이란 에고ego를 줄이고 자신을 더 크게 만들기 위한 전제 조건이다. 그로써 주체성이라는 이 굉장하고 섬세하며 완전한 행복감이 보장된다.

있을지 모를 언쟁을 예방하거나 내면에 특정 메시지를 전달하고 싶은가? 그렇다면 이 책에 수록된 말을 일상 대화에 적극 적용하라. 어떤 말은 실제로 혼자 해볼 때 가장 큰 효과를 보이며, 핵심 내용을 상기시켜주기도 한다. 주변을 보면 그동안 쌓은 지식은 거인 같은데 막상 실전에서는 난쟁이 같은 사람이 많다. 안타까운 현실이다. 그래서 나는 어떤 상황에서도 지름길을 찾으려고 노력한다. 우리의 지식을 활용하여 빠르고 안정적이며 한결 여유롭게 대처하는 데 도움이 될 새로운 아이디어를 창출하려고 노력하는 것. 그것이 바로 이 책의 주제다.

"생각보다 쉬웠어요. 그리고 정말 간단하던데요!" 이런 피드백이 내게는 최고의 칭찬이다. 부디 당신도 이런 말을 할 수 있기를 바란다. 요령을 터득하면 우리의 내면에 스며들어 굉장한 힘을 발휘하는 동시에 차분하게 만들어주는 주도적인 감정을 체험할 수 있다. 더욱이 항상 믿을 만한 표현법으로 그 토대를 쌓는다면 효과가 더욱 커질 것이다.

　나는 스토리텔링과 사례를 중심으로 설명하는 방식을 선호한다. 따라서 각 장마다 해당 조언이 어떻게 나왔는지, 언제 어떻게 사용해야 천금의 가치가 있는지, 혹은 그로써 누군가의 인생을 한결 편안하게 바꿔주었는지를 여실히 보여주고자 했다. 이 책에 수록된 에피소드는 전부 실화를 바탕으로 썼으나, 등장 인물의 이름, 업계나 지명을 조금씩 바꿨다.

　이 책을 펼친 당신도 어쩌면 한 에피소드의 주인공이었을 수도 있다. 그만큼 보편적인 사례들을 다루었다는 점을 다시 한 번 강조하고 싶다.

　어쩌면 당신은 내가 왜 각 장의 제목에 존칭과 반말을 섞어 사용했는지 의아해할 것이다. 때로는 친근하게 반말을 쓰다가 형식을 갖춰서 존대하기도 했으니 말이다. 처음에는 이런 방향이 다소 갈피를 잡지 못하고 우유부단한 것처럼 느껴질 수도 있다. 하지만 나는 일부러 그런 표현을 선택했다. 이 책의 50가지 이야기가 사생활은 물론 직장을 비롯한 어떤 상황에서도 유용하게 쓰이도록 고안했기 때문이다.

낯선 사람은 물론 가까운 친구, 고객, 아이들 등 누구에게나 활용할 수 있다. 당신은 상사에게 반말하지 않고, 아이에게 존댓말을 하지는 않을 테니 상황에 따라 책에 있는 말을 다양하고 적절히 응용하여 조합한 후 활용하면 된다.

이 책은 원할 때 자유롭게 읽을 수 있도록 구성되었다. 따라서 반드시 순서대로 읽어야 하는 것은 아니다. 장마다 내용이 완결되므로 내키지 않는다면 뛰어넘어도 좋고, 순서대로 정독하거나, 읽다가 앞이나 뒤로 넘어가도 괜찮다. 일부는 도입부만 봐도 마음에 와닿고 무슨 내용인지 파악되지만 일부는 처음부터 끝까지 꼼꼼히 읽어야 하는 경우도 있다. 책이란 게 원래 그렇지 않던가. 하지만 나에게도 이 책은 특정 상황에 대한 구체적인 해결책을 제공하는 보물 상자나 다름없다. 따라서 필요한 내용만 선택

해도 괜찮다는 사실을 꼭 염두에 두자. 당장 내일 있을 회의에 도움이 될 만한 내용을 골라 읽었다면 그대로 실천해보자. 또는 우연히 손이 닿는 대로 책을 펼친 후 읽어보는 것도 좋다.

지금은 핑거 푸드 시대인 만큼 나는 이 책에서 당신에게 애피타이저를 제공하려 한다. 이 애피타이저를 소화하는 데는 10분도 채 걸리지 않는다. 그러니 당신이 어떤 방식으로 읽든 간에 끝까지 즐거운 시간을 보내기를 바란다! 이 책을 다 읽고 나면 더 이상의 감정 소모 없이 다른 사람을 대하는 방법과 자신을 더 명확하게 드러내는 방법에 대해 좀 더 잘 알게 될 것이다.

차례

프롤로그 당신의 삶을 편하게 해줄 50가지 조언 4

1부 ◇ 나의 감정부터 솔직하게 표현하기

01 날 화나게 할 사람은 내가 정해   16

02 당신에게 맞서려는 게 아니라 나를 위해 그러는 거야   22

03 나는 당신의 그런 점에 감탄하고 있어   28

04 당신을 전적으로 이해해, 그리고 내가 원하는 것은 좀 달라   36

05 모르겠어요   43

06 지금은 혼자만의 시간을 갖고 싶군요   50

07 그렇게 하지 않으면 배겨낼 수가 없었어   59

08 모든 것이 논리적으로 들리지만
내 감정은 좀 다르게 조언하는데   67

09 시간을 잘못 생각했어요   73

2부 ✧ 하고 싶은 말은 확실하게 전달할 것

10 '원한다'는 '해야 한다'와 같다   82

11 내 책임이 아닌 것 같군요   91

12 내가 이 주제에 관심 없는 것을 막 깨달았어   100

13 그게 무슨 뜻인지 잘 모르겠어요   108

14 손가락질하는 사람의 다른 손가락은 자신도
        가리키기 마련이다   116

15 그것은 당신의 문제라고 생각해   122

16 그건 내가 아니라 당신에 관한 이야기 같은데   130

17 당신에게 그런 특권을 허락하지 않을 것입니다   138

18 나는 당신의 약한 면마저 지원하고 싶지 않아요   144

3부 ✧ 자기주도적인 관계를 형성하는 방법

19 빨리 나아지기를 기원합니다   154

20 '모르겠어'는 '아니요'를 의미한다   159

21 제게 그런 식으로 말해도 된다는 인상을 드렸다면
        정말 유감입니다   167

22 지금 그럴 시간을 마련하고 싶지 않군요   174

23 우선 이것부터 끝내겠습니다   182

24 결정을 번복했습니다   190

25 지금은 나 자신과 마주하고 싶어   197

26 이 일에서는 프로처럼 남고 싶군요   205

27 그러기엔 제가 너무 많이…   213

4부 ✦ 오해와 갈등을 원만하게 해결하고 싶다면

28 미안해요   224

29 지금 약속하지 않는 편이 좋겠어   230

30 말했듯이   238

31 다름을 인정하자!   244

32 충분히 알아들었어   252

33 그냥 우리는 맞지 않아요   259

34 충분히 이해합니다   267

35 다행히도요   274

36 칭찬해주셔서 감사합니다   282

37 나의 최선은 당신도 최선을 다해야 의미가 있다   290

38 당신 말이 맞습니다   298

5부 ✧ 내면의 성장을 위한 대화의 기술

39 우선 나 자신부터 용서해야겠어요   308

40 걱정할 필요 없어   314

41 내가 틀렸어   322

42 그냥 원래 그랬어   329

43 당신을 위해 더 기뻐하고 싶어요   336

44 그냥 여기 이걸로 할게요   343

45 개인적으로 받아들이진 않겠어요   350

46 사람들에 대해 말하지 말고 함께 의견을 나누기   356

47 전혀 모르니까 지금 해보는 겁니다   362

48 선택권은 항상 당신에게 있어요   367

49 좋아요, 그럼 당신 말을 들어보죠   375

50 그럼 가볍게 넘길게요   383

에필로그 솔직한 태도가 습관이 될 때 변화는 찾아온다   389

50 Sätze, die das Leben leichter machen

1부

나의 감정부터
솔직하게 표현하기

01

날 화나게 할 사람은
내가 정해

베를린의 한 레코딩 스튜디오 건물의 최고층에서 갑자기 고성이
터져 나왔다. 유명 팝 가수의 매니저가 뭔가 무척 못마땅한 듯 프
로듀서에게 계속 소리를 질러댔다. 그런데 유명 스타인 주인공
은 그 난장판 가운데 고요히 서서 라테 마키아토를 홀짝이며 담
배 연기를 내뿜어 공중에 고리를 만들고 있었다. 당시 작사가로
팀에 합류한 나는 대혼돈 속에서도 홀로 평온을 유지하는 그 모
습에 깊은 감명을 받았다. 비결이 무어냐고 묻자 그녀는 아무렇
지도 않다는 듯 씩 웃으며 어깨를 한 번 으쓱할 뿐이었다.

"날 화나게 할 사람은 내가 정하니까요."

모두 주목하라. 정말 생각도 못했던 말이었다. 얼마나 멋진 말

인가. 아아, 날 화나게 할 사람을 정하는 것도 나라니?! 물론 나는 그 순간부터 이 말을 내 단골 레퍼토리에 포함시켰다. 그리고 나뿐만 아니라 수백 명에 이르는 내담자의 삶을 한결 편안하게 만드는 데 쓰였다.

독일의 작가 쿠르트 투콜스키Kurt Tucholsky는 "분노의 가장 성가신 점은 타인에게 제대로 써보지도 못하고 자신만 망가트린다는 것이다"라고 말했다. 나는 그 말이 몹시 마음에 들었다. 실제로 분노란 오로지 더 큰 화만 일으키는 무의미한 감정일 뿐이다. 기쁨이 또 다른 기쁨을 끌어들이고 의심이 새로운 의심을 불러일으키듯 분노는 분노를 먹고 자라기 때문이다. 그러므로 굳이 무언가에 화내고 흥분하는 것은 의미가 없다. 하지만 어떤 일을 매우 주관적으로 받아들이거나 특정한 이유로 항상 공격받는다고 느껴서 꼭지가 돌아버리기 직전인 사람에게 그렇게 말하면 어떠할까? 분명 "정말 지혜가 담긴 말이야. 나도 화내지 말아야겠군. 조언해줘서 고마워!"라고 하지는 않을 것이다.

행동의 변화는 결국 새로운 사고방식이 낳은 결과물이다. 따라서 특정 지식이나 통찰력만으로 행동의 변화까지 이어지는 경우는 극히 드물다. 내 조언은 그렇고 그런 수사학적 도구가 아니라 행동을 표현하는 사고방식 자체를 말한다. 그럼 행동을 변화시키려면 어떻게 해야 할까? 이성적으로 납득한 것이 정서적 측면에서도 감동을 선사할 때, 무언가 우리를 뒤흔들고 그로써 뭔가 새로운 것을 당장 체험하고픈 감정이 생길 때, 그리고 하고자 하는 동기가 충만할 때 비로소 우리는 결정을 내린다. 그렇게 결정하고 나면 많은 것이 한결 편안해진다.

프랑크푸르트 토박이인 나는 "화를 내기보다 차라리 신경 쓰지 않는 편이 나아"라는 전형적인 헤센 지역의 만트라를 신봉하며 자랐다. 이런 사고방식은 아주 유익하다. 무엇보다 자신의 안락함을 추구하는 명백한 성향, 즉 자기 주관을 정확히 표출하기 때문이다. 이런 태도를 갖고 문제를 직면하면 자신의 감정에 대한 권한을 다른 사람에게 넘길 정도로 사태를 심각하게 받아들이지 않는다. 우리를 언짢게 하는 상대에게 그렇게까지 해야 할 이유가 무엇이란 말인가? 어째서 언제, 어떤 기분을 느낄지 타인이 정하게 둬야 한단 말인가? 혹시 저녁마다 골머리를 앓으며 고민하느라 뜬눈으로 밤을 지새우고, 금방 지워버릴 이메일을 머릿속에서 쓰고 지우기를 반복하는 것은 아닌가?

무의미한 행동을 해봤자 기분만 상할 뿐이며, 결국 인생의 시간만 훔쳐 가는 일이 수없이 반복된다. 그러니 우선 차분히 그 의

미를 되새겨보자. 타인에게 화를 낼수록 사태는 두 배로 심각해
진다. 또한 자신이 언짢다는 사실에 더 화가 난다면 상황은 세 배
로 불편해진다. 그러니 적어도 본인의 반응만큼은 되도록 단순
하게 유지하자.

　그럼 어떻게 해야 평온한 자세를 유지할 수 있을까? 어쩌면
모든 것이 단순히 유형 문제인 걸까? 다행히도 답은 그렇지 않
다. 짜증과 분노는 태만에서 비롯된 문제이고, 결정하지 못하는
우유부단한 자세에 대한 의문이다. 만약 주도적으로 자신의 행
동을 결정하는 편이고, 자유와 책임을 중요시하는 사람이라면
이번 장의 제목은 천금의 가치가 있을 것이다. 조언을 마음에 새
기고 신뢰하는 동안은 훨씬 수월하게 마음가짐을 실천할 수 있
을 테니 말이다. 당신은 지금 느끼는 감정이 주변 환경의 책임이
라고 생각하는가? 그런 생각은 전부 허상임을 명확히 하라. 실제
로 주변에 대한 당신의 반응은 당신만의 사적인 방식에 달려 있
고, 달려 있었다. 지금부터라도 누가, 그리고 무엇이 당신을 화나
게 해도 되는지를 직접 결정하겠노라고 마음먹었다면 그것만으
로도 당신은 첫 번째 단추를 제대로 끼운 것이다.

　이제 침착한 태도로 '날 화나게 할 사람은 내가 정해'라는 새
로운 만트라가 당신 시스템의 배경음악처럼 설정되도록 자신과

굳게 약속해보라. 오늘 당신에게 의미 있는 일도 막상 내일은 퇴색될 기억이라면 애석하지만 아무 쓸모없다. 그러므로 다음에 스멀스멀 올라오는 불쾌한 감정이 감지되더라도 곧장 반응하지 않기로 결심해보라. 그럴 때는 우선 심호흡을 하라. 숨을 깊이 들이마시며 새 만트라를 떠올려본다. 이후 여전히 화내고 싶은지 아닌지를 결정하라. 만약 심호흡으로 화낼 마음이 사라졌다면 예컨대 이렇게 반응하여 대처할 수도 있다. "지금 하고 싶은 말이 정말 많지만 우선 주제에서 벗어나지 않겠어. 너도 그렇게 하는 게 더 좋잖아?" 아니면 "화내고 싶은 마음이 사라졌어. 그러기에는 너무 피곤하네. 그러니까 지금의 주제에서 벗어나지 말자." 또는 "그렇군. 흥미롭네. 그럼 이제 우리 어떻게 하면 좋을까? 나는 뭔가 건설적인 방식을 제안하고 싶어."

이때 당신이 무엇을 말했는지는 대부분 상관없다. 정말이다. 내담자 대부분은 '날 화나게 할 사람은 내가 정해'라는 명제를 확신하더라도 그것이 만능 공식처럼 곧장 효과가 있는 것은 아니라고 믿는다.

나는 사람들이 예전에 반응하던 태도를 내면에서 서서히 줄여나갈 때 변화가 일어나는 것을 옆에서 많이 지켜봐왔다. 그 변화가 옳다면, '이제 나 자신에게 집중하자'라고 확실히 노선을 정했다면, 표현이 얼마나 정교하거나 간단한지는 상관없다. 심지어 한마디도 하지 않아도 잘해낼 수 있다. 하지만 분노에 모든 스포트라이트가 집중되도록 허락하는 순간 아무리 효과 만점인 공식도 훌륭한 해결책을 가져오지 못할 것이다.

만약 당신이 침착하게 행동해도 상대가 더 따지고 비꼬려 하면 어떻게 대처할 것인가? 그때는 다소 단호하게 "이제 그만하지!" 또는 "너무 예민하게 반응하지 말지 그래?"라고 대응하면 어떨까?

그다음 의자에 편히 등을 기대고 입가에 미소를 머금은 채 머릿속으로 동그란 연기를 공중에 뿜어내는 상상을 하며 느긋이 말해보라. "아, 그게 말야…. 누가 나를 화나게 할지 정하는 것도 바로 나거든."

이 조언이 당신에게 선사하는 것은 무엇인가?

02

당신에게 맞서려는 게 아니라
나를 위해 그러는 거야

카트야는 화가 머리끝까지 치밀었다. 문을 열자마자 보이는 노란 의자에 가방을 집어 던지다시피 하며 집 안으로 들어섰다. "할 말 있어. 사실 어제저녁부터 그랬어." 카트야는 자신이 얼마나 힘들고, 맹렬한 하루를 보내고 진이 빠진 채 집에 왔는지, 뜨거운 목욕을 하며 긴장을 풀 수 있기만을 얼마나 갈망했는지 털어놓았다. 그런데 그녀의 연인 톰이 하필이면 그날 저녁에 이벤트로 영화표를 예약해두고 말았다. 평소 톰은 그런 데이트를 계획하지 않는 편이어서 카트야가 자주 불평할 정도였다. 난감한 상황이 아닐 수 없었다.

결단력 있는 카트야는 정확히 원하는 바를 말했다. "정말 미안하고 아쉽지만 오늘은 집에서 뜨거운 목욕이나 해야 할 것 같아. 지금은 아무것도 못 하겠어."

그러자 톰이 말했다. "뭐? 그건 매일 할 수 있잖아! 영화표를 미리 결제했는데!"

카트야는 수도꼭지를 틀어 물을 받기 시작했다. 톰은 카트야가 새파란 목욕 소금을 욕조에 풀고 있는 욕실 안까지 쫓아 들어왔다.

카트야가 말했다. "그래, 좋네! 이제 너까지 내 기분을 최악으로 만들고 있어." 물을 물끄러미 응시하던 카트야는 수면에 비치는 자기 눈을 자신이 쏘아보고 있음을 깨달았다.

톰이 말했다. "내가? 대체 오늘 저녁을 망친 게 누군데? 그것도 내가 널 놀라게 해주려고 한 날 어떻게 이래!"

쾅! 욕실 문이 큰소리를 내며 닫혔다. 두 사람의 기분은 최악으로 치달았다.

아마 당신도 "네가 그럴 때마다 정말 기분이 거지 같아"라거나 "너 때문에 지금 너무 기분 나빠"와 같은 비난을 잘 알고 있을 것이다. 물론 감정이 격해지는 순간에는 그 감정이 사실이라고 느낀다. 감정에 사로잡힌 당사자는 분명 그렇게 느낄 테니 말이다. 하지만 나중에 머리가 식고 나면 실제로는 자신의 비난이 대부분 옳지 않음을 깨닫게 된다. 기분이 나빠지는 것이 어떻게 상대의 잘못 때문이란 말인가? 상황이 극적으로 치닫기 전까지 한마디도 맞받아치지 않았더라면 어땠을까? 근본적으로 모든 잘못이 상대에게 있다고 할 수 있을까? 어쩌면 우리 뇌가 항상 자신에게 유리한 감정을 만들어내는 것은 아닐까?

물론 유도 심문처럼 들릴 수도 있겠지만 실제로 그런 면이 없다고는 할 수 없다. 나는 우리가 어떻게 느끼는지 각자의 상태를 결정하는 것은 자기 자신이라고 확신한다. 물론 코치라는 나의 직업상 그럴 수밖에 없는 면도 있지만 말이다. 당신 생각도 비슷한가? 아니면 견해가 다른가? 모든 것은 스트레스 내성에 달려 있다. 또한 세계관을 결정하는 경험과 자존감이 발달한 수준도 영향을 미친다.

이번 에피소드에 등장하는 퇴근 후 목욕이냐 영화냐 하는 문제에서 나는 좀 다른 방향을 제안하고 싶다. 비슷하지만 더 효과적이면서 분석적인 개념이다.

"당신에게 맞서려는 게 아니라 나를 위해 그러는 거야."

여기서는 명확한 구분이 중요하다. 그럼 자신과 타인과의 관계에서 명확한 경계를 설정할 수 있다. 권리를 침해하는 공격적인 행동으로 이어지기 전에 자주 간과해버리는 선 말이다. 감정이 터져 나오면 집 안의 현관에서부터 책임 전가라는 너른 들판의 입구에 서게 된다. 그곳에 발을 딛는 순간 우리가 생각하는 너와 나, 의도와 효과, 사실과 인지가 마구 뒤섞인다. 그러면 모든 것이 잡탕인 칵테일이 되어버린다. 이 단계에 이르면 명확한 구분은 거의 불가능하다. 어느 시점에 멈춰야 하는가? 상대나 다른 사람들이 발끈하는 시점은 언제인가? 그 선을 정확히 아는 사람은 누구인가?

앞에 나온 커플의 대화를 토대로 또 다른 대안을 찾아보자.

톰   오늘 영화 보러 갈래?

카트야   아쉽지만 오늘은 내가 그럴 상황이 아냐. 완전히 지쳐버려서. 하루 종일 일과에 시달리다 보니 따끈한 반신욕을 하면서 쉬고 싶다는 생각만 나지 뭐야.

톰   하필 내가 영화를 예매해야겠다고 마음먹었더니 그렇단 말이네. 그런데 나는 이미 예매해버렸어.

카트야   하지만 오늘은 타이밍이 정말 최악이야. 미안해. 그렇지만 지금 나한테는 목욕하면서 쉬는 시간이 꼭 필요해.

아무튼 생각해줘서 고마워.

톰　　지금 나한테 어떻게 그래?

카트야　내가 뭘 어떻게 했다는 거야? 네 뜻대로 하지 않으려고 그러는 게 아니라 그저 나를 위해서 그러려는 건데. 두 가지는 굉장히 다르다고.

　이런 식으로 대화가 흘러갔을 수도 있다. 그럼에도 톰이 계속 공격받은 것처럼 기분이 저조하다 한들 상황은 마찬가지다. 화가 치밀어 오르는 것은 분명 본인 마음이다. 그렇지만 적어도 연인과의 대화를 통해 정상참작 정도는 할 수 있을 것이다. 물론 각자의 마음에 달렸지만.

　누군가가 당신에게 맞서려고 반대로 결정하는 것과 오롯이 자신을 위해 결정하는 것은 크게 다르다는 점을 가능한 한 자주 분명히 하자. 이 차이는 화가 터질 것처럼 격앙되기 직전에 빠르게 인식할 가치가 있다. 그럼 자신이나 타인에 대한 화를 이기지 못하고 분노를 터트리며 생기는 많은 불필요한 언쟁을 능숙하게 조절할 수 있다.

　"당신에게 맞서려는 게 아니라 나를 위해 그러는 거야"라는 말은 편안한 휴식을 위해 선을 그으려는 사람이나 이런 말이 상대에게 그렇게 들릴 수도 있구나 하고 깨달을 모든 사람, 즉 양쪽 모두에게 권장하고 싶은 조언이다. 내 경험에 의하면 일반적으로 빠르게 결론을 내리려는 경향이 있는 사람들에게는 그들과 맞서려고 그렇게 말하는 게 아니라고 명확히 해두는 게 중요하기 때문이다.

그런데 만약 상황이 예상 밖으로 흘러서 상대가 날 공격하는 듯한 기분이 들 때는 어떻게 해야 할까? 이때는 상대의 결정이 당신과 전혀 무관함을 방금 명확히 설명했다는 점을 상기하라. '당신에게 맞서려는 게 아니라 나를 위해 그러는 거야'라는 모토를 떠올리자. 기분이 한결 나아지는 것을 느낄 수 있을 것이다.

이 조언이 당신에게 선사하는 것은 무엇인가?

명확성　　　이해심　　　조화

03

나는 당신의 그런 점에
감탄하고 있어

뉴욕에서의 영화 촬영. 내 인생의 가장 큰 꿈 중 하나와 최고의
결심 중 하나가 실현되고 있었다. 당시 나는 한 방송국 아침 방송
의 MC를 맡아 뉴욕영화아카데미에서 여름을 보내고 있었다. 그
동안 나는 페이라는 멋진 여자의 집에 머물렀다. 칠흑 같은 곱슬
머리를 지닌 그녀는 밴드 척스chucks를 좋아하고 찢어진 청바지를
즐겨 입으며 활력이 넘쳐흘렀다. 온종일 디카페인 아이스커피를
홀짝이는 그녀는 내 인생에서 가장 근사한 장소로 남은 주소로
나를 데려갔다. 바로 브로드웨이 2000번지였다. 20대 후반의 나
는 옐로캡 택시를 부르는 것만으로도 엄청 쿨하다고 느꼈다. 더
욱이 2000번지가 있는 거리가 유럽에 있긴 하던가?!

페이와 내가 브런치를 먹으러 나섰던 어느 일요일 오전, 72번 지에 영화 같은 장면이 펼쳐졌다. 밝은 햇살 아래 새빨간 람보르 기니 디아블로가 우리가 앉은 카페 앞에 주차하자 뉴욕양키스 야구 모자를 쓴 남자가 경외심이 담긴 눈빛으로 주변을 맴돌았 다. 그때 갑자기 차의 양쪽 문이 위로 열리더니 회색 캐주얼 정장 을 갖춰 입은 남자가 가방을 조수석에 던졌다. "와우! 당신의 비 법 좀 알려주세요." 야구 모자를 쓴 남자가 차 주인에게 말했다. "이런 차를 타려면 어떻게 해야 합니까? 차가 너무 근사해요!"

딱 봐도 진심으로 감탄하는 것 같았다. 하지만 독일인인 나는 이 말이 처음에는 당황스러웠다. 순간 나의 뇌는 베를린으로 향 해 그곳에서의 평행 시나리오를 구성했다. 이렇게 가정해보자. 우리는 지금 독일 쿠담 200번지에 있다. 새빨간 람보르기니가 주차하는 모습을 연상하자 나의 판타지는 이렇게 전개되었다.

"거, 차 좀 있다고 당신이 특별한 사람이라도 된 양 생각하지 말라고!" 그 광경을 지켜본 한 남자는 이렇게 중얼거렸을 것이 다. 아마 야구 모자도 쓰지 않았겠지만. 독일에는 사회 계급 사이 의 위화감이 상당히 확산되어 있다.

그러므로 칭찬 문화 측면에서 보면 독일이 개발도상국 수준 이라는 점은 놀랍지 않다. 역사적으로 살펴봐도 항상 그랬다. 물론 지난 몇 년간 칭찬을 장려해야 한다는 목소리에 독일도 서서히 바뀌고 있다. 칭찬은 대다수의 마음을 한결 편안하게 해준다. 직장에서 피드백이 부재하여 힘들어하는 사람이 많은 것도 그런 이유 때문이다.

나는 첫 번째 비즈니스 코칭 상담 시간부터 같은 현상을 느꼈다.

"직속 상사가 나에 대해 좋은 이야기를 하는 법이 없어요. 우리 회사는 잘했다고 인정해주는 경우가 매우 드물죠! 칭찬은 아예 없고요."

나는 이런 말을 무려 20년째 듣고 있다. 사실 매우 슬픈 이야기다. 그보다 더 슬픈 사연은 내가 다음과 같이 질문할 때였다.

"그러면 당신은 이번 주에 누구에게 칭찬을 했나요?"

"음, 그러니까…"

여기서 제대로 대답하는 사람은 많지 않았다. 스스로 경험해보지 못한 사람은 그것을 누군가에게 전하지도 못한다. 칭찬 불모지나 다름없는 독일의 초라한 현주소다. 독일에서는 오히려 칭찬하는 사람일수록 쉽게 의심을 산다.

자고로 "욕하지 않는 것만으로도 충분히 칭찬한 거 아니겠어?"라는 말은 슈바벤 지역의 찬송가나 다름없었고 어느 순간 나라 전역에 확산되었다. 따라서 이렇게 눈에 띄는 미국식 칭찬

경향에 독일인의 반응이 양극화되는 것은 당연하다. 후한 칭찬일수록 독일에서는 상반된 반응이 나타났다. 한쪽은 감사하며 안도의 한숨을 내쉬었고, 누군가는 멸시하듯 눈썹을 치켜떴다. 사실 칭찬은 굉장한 일이다. 그리고 칭찬에 담긴 순수한 감탄은 무척 아름답다. 그렇지 않은가?

예전에 성격 발달을 주제로 한 워크숍에 참가한 기억이 떠오른다. 내적 다양성을 위한 프로그램이 7주 내내 이어졌다. 풀어야 할 과제도 많은 집중 프로그램이었다. 한번은 며칠 동안 세 명에게 칭찬하는 훈련이 과제로 주어졌다. 개인적으로 잘 아는 사람이 그 대상이었다. 꽃을 선물해도 좋지만 항상 눈을 맞추며 최대한 구체적으로, 진심을 담아 칭찬해야 했다. 진심이 느껴지지 않는다고 판단되면 처음부터 다시 해야 했다. 이 프로그램에 참가한 한 여성은 과제를 위해 샌프란시스코까지 날아갔다. 샌프란시스코주립대학교 명예박사로 있는 소설가 이사벨 아옌데Isabel Allende에게 존경과 감탄을 표하기 위해서였는데 그 노력은 효과가 있었다. 하지만 나는 그렇게까지 하지는 못했다.

워크숍 참가자 대부분에게는 놀라울 정도로 비슷한 점이 있었다. 이 훈련은 그리 쉽지 않았다. 심지어 일부는 안전지대 밖에 설치된 폭발물 수준이었다. 순수하게 누군가를 존경하거나 감탄하지 못하는 사람이 많았다. 마치 한 번도 배워본 적 없고, 더러는 그런 말이 존재하는지 접해보지도 못한 외국어나 다름없었다. 그런 이유로 우리 중 많은 사람이 칭찬하라는 주문에 말을 더듬고 애꿎은 바닥만 바라보며 부끄러워했다. 당연히 그런 식으로는 미션을 완수할 수 없었다. 그래서 아무도 훈련을 통과하지 못했고, 우리 모두 처음부터 다시 시작해야 했다.

하지만 운 좋게도 결국 제대로 된 감탄과 칭찬에 성공한 참가자는 엄청나게 행복한 순간을 경험했다. 칭찬할 줄 아는 사람은 자신에게도 좋은 감정을 선사하고, 자신의 시스템에도 다음과 같은 긍정적 메시지를 전달한다. '나는 타인의 성공에도 기뻐할 줄 아는 사람이야!' 또는 '나는 나보다 다른 사람을 더 중요하게 생각할 수 있어', '이제 네 차례야! 나는 나중에 더 빛나면 되니까!' 또는 약간 덜 행복하더라도 '다른 사람이 잘될 때도 그걸 수용할 수 있을 정도로 나는 그릇이 크다'라고 생각할 수 있다. 이 모든 태도가 진정한 자신을 위한 부스터가 된다. 에고(자아)가 아닌 우리가 확신을 갖는 '나' 자체인 것이다. 우리 내면에 존재하는 다소 건방진 부분인 에고는 자신이 작아지는 기분이 드는 순간 부족하다고 항상 불평하고, 그러니 다시 힘을 키워 제대로 해야 한다고 속삭인다. 에고와 건강하고 진정한 나 자신 사이에는 섬세하면서도 커다란 차이가 있다. 자기 감정을 제대로 들여다 보면 그 차이를 이해할 수 있다.

이를테면 시기, 원망 혹은 질투가 앞을 가로막으면 모든 것이 힘겨워지고, 짜증 나고, 답답하고, 마음이 진흙탕 같아질 수도 있다. 타인에 대해 나쁘게 얘기할 때 다소 격양된 음성이 나오기도 하는데, 이 부질없는 시간에 다시는 되돌릴 수 없는 우리의 시간이 허비된다. 게다가 상대와의 관계는 물론 자신과의 관계도 훼손된다. 에고가 결핍되어 있기 때문이다.

하지만 우리 감정이 극복이라는 방향으로 나아가고, 우리가 좀 더 노력한다면 부끄럽다거나 두려움을 느끼던 태도가 건강하고 진정한 나 자신으로 향하고, 그로써 한층 성장할 기회가 생긴다. 이런 감정을 활용하여 최고를 향해 뛰어오르는 것이다. 감정을 극복할 때마다 곧바로 더 근사한 감정을 체험할 수 있다.

이제 다음과 같은 질문이 떠오른다. 당신은 어떠한가? 가슴에 손을 얹고 대답해보자. 다른 사람이 행복에 기뻐하는 모습을 보면 당신은 마음이 불편한가? 특히 다른 누군가가 장기간 무언가를 잘해내면 기분이 어떠한가? 그러면 자신도 모르게 재빠르게 자기와 비교부터 하는가? 어떤 상황에서도 상대의 행운을 빌어

줄 수 있는가? 자신에게도? 칭찬을 기꺼운 마음으로 받아들이는가? 칭찬하는 것이 어렵지 않은가? 만약 그렇다면 축하한다! 그리고 그렇지 않다고 해도 당신에게는 기회가 있다.

만약 의식적으로 어느 정도 인정하기로 결심했다면, 다음에는 더 긍정적인 시각으로 타인을 살펴보면 어떨까? 상대의 재능, 방식, 행동 등을 말이다. 긍정적 시각을 스스로 지켜나가다 보면 나중에 제3자가 당신 모습에 열광하거나, 매우 관대하고 열린 마음으로 당신에게 감탄할 것이다. 그러면 결국 스코어는 일대일이 된다.

물론 우리 모두 언젠가 무언가에 열광해본 경험이 있다. 꼭 크리스마스카드뿐만 아니라 생일이나 결혼식 피로연의 연설처럼 말이다. 어떨 때는 생애 가장 아름다운 말이 장례식에서 처음 나오기도 한다. 하지만 지금 당장 시작해보자. 우리가 고마움을 전해야 할 멋진 사람이 너무나 많다. 우리가 소리 내어 고마움을 표현하는 순간 기쁨은 배가되고, 거기서 참으로 많은 것을 얻는다. 그때마다 이 세상은 조금 더 행복해진다.

그래서? 벌써 당신의 시야에 들어오는 사람이 있는가? 여기에 딱 맞는 긍정적인 사람이 시야에 들어오는가? 아니면 원래부터 칭찬하는 데 익숙한 터라 어떻게 이런 주제에 이 장 전부를 할 애했는지 의아해하고 있는가? 아무튼 할 수 있을 때 아끼지 말고 칭찬하라. 그리고 당신의 말이 타인을 빛나게 만들어 따스한 햇 빛처럼 당신에게 되돌아올 거라고 확신하라.

"내가 당신에게 정말 감탄하는 게 뭔지 알아?"

"아니…?"

자, 이제 칭찬해보자.

이 조언이 당신에게 선사하는 것은 무엇인가?

기쁨   고마움   인정

04

당신을 전적으로 이해해, 그리고 내가 원하는 것은 좀 달라

본론으로 들어가기 전에 말하자면, 이 장의 제목에서 중요한 것은 '그리고'라는 짧은 단어다. 나는 이 세 음절에 관한 내용만으로 책 한 권을 집필할 수 있다. 진심이다. 이 단어로 엄청난 성공을 거둔 사람들의 사례가 넘쳐난다. 나도 그들 중 한 사람이다.

뜨거운 여름 저녁 오후 6시. 나는 테라스 위편에 앉아 다리를 흔들며 베를린 도심의 지붕들을 바라본다. 어느새 도시는 주홍색 빛에 잠긴다. 나의 사업 파트너를 편의상 아냐라고 부르겠다. 테라스로 걸어 들어온 아냐가 위쪽을 응시했다. 우리는 내일 어느 기업 프레젠테이션에 선보일 코칭 콘셉트를 준비하기 위해

만났다. 그래서 일이 마무리될 때까지 함께하기로 약속되어 있
었다. 나는 일이 어떻게 될지 몰라 긴장한 상태였다. 평소와 달리
나 혼자 프레젠테이션하기로 되어 있었기 때문이다.

　10분 뒤 아냐의 휴대전화가 울렸다. 잠시 양해를 구한 그녀가
벨 소리를 꺼버렸다. 그러자 그때부터 휴대전화에서 진동과 번
쩍이는 빛이 이어졌다. 아냐는 잠시 휴대전화 화면을 바라보더
니 미소 짓고는 옆으로 치웠다. 이후로도 휴대전화 진동은 멈추
지 않았다. 하지만 그녀는 전원을 끌 생각이 없어 보였다. 보다
못한 내가 말했다. "이제 전화 받지 그래?"

　"아니, 누군지 알고 있어."

　나는 계속 그녀와 시선을 교환하며 말을 이어가도록 유도했
다. 이 방법은 효과가 있었다.

　"내 남자 친구야. 오늘 함께 저녁 먹을 수 있는지 알고 싶어서
그러는 거야."

　그 말에 나는 놀랐다. 왜냐하면 시계를 보면 그럴 수 없다는
것이 분명했기 때문이었다. 그렇지만 나는 별다른 말을 꺼내지
않았다. 부재중 전화가 이어졌다. 10분 뒤 휴대전화가 세 번째로
진동하기 시작하자 나는 더 명확하게 말했다. "휴대전화 전원 꺼
줄 생각 있어?"

아냐가 대답했다. "아니, 안 그래도 돼. 아무한테도 방해되지 않으니까."

할렐루야. 이게 무슨 소리란 말인가. 아냐는 정말로 깨달아야 할 것 같았다. 사실 그런 말을 할 마음까지는 없었지만 나는 너무도 명백한 상황을 입 밖으로 꺼냈다. "아니, 나한테 방해가 되는데."

"뭐라고?"

그녀는 놀란 눈빛으로 나를 보며 설명을 기다렸다. 나는 이어서 말했다. "알다시피 우리 약속은 오늘 밤새도록 이어질 거잖아. 일해야 하니까 말야. 언제 끝날지도 모르고. 그래서 애당초 내 휴대전화는 껐어. 당신을 위해서 그랬지. 나는 당신도 그럴 줄 알았어."

그러자 그녀의 남자 친구가 영화계에서 일하며 야간 촬영하는 날이 많다는 긴 설명이 이어졌다. 그래서 두 사람은 못 본 지 오래되었고 요즘은 서로 지쳐가고 있다고 했다. 아주 빠른 속도로 이야기한 아냐는 자기 사연을 "무슨 말인지 이해해?"라는 말로 끝맺었다.

나는 고개를 끄덕였다. "당연히 어떤 상황인지 이해해." 안도의 한숨을 내쉬는 아냐를 바라보며 나는 말을 이어갔다. "당신 입장을 전적으로 이해해. 그리고 나는 이 상황이 마음에 들지 않네."

　침묵이 흘렀다. 마침내 그녀가 고개를 치켜들었고, 당황한 시선이 역력했다. 그녀는 천천히 휴대전화에 손을 뻗더니 전원을 꺼버렸다. 그것으로 상황 종료였다. 우와.

　이후 우리는 밤새도록 일에 몰두할 수 있었다.

　그래서 어떤 일이 벌어졌을까? 내 입장에서는 이 장의 핵심인 '그리고'라는 단어 하나만으로 상황이 전환된 셈이다. 이 아름다운 접속사는 여러 논쟁에서 명확하고, 자신감이 넘치고, 주도적이면서도 큰 문제 없이 상황을 정리할 힘이 있다. 이 주제와 관련하여 영어로 논의할 때면 나는 항상 이렇게 말한다. "그리고가 나오면 그걸로 끝이야And is the end." 정확히 그렇다. '그리고'라는 말은 실제로 분쟁을 종료한다. 전후 메시지를 별도로 평가하지 않기 때문이다. '그리고'라는 말은 누군가의 진술을 훼손하지 않으면서도 '당신을 이해한다. 그리고 나는 당신의 말이 마음에 들지 않는다'라는 입장을 표현한다. 그렇게 작동하는 이 말은 효과가 탁월하다.

　공감 능력이 강한 사람들은 처음 이런 개념을 접하면 납득하지 못하곤 한다. 하지만 그들이 숨김없이 보여주는 큰 이해심을 타인에게도 강요해서는 안 되는 것 아닐까?

적어도 나는 그렇게 생각한다. 우리는 상대의 의견에 충분히 공감하면서도 그 상황에 대한 자신의 반응을 선택할 수 있다. 말하자면 "당신 주장을 이해해. 그리고 내 입장은 반대야"처럼 말이다. 충분히 가능한 상황이다. 혹은 "당신을 전적으로 이해해. 그리고 내가 원하는 건 다른 거야"처럼. 상황을 납득한다고 해서 모든 것을 허용해야 한다는 의미는 아니다. 아무리 끔찍하고 불우한 어린 시절이 그렇게 몰아갔다고 한들 우리는 연쇄살인범을 용납하지 않는다.

우리는 무언가를 이해하더라도 억지로 그것을 좋아하지 않을 자유가 있다. 당신도 그러한지 궁금하다면 쉽게 검증할 방법이 있다. 평소 습관적으로 '하지만'이라는 말을 자주 쓰는지 보면 알 수 있다. '그리고'와 사촌 격인 이 말은 항상 뭔가 더 격앙된 상태를 나타낸다. 만약 내가 아냐와의 대화에서 이 표현을 썼다면 분명 상황이 다르게 전개되었을 것이다. 거꾸로 생각해보자.

"당신을 전적으로 이해해. 하지만 그건 전혀 내 마음에 들지 않아."

만약 이렇게 말했다면 분명 아냐는 자신을 정당화하는 데 급급했을 것이다. '하지만'이라는 말은 항상 '왜냐하면'이라는 말로 이어지기 때문이다.

"하지만 내가 설명했잖아. 왜냐하면…"

그러면 나는 다음과 같이 대답했을 것이다. "그래. 하지만 당신도 이해해야 하지 않겠어? 왜냐하면…"

이유, 잘못된 주장, 유감, 해석, 양심의 가책, 그리고 다수의 강조하는 단어들. '하지만'이라는 말이 야기하는 파급력은 가히 놀라울 정도다. 이 전형적인 분쟁 드라마에서 공격, 정당화 그리고 실망으로 이어지는 모든 불투명하고 불분명한 표현을 자석처럼 끌어당긴다.

'하지만'은 전후 맥락을 동등하게 서술하지 않고, 이전에 나온 내용 모두를 파괴한다. 이번 장의 사례에서는 "당신을 이해해"란 말이었다. 따라서 나는 이렇게 조언하고 싶다. '하지만'을 최대한 '그리고'로 대체하라.

'그리고'를 써야 하는 핵심적 이유는 세 가지다.

첫째, 긍정적인 메시지와 부정적인 메시지를 '그리고'로 연결하면 상대는 두 가지 의견 모두를 긍정적으로 생각할 것이다. 둘째, 상대가 바라는 이해심은 자신의 기준을 포기하라는 강요가 아니다. 타인의 행동을 전부 받아주지 않아도 상대에 대한 이해를 보여줄 수 있다. 직설적으로 말하면, 이해는 절대 강요할 수 없다. 셋째, '그리고'는 한 편의 긴 드라마로 이어질 대화를 확실히 짧게 줄여준다. 그래서 특히 부모와 경영진에게 천금의 가치가 있는 말이다. "네 심정을 잘 이해해. 그리고 나는 네가 내 방식을 따라줬으면 좋겠어." 그것으로 상황 종료다. 대부분이 여기에 해당한다.

이 조언이 당신에게 선사하는 것은 무엇인가?

05

모르겠어요

검은색과 빨간색이 섞인 아인트라흐트프랑크푸르트의 배너가 걸린 경기장에서 수백 개의 화려한 깃발이 바람에 펄럭였다. 일반적인 축구팀 구호 대신 1미터 길이의 티베트 구리 트럼펫을 활용한 확성기로 낭랑한 소리가 울려 퍼졌다. 달라이 라마가 프랑크푸르트를 방문했기 때문이다. 도시는 그렇게 빨강과 주황으로 옷을 갈아입었다.

2009년 8월의 첫 주말은 날씨가 무척 더웠다. 수천 명이 달라이 라마의 가르침을 라이브로 듣기 위해 코메르츠방크 경기장에 모였다. 나도 두 친구와 함께 깔끔하게 정리된 축구장 잔디밭에 주저앉았다. 청소년 시절 이곳에서 육상경기에 참가하기 위해 몸을 풀던 기억이 떠올랐다. 그때의 나는 지금 나이의 절반 정도였을 것이다. 오늘은 릴레이 경주를 위해 몸을 푸는 대신 가부좌를 틀고 앉아 있지만 말이다.

마침내 질의 응답 시간이 되었다. 진행자가 둥그런 통에서 참가자들의 질문이 적힌 작은 쪽지를 꺼내면 달라이 라마가 대답했다. 그는 차양이 달린 적포도주색 모자를 쓰고 인상적인 의자에 앉아 미소 지으며 계속 차를 홀짝였다. 진행자가 읽은 질문들은 제정신이 아닌 것처럼 해괴했다. 그리고 끝없이 뒤얽힌 사회와 정치 이슈에 관한 질문들이 이어졌다. 반권위주의적 양육의 의미에 대한 질문도 이어졌다. 문득 이 내용들을 모두 이해하려면 최소한 박사 학위가 필요할 것 같다는 생각이 들 정도로 알 수 없는 질문도 이어졌다. 그래서 나는 도대체 달라이 라마가 무슨 답을 내놓을지 궁금했다. 다들 그런 것처럼 보였다. 그를 바라보는 수천 개의 손이 볼펜을 꼭 쥐고 무언가 심오한 지혜가 담긴 내용을 받아 적으려고 준비하고 있었다. 모두의 시선이 커다란 대형 스크린에 클로즈업된 달라이 라마에게 향했다.

달라이 라마는 마치 아기를 낮잠 재우듯 자기 몸을 이리저리 흔들었다. 그러고는 오랫동안 하늘을 바라본 후 차 한 모금을 홀짝이고는 잠시 시간을 두었다. 이후 그는 노래하는 말투로 오해할 여지가 없는 대답을 내놓았다.

"잘 모르겠군요!"

충격의 순간이었다. 모두가 헛웃음을 터트렸다. 달라이 라마도 소리 내어 웃었다. 진행자도 너털웃음을 터트렸다. 결국 경기장 전체가 웃음바다가 되었다. 정말 모두가 제정신이 아닌 것 같은 순간이었다. 하지만 정말이지 그 말이 무구하게 들렸다. 즐겁고, 자유롭고, 진실하고, 심오하고, 고상한 느낌. 모든 것이 그 순간에 담겨 있었다. 그리고 또 한 번 "잘 모르겠군요!"가 터져 나왔다. 달라이 라마는 몸을 흔들며 크게 웃었다. 그 모습에 우리도 함께 웃었다. 그것이 바로 그가 내놓은 답변이었다.

그때 나는 달라이 라마의 대답이 정말 우리를 자유롭게 해주는 말이라고 생각하며 평생 이 순간을 기억할 것임을 직감했다. 마음이 한결 가벼워졌다. 종교적 답변을 찾느라 뇌에서 김이 날 정도로 돌아가는 동안 더듬거릴 필요도, 충고도, 지성인인 척하는 가짜 눈빛도 필요 없었다. 불필요하게 시간 낭비하지 않아도 되고, 딱히 어떤 척을 하지 않아도 되고, 그렇다고 모든 계획을 포기할 필요도 없었다. 그저 있는 그대로 솔직하게 "모르겠는데요"라는 말 한마디면 끝이었다. 인생은 그렇게 단순해질 수도 있다. 그런데 우리는 왜 모든 일을 어렵게 만드는 걸까?

　내비게이션이나 스마트폰의 이전 세대라고 할 수 있는 지도를 살펴보던 시절만 떠올려도 우리가 지금 겪는 어려움을 파악할 수 있다. 무엇이든 묻기만 하면 떡 하니 대답을 내놓는 아이폰의 인공지능 시리가 아니라 처음 보는 낯선 사람에게 길을 물은 사람이라면 심리학적 사례 연구 결과를 경험할 수 있었다. 이 상황에서는 '모르겠다'라는 대답이 주를 이루었다.

　앞으로 다시 보지 않을 사람에게 질문할 경우, 그러니까 우리에게 잘해줘야 하는 이유가 없는 사람들에게 길을 물으면 다음과 같은 대답이 나오곤 했다.

　"빈자이 공원요…. 음, 빈자이 공원이라…." 그러고는 의문이 가득한 시선이 좌우로 움직인다. "오케이…." 이후 우리는 질질 끄는 몇 초가 지나면 길도 모르면서 스스로 인정하지 않으려는 상대가 우리를 잘못된 길로 인도할 수 있음을 알아차린다. 심리적인 부분도 그러하다. 많은 사람의 레퍼토리에는 "유감이지만 그건 모릅니다"라는 말은 자주 등장하지 않는다.

　이 습관은 상황을 불필요하고 복잡하게 만든다. 왜냐하면 정말 잘 아는 사람이라도 언젠가는 모를 때가 있기 때문이다. 그런데도 상황 자체를 시인하는 것을 믿을 수 없을 정도로 힘들어한다는 점이 놀랍다. 하지만 우리는 익숙해져야 한다. "내가 착각했네요"라는 말 역시 대다수가 입 밖으로 내기보다는 삼켜버린다.

　자신의 무지를 감추려고 애쓰다 보면 확실히 불필요한 시간이 소모되고 누구에게도 도움이 되지 않는다. 오히려 덮어버리고 싶은 상태를 연장하는 꼴밖에 되지 않는다. 차라리 솔직하게 무지를 인정하는 것이 현명하지 않을까? '인정'하고 싶지 않다고 느낄 필요조차 없다면 마음이 얼마나 편안할까? 이 공식은 이미 우리가 마지못해 인정해야 하는 불편한 점이 있음을 암시하기 때문이다. 따라서 무언가를 이해하지 못하면 기뻐하는 것이 낫다. 원래 배움이란 그런 식으로 시작하지 않던가?

　나는 철학 연구소의 첫날 환영사에서 "더 많이 알수록 아는 것이 많지 않음을 더 많이 깨닫는다"라는 가르침을 들었다. 첫 학기에는 그 방향으로 나의 머리를 최대한 회전시켜야 했다. 어쨌거나 이런 사고방식에는 많은 생각을 하게 만드는 잠재력이 있다. 적어도 그것이 나의 첫 번째 동인이 되었다. 두 번째 동인은 모든 것을 훨씬 쉽게 만들 수 있다는 것이었다. 내가 사고할 때는 언제나 두 번째 사항이 결정적이었다. 무엇보다 그렇게 믿고 행동하고 싶었다. 어쨌거나 마음이 훨씬 편해졌다. 물론 이론상 그렇다는 말이다. 나 역시 깨달음을 실전에 적용하기까지 수십 년이 걸렸다.

편안한 표정으로 "모르겠는데요!"라고 말할 수 있으려면 어떻게 해야 할까? 나는 항상 직업적으로 조력자 역할을 맡았다. 텔레비전 방송 스태프, 라디오 진행자, 조감독, 아티스트를 위한 작사가, 피치 트레이너, 기업 중재자, C 레벨 임원 코치 등. 내가 일한 분야에서 질문을 받았을 때 선택할 수 있는 답변은 두 가지뿐이었다. '모르겠는데요' 아니면 '알아보겠습니다!'였다. 다른 대답은 내담자나 상사, 고용주의 기분을 날카롭게 만들었다. 나는 무언가를 전하는 데 익숙한 사람이기 때문이었다.

아마 많은 사람이 그럴 것이다. 우리는 무의식적으로 무언가를 해야만 한다는 무한 루프에 사로잡혀 있다. 질문이 생기면 우리 내면은 정신없이 빠르게 무언가를 준비해야 한다고 확신한다. 지금 당장 똑똑하게 대답하라고, 그리 어려울 일도 아니라고 말이다. 또는 행동으로 보여줌으로써 답을 제시해야 한다고 여긴다. 그렇게 우리는 아무것도 하지 않는 것보다는 무언가 답을 내리는 것을 선호한다.

달라이 라마를 보고 친구들과 함께 모인 그날 저녁, 나는 갑자기 자연스럽게 "모르겠는데"라고 말하는 나 자신을 발견했다. 당황스러운 시선이 오갔다. 아마 다른 사람들이 내게서 보지 못했던 모습이었을 것이다. "아, 그래요, 그렇구나. 음… 그러면 언제 알게 되는 거죠?" 잠시 생각하느라 정적이 흘렀다. "그것도 잘 모르겠네요." 모두가 놀라워했다. 나도 내게 놀랐다. 우와! 이게 정말 된다니. 내 말은 제법 단호하게 들렸다! 이러기까지 얼마나 걸렸을까? 20년? 하지만 소리 내어 뱉고 보니 생각보다 훨씬 쉬웠다. 잠시라도 책임감을 내려놓으니 얼마나 자유로운 기분이었는지!

갑자기 나는 그때 달라이 라마가 느꼈을 기분이 들었다. 군중에게 자비로운 미소를 지으며 매우 현명하면서도 마냥 쾌활했던 분위기. 그런 눈빛은 꼭 연습해야 한다. 나는 차를 홀짝이며 하늘을 흘깃 바라봤는데, 하늘이 너무 아름다워서 또 한 번 말했다.

"나도 모르겠어요."

이 조언이 당신에게 선사하는 것은 무엇인가?

06

지금은 혼자만의 시간을
갖고 싶군요

최근 네일숍에서 매니큐어칠을 받은 나는 하시모토병에 관한 모
든 정보를 알게 되었다. 거의 내분비학자 수준으로 알게 되어 마
음속 몇몇 동료와 언제라도 그 분야에 대해 끝없이 논의할 수 있
을 것 같은 기분이 들었다. 이 경험으로 몇몇 사람이 누군가에게
무언가를 전하고 싶어 하는 충동이 얼마나 큰지 알게 되어 놀라
웠다. 나의 경우 네일숍의 여자가 그 주인공이었다. 겉보기에 매
우 호감상인 그녀는 매우 상냥했다. 자가면역 질환에 대한 이야
기를 끊임없이 듣느라 막상 그때는 제대로 눈치채지 못했지만
말이다. 손톱을 하나씩 정리할 때마다 그녀는 새로운 이야기를
늘어놓았다. 나는 그렇게 그녀가 겪은 질병에 대한 오진, 바뀐 주

치의, 부작용 이야기를 처음부터 끝까지 들었다. 가히 하시모토 병에 관한 전부를 말이다. 그녀는 말했고, 나는 들었다.

"왜 그랬어?" 마사지숍에서 겪은 비슷한 이야기를 들려주자 내 친구 안나가 물었다. "너 자신에게 왜 그렇게 하는 거야?"

안나는 내가 도대체 언제쯤 이마에 '내게 말해요'라고 써 붙인 딱지를 뗄 것인지 궁금해했다. 솔직히 말하면 이야기를 들어주는 것이 약간은 힘들었다. 하지만 무언가 피드백이 있다는 것은 좋은 표시였다. 저항이 있는 곳에 진실이 있다.

혼자 조용히 있고 싶어 하는 찰나에 잘 모르는 사람이 꼭 당신과 이야기하려는 난감한 상황을 아는가? 비행기, 택시, 미용실 어디에서나 그런 일이 생길 수 있다. 공간은 좁은데 제3자가 가까이 있을 때는 잠시 침묵을 고수하는 것이 좋지 않던가? 원래 나는 조용히 있는 것을 선호한다. 하지만 다른 사람들은 이 사실을 몰랐다. 마치 내가 이상하고 중요한 경험을 하기 전까지 무의식적으로 무언의 초대장이라도 보낸 듯했다.

"그 상황에서 당신의 역할이 무엇인지 알고 싶다면 결과를 보라"라고 나의 첫 번째 영적 스승은 입버릇처럼 말씀하셨다. "항상 뿌린 대로 거두기 마련이다."

서로 알게 된 시간이 얼마 되지도 않는데 나에게 마음을 쏟는 낯선 이들에게 가끔씩 적용해보면 확실해진다. 당시 나는 매력적이고 단호하면서도 여유롭게 경계를 설정하는 법을 몰랐다.

한동안 나는 테니스 엘보(팔을 자주 심하게 비트는 탓에 생기는 팔꿈치 부위의 염증—옮긴이)가 생겨서, 과거 존 F. 케네디가 독일 군중을 향해 "나는 베를린 사람입니다"라고 전설적으로 외쳤던 쇠네베르크 시청 근처에 물리치료를 받으러 다녔다. 생전 처음 겪는 테니스 엘보는 끔찍하게 아팠다. 거의 10분 동안 물리치료사는 내 근육의 경직도와 인대 조직 상태를 검사했다. 그 뒤에야 치료가 시작되었다. 치료는 색달랐다. 내 신체를 파악하는 단계는 그 정도면 충분하며 이제 다른 측면을 확인할 차례라는 점을 아연실색할 정도로 깨달았기 때문이다. 개방적인 태도가 인상적이었다고 할 정도로 그들은 데이트 이야기와 같은 가장 사적인 에피소드를 나와 공유했다. 내 팔꿈치를 이리저리 밀고 어색한 방향으로 손목을 뒤틀면서 그들은 메클렌부르크포어포머른 출신 근육남과 보낸 불타오르는 밤에 대해 솔직하고 자세하게 늘어놓았다. 이어지는 낯 뜨거운 이야기에 나는 어떻게 반응해야 하나 어리둥절했지만 이야기는 계속 이어졌다.

"솔직하게 말해보세요. 이런 사진에는 뭐라고 답문을 보내시겠어요? 정말 궁금해요!" 그리고 갑자기 내 코 정면에 그녀의 휴대전화가 10센티미터 간격을 두고 등장했다. 하지만 돋보기 없이는 그 정도로 가까운 거리가 잘 보이지 않아서 천만다행이라고 해야 할까. 물리치료 시간은 내게 충격 그 자체였다. 치료사 때문이 아니라 나 자신에게 말이다. 왜 상대가 그렇게 행동하도록 나는 그냥 허용한 걸까? 그런 일은 내 관심 밖이라고, 병원에는 건강해지려고 온 것이니 차분히 치료받도록 조용히 해달라고 왜 말하지 못했을까?

사실 그 순간에는 적당한 말이 떠오르지 않았다. 아무튼 기분이 좋지 않았는데, 그 직감이 옳았다. 내 머릿속에 떠오르는 말들은 구구절절 옳은 소리였지만 표현이 너무 가혹했다. 10제곱미터 치료실에 반나체로 누워 있기에는 예의가 없다거나 너무 노골적이라는 말이었으니 말이다. "좀 조용히 해주세요." 이렇게 말하는 것도 적절하지 않은 것 같았다. 마음에 분노가 쌓이면 올바른 말이 제대로 떠오르지 않는 경우가 허다하다.

무슨 일이든 한번 해결하면 이후로는 매우 쉬워진다. 예기치 못한 대화에 휩쓸리더라도 벗어나고 싶다고 느끼는 순간 '나-메시지'만 제대로 활용한다면 불편한 상황을 다시 정리할 수 있다.

"흥미로운 이야기네요. 고마워요. 하지만 이제 지금은 조용히 있고 싶네요" 또는 이 장의 제목처럼 "지금은 혼자만의 시간을 갖고 싶군요"라고 말하면 분명 효과가 있다. 마지막에 양해를 구하는 말을 더한다면 효과가 커질 것이다. 타이 마사지 숍을 방문할 때마다 나는 "한숨 잘게요"라고 말하는 데 오래전부터 익숙해졌다. 그러면 내 마사지사는 키득거리며 "네, 푹 주무세요!"라고 대답한다. 그러면 나는 아로마 오일이 선사하는 황홀경으로 빠져든다. 정말로 효과가 있었다.

많은 사람, 그중에서도 대부분의 여성은 과거의 나처럼 지나치게 머뭇거리는 경향이 있다. 상대에게 상처 입히거나 무례해 보이지 않을까 하는 걱정에 속으로 삭이고 힘들어하면서도 겉으로는 아름다운 미소를 지어 보인다. 하지만 그 상황에서는 이런 태도가 '여기 누군가가 나와 대화하고 싶어 하는군, 좋아!'라는 메시지를 잘못 전달하는 주범이다.

한 내담자는 언젠가 기나긴 회의를 마치고 마지막으로 호텔 스파에서 시간을 보내게 되어 얼마나 기뻤었는지를 내게 얘기해주었다. 그는 편안한 휴식 대신 등 마사지를 선택했다. 밤 9시인 늦은 시간이었지만 마사지사는 대화에 대한 욕구가 몹시 높았고, 할 말을 생각하는 동안 동작을 멈추는 이상한 버릇이 있었다. 게다가 마사지를 하면서 자주 생각에 잠겼다. 그러고는 꺼내는 말은 대략 다음과 같았다. "그러고서 그 사람이 말하기를." 마사지사는 잠시 하던 말을 멈췄다. "화요일이었나, 목요일이었던가? 화요일이었던 것 같기도…" 그러고는 다시 움직였다. "뭐, 어떻든 간에요. 그는 이탈리아로 가고 싶다고 말했죠. 시칠리아섬으로요!" 그리고 또 마사지가 멈췄다. "아니면 사르네냐였던가…?" 세 번째로 다시 멈췄다. "아무튼 이탈리아였어요!" 그런 식으로 계속 멈췄다 움직이는 과정이 반복됐다.

　고객 입장에서는 현기증이 날 정도로 아찔할 수밖에 없다. 원래 내담자는 이해심이 많고 매우 상냥한 사람이었지만 그날따라 스트레스를 많이 받은 상태였다. 그래서 늦은 시각이었지만 조금은 긴장을 이완하면서 회복하고 싶었다. 더군다나 조화로움을 추구하는 욕구가 상당히 높은 편이었으므로 그의 내면에서는 항의가 빗발쳤다.

　'바라는 것을 언급하지 말아야 평온을 누릴 수 있어. 그 자리에 관여하지도 말고, 인내심을 발휘하며 친절하게 모든 것을 참아야 해.' 물론 틀린 생각이다. 하지만 앞에서도 말했지만 참아야 한다고 생각한다. 그리고 만약 아무 평가도 하지 않기로 결심했다면 그 이유는 잘못된 말을 할까 봐 두려워서다. 물론 그것도 정답은 아니다. 그저 별다른 대안이 없기 때문이다. 예컨대 "미안해요. 지금은 대화를 할 상황이 아니네요. 지금은 그냥 가만히 있고 싶군요" 같은 솔직한 말은 어떨까? 무조건 참거나 노골적으로 티 내는 방법의 대안이 될 수 있을 것이다. 그냥 "방금 깨달았는데 지금은 정말 대화를 나눌 수 있는 상황이 아니네요. 잠시 휴식을 취하고 싶습니다"라고 말하면 어떨까? "방금 깨달았는데요"라는 말은 황금의 가치가 있다. 이 말은 모든 상황을 부드럽게 완화하고 우리 말을 뭔가 사소한 것처럼 축약한다. '나'를 주어로 하여 자신의 생각과 감정을 솔직하게 표현하는 '나-메시지I-Message'를 사용한 것 같은 효과도 일으킨다. 그렇게 말할수록 소소한 행복이 보장된다.

비행기를 자주 타는 사람은 택시도 자주 탄다. 나 또한 수년 동안 두 교통수단을 많이 이용했다. 어느 순간 외부의 영향 때문에 매우 예민해졌다. 기내에서는 언제 무엇을 해야 하는지 끊임없이 방송했고, 각자의 리듬에 맞추지 않고 일괄적으로 확성기를 통해 큰소리로 안내했다. 수화물은 어디에 놓고, 또 언제 다시 가져가도 되는지, 팔걸이는 언제 내리고 탁자는 언제 접어야 하는지 말이다. 때맞춰 음료를 마시고 때맞춰 컵을 반납해야 한다. 안전벨트 버클이 허리띠를 붙잡고, 가장 중요한 세면도구는 모두가 볼 수 있는 투명한 주머니에 넣어야 했다. 노트북 켜고 휴대 전화 끄고 폭발물 테스트도 받아야 했다.

한껏 예민해진 나는 기내 방송이 자유에 대한 갈망을 자극한다는 것을 깨달았다. 이후로 어디를 가든지 나는 나만의 환경을 조성하는 데 몰두했다. 하다못해 택시처럼 좁은 공간에서도 말이다. 마늘 냄새가 진동하고, 뒷좌석에서도 머리가 울릴 정도로 음악을 크게 틀어놓고, 계속되는 라디오 광고 소리로 신경 쓰이게 만드는 택시 기사에게는 뭐라고 말해야 할까? "창문 좀 열어도 될까요? 오늘 공기가 좀 탁하네요" 또는 "생각보다 집중이 안 되네요. 라디오 소리를 조금만 줄여주실 수 있을까요?" 등과 같이 말한다면 확실히 당신이 속으로 바랐던 것보다 효과가 좋을 것이다. 그러면 대부분의 택시 기사들은 라디오를 꺼버린다. 이런 말을 한다고 해서 누구도 상처 입지 않는다. 그리고 내 마음의 평화는 확실히 보장된다.

만약 이 장이 크게 와닿지 않는다면 정말 축하한다. 당신은 극소수인 예외에 속하기 때문이다. 대다수는 일상적인 대인 관계에서 자신이 생각하는 것보다 자주 공격성과 좌절 사이를 오간다.

나는 모두가 평안하기를 바란다. 그리고 "지금은 혼자만의 시간을 갖고 싶군요"라는 말로 좀 더 많은 즐거움과 성공을 거두기를 기원한다. 이런 작은 가이드라인 하나가 당신 인생을 훨씬 편안하게 만든다면 정말 근사하지 않겠는가.

이 조언이 당신에게 선사하는 것은 무엇인가?

평온   자기
              주도   회복

07

그렇게 하지 않으면
배겨낼 수가 없었어

어느 순간, 아무것도 정해지지 않고 기대하는 것도 없었던 어느 날, 아무 언질도 받지 않았는데 불현듯 머릿속에서 한 가지 생각이 경쾌하게 춤을 추었다.

'어째서 나는 발리에서 살지 않지?'

진심이 담긴 생각은 세상을 향한 창문을 활짝 열고는 순식간에 모든 가능성을 파악하게 하는 특별한 마법을 선사했다. 당시 나는 문득 '인생은 짧고 세상은 이렇게나 넓은데 꼭 독일에서만 사는 것은 터무니없지 않나?'라는 생각에 빠져들었다. '그러니 발리에 가서 두 달, 세 달, 네 달쯤 살다 오면 어떨까?' 머릿속에 딱히 적절한 반박이 떠오르지 않았다. 내게 돈과 시간은 고려 대상이 아니었다. 두 가지 모두 그 특별한 순간에는 없었으므로…. 따라서 나의 모든 것이 어떻게 하면 계획을 실현할 수 있을까에만 몰두하는 모드로 전환됐다.

발리에 가기로 마음먹은 후 약속을 미루거나 재조정하고, 전화하고, 항공권을 끊고, 처음 몇 주간 지낼 집을 찾아보는 나 자신을 지켜보았다. 즉흥적인 결정으로 각종 예약을 서두르는 과정을 즐기며 괴테의 지혜로운 명언을 떠올렸다. "정신이 목표에 닿는 순간 많은 것이 그 순간을 환영한다."

여행을 준비하는 과정에서 우연히 마주치는 일들은 참으로 놀라울 지경이었다. 생각을 현실로 만드는 과정에서는 예기치 못한 접점이 생긴다. 이를테면 담당 치과 의사에게서 그의 동료가 어제부터 수영장과 폭포가 있는 발리의 풀 빌라에서 휘파람을 불며 신나게 휴가를 즐기고 있을 거라는 얘기를 들은 것도 대단한 우연이었다.

그렇게 항상 내게 코칭을 받아보고 싶어 했던 내담자의 지인 소식을 우연히 들었고, 내가 유럽에서 매번 놓쳤던 대형 워크숍이 마침 발리에서 개최된다는 소식을 읽었다. 게다가 한 영화제작팀이 예상치 못한 고정비를 충당하기 위해 내 다락방을 임대해서 촬영하고 싶다는 의사를 밝혀 왔다.

"모든 것이 딱 맞아떨어진다Things are falling into place"라는 영어 관용구가 있다. 이면의 목적이 명확하면 모든 일이 맞아떨어진다는 뜻이다. 나는 그 말이 옳다고 동감한다. "형식은 찾기 나름이다"라는 말 또한 근본적인 믿음에 호소하는 멋진 표현이다. 동기, 의도, 목표가 확실하다면 형식이야 찾으면 되는 것이다. 그로써 우리는 굳이 힘들게 애쓰지 않고도 여러 곳에서 자주 인용되는 미하이 칙센트미하이의 전설적인 '몰입' 상태로 흘러들어 갈 수 있다. 처음에 제대로 시작만 하면 얼마나 좋은 일이 연달아 생기는지, 그 일들이 어떤 결과를 가져오는지 당신도 놀라게 될 것이다. 나는 살면서 그런 일을 자주 경험했다.

나는 결심한 대로 발리에서 3개월을 지냈다. 아름다운 친환경 리조트에서 보낸 어느 저녁이 기억난다. 리조트의 모든 집은 죽마 위에 지어져 있었다. 바닥에 두꺼운 유리를 사용해 낮이면 물고기가 다니는 모습이 보이고, 밤이면 수중 조명이 환하게 비쳤다. 마법 같고 꿈만 같은 장소였다.

중앙에는 호수로 설계된 담수 수영장이 반짝였다. 그 옆에 있는 커다란 열대 나무에 덩굴식물이 길게 늘어져 있었다. 저 숲 깊숙이 타잔이 나무에 매달려 있을 것처럼 그림 같은 풍경이었다.

고작 다이빙대가 딸린 염소수 수영장과는 차원이 다른 지상낙원 같았다. 이처럼 꿈만 같은 장소에서는 이 장에서 소개할 말을 저녁 내내 말하지 않고는 배길 수 없었다.

섬을 가로질러 찾아간 콘서트가 끝나고 나는 두 명의 벨기에인과 대화를 나누게 되었다. 여러 회사를 소유한 그들은 발리 리조트의 프라이빗 빌라를 2주간 빌렸다고 했다. 엄청 크고, 고급지고, 버틀러가 딸리고, 프라이빗 풀을 갖춘 곳이었다. 그들은 내가 발리에 두 달 째 체류 중이라는 이야기를 듣고 믿을 수 없다는 반응을 보였다. "우와! 그렇게 할 여유만 있다면 얼마나 좋을까요!"

나는 이 말을 얼마나 자주 들었던가? 그것도 나보다 훨씬 많은 돈을 버는 사람들에게서 말이다. 이를테면 1박에 2천 유로씩 2주를 예약한 이 벨기에인들만 해도 내가 3개월 동안 쓴 체류비보다 많은 돈을 썼을 게 분명했다. 그들은 지금도 계속 더 많은 돈을 벌고 있을 것이다. 그러니까 어쩌면 이 지상낙원에서 여유를 누릴 사람은 사실 그들일 것이다. 하지만 정작 그들은 항상 그렇게 할 수만 있다면 얼마나 좋겠냐는 식으로 말한다. 모든 기회를 가졌지만, 그들은 특정 이유 때문에 그것을 제대로 보지 못했다. 어쩌면 그들은 실적에 대한 압박과 사업 확장에 대한 강박에 시달리고 있을 것이다. 그렇게 계속 새로운 목표를 설정하다 보니 시야가 가려진 상태인 것이다. 자신이 무엇이 될 수 있는지, 실제로 무엇인지 제대로 보지 못하고.

"감당할 여유만 있다면!" 나는 이런 말을 나보다 몇 배는 돈을 더 벌고, 기업 방침에 따라 안식년까지 있는 CEO들에게서도 듣곤 한다. 그들은 언제라도 신청만 하면 쉽게 떠날 수 있다. 쉬는 동안 고국에서 그들을 기다릴 확실하고 안정된 직장도 있다. 집도 있고 보트도 있고 상여금도 보장된 사람들이다. 그런데 "감당할 여력만 있다면 좋겠네요!"라니 정말 진심일까?

당시 나는 그 말에 잠시 멈칫하며 대답했다.

"그럼 이렇게 말하죠. 그렇게 하지 않으면 배겨낼 수가 없었다고요."

그러자 어색한 침묵이 흘렀다. 이제 좀 유익하게 들리는가? 그렇다면 어떻게 해야 할까? 나는 1년에 50주 내내 자기 삶을 살지 못하다가 2주간의 섬 생활로 자신의 웰빙을 압축하고, 진정한 꿈은 항상 나중으로 미뤄두는 사람을 아주 많이 알고 있다. 하지만 정작 나중만 찾다가는 뇌졸중, 지방간, 번아웃, 심장마비가 그들을 덮치는 것이 더 빠를 것이므로 결국 기회를 영영 얻지 못할 것이다.

이런 생각은 호주 출신의 작가 브로니 웨어Bronnie Ware로 인해 생겼을 수도 있다. 나는 전 세계 베스트셀러에 목록을 올린 그녀의 책《내가 원하는 삶을 살았더라면The Top Five Regrets of the Dying》(피플트리, 2013)을 읽고 인생의 의미라는 심오한 문제에 눈을 떴다. 브로니 웨어는 이 책에서 인생의 말미에 대한 의미를 묻는다. 호스피스 간병인으로서 그녀는 인생의 마지막 길에 있는 사람들을 돌보고, 이야기를 들어주고, 질문하고, 이해해주었다. 그러다가 언젠가부터 그들의 이야기를 기록하기 시작했다. 그녀가 내린 결론은 이렇다. 부유하든 가난하든 인생의 마지막 시점에 떠올리는 주제는 거의 같았다. 결국 잃어버린 인생에 대한 후회가 가장 컸다.

죽기 전에 후회하는 가장 슬픈 말 1위는 '나 자신의 삶을 살 용기가 조금만 더 있었으면 좋았을 텐데'였다. 백번 맞는 말이다. 2위는 '조금 덜 일했으면 좋았을 텐데'였고, '내 감정을 더 표현했더라면 좋았을 텐데', '친구와 더 연락하고 지내야 했어' 등이 3, 4위로 이어졌다. 5위는 '나 자신이 더 행복해지도록 해야 했어'였다.

내가 이 이야기를 들려주자 벨기에인들도 참으로 슬픈 인생 요약이라는 생각에 동조했다. 우리는 이 주제를 놓고 놀라운 깨달음과 열린 마음으로 밤새 토론했다. 내 생각에 당시 우리는 이 대화를 통해 많은 것을 배웠고 깨달았다.

사람들이 삶의 종착역에서 후회하는 모든 것 중 대망의 1위가 기상 신호처럼 나를 깨웠다. '나는 나의 삶을 살지 못했어.' 삶의 마지막에 이렇게 시인한다는 것은 파산선고나 다름없다. 그때가 되면 홀가분하게 "가장 먼저 나 자신부터 용서해야겠어"라는 말도 더는 소용이 없다.

따라서 인생의 마지막 순간에 만족스러운 눈빛으로 자신을 돌아보고 싶다면 '그렇게 하지 않고서는 도저히 배겨낼 수가 없었어'라는 건강한 충동에 충실해야 한다. 이 짧은 혼잣말은 우리에게 새로운 길을 허락한다.

코칭 과정에서 나는 한 가지 생각을 얼마나 확신할 수 있는지를 종종 체험했다. 그리고 그에 거부하고 맞서려고 하는 생각을 허락하는 순간 반대하는 일이 얼마나 많이 생기는지도 말이다. 이런 상황에서는 불안감을 내려놓고 그냥 실행하면 기적이 일어난다.

나는 우리의 확신이 얼마나 확고하고 진실하느냐와는 별개로 기회가 된다면 그 확신을 자주 흔들어보는 것이 유익하다고 생각한다. 무언가 우리 내면의 일부분만을 자극하더라도 어느 순간 내면의 시스템 전체가 움직이는 놀라운 모바일 효과Mobile effect

로 역동적인 움직임이 시작될 수 있다. 이러한 모바일 효과는 원래의 내 모습 그대로인 사람이 되기 위한 훌륭한 전제 조건이다.

이 조언이 당신에게 선사하는 것은 무엇인가?

08

모든 것이 논리적으로 들리지만
내 감정은 좀 다르게
조언하는데

안젤리카 스코르는 기분이 아주 좋았다. 완벽한 마케팅 이사를
수소문하던 오랜 노력이 마침내 결실을 맺었기 때문이다. 적임
자를 찾아 기분이 좋아진 그녀는 자신의 새 파트장 자리에 앉아
있었다. 마침내 면접 시간이 왔다! 매우 명석하고 창의적인 면
접자는 진취적인 지원서부터 빛이 났다. 실제로 경력 역시 너무
나 매력적이었다. 취리히에서 고등학교를 졸업한 후 런던과 바
르셀로나에서 학위 취득. 하버드 대학 경영대학원에서 2학기 이
수. 첫 직장은 제네바의 글로벌 기업, 뒤셀도르프의 유명 에이전
시에서 주니어로 재직. 뉴욕 파견 근무. DAX30(프랑크푸르트 증
권거래소에 상장된 30개 대표 기업-옮긴이) 기업에서 수년간 마케팅

업무를 맡았고, 이번 7월 1일부터 취리히의 기업 마케팅 임원으로 발령. 어떻게 이보다 완벽할 수가 있을까! 안젤리카는 서류를 다시 훑어보았다. 독일어, 영어, 프랑스어에 능통하며 특히 탁월한 스페인어 구사 가능. 취미는 트라이애슬론, 스피커 슬램Speaker Slams 연설 대회, 그리고 북경어! 대면 면접에서의 후광이 이력서 사진이 약속한 것의 절반만 부합했더라도 사내에서 카리스마를 자랑할 인물 명단에 올랐을 것이다. 도대체 이런 사람을 경영진으로 원하지 않을 사람이 누가 있었을까?

15분의 짧은 면접 시간이 흐르고 환상에서 깨어난 안젤리카가 허탈한 표정을 지으며 탕비실로 왔다. "그래서 기쁘세요?" 비서가 어깨 너머로 질문했다. 하지만 안젤리카의 얼굴에 서린 표정을 본 비서는 아연한 표정을 지으며 자신이 마시려고 준비했던 커피를 건넸다. 그리고 곧장 에스프레소 머신에 새 캡슐을 끼워 넣었다. "보다시피 전혀 그렇지 않군요!" 안젤리카가 기운 빠진 표정으로 대답했다. "나는 그를 채용할 수 없었어요." "어째서요?" 그 질문에 안젤리카는 명확한 답변을 내놓지 못했다. "나도 모르겠어요. 그냥 채용할 수 없었어요. 왠지 안 될 거 같은 느낌. 그냥 그래서요."

당신도 이런 경험이 있는가? 모든 근거가 전적으로 옳다고 하는데 당신은 그 반대를 결정하는 상황이? 아니면 사실에 근거하여 확신했던 것이 단 한 번의 만남으로 시간 낭비가 되어버리고, 갑자기 모든 주장을 무너뜨리는 압도적인 감정을 따라야 할 것 같은 경험이? 또한 그런 감정을 따라서 후회해본 적이 없다면?

전부 있을 수 있는 일이다. 심지어 자주 일어나기도 한다. 그리고 마지막에는 결정이 거의 옳다는 것을 매번 확인하게 된다. 눈에 보이지 않는 소소한 직감은 제법 믿을 만하다. "이럴 줄 알았어! 내 감대로 해야 했어!" 또는 "처음부터 갑갑한 기분이 들더라고. 그때 진지하게 생각해봤어야 했는데!"라는 말을 우리는 자주 듣는다. 반면 나는 단 한 번도 주변에서 "내 직감을 믿지 않았더라면"이라는 말을 들어본 적이 없다. 정말 흥미롭지 않은가.

물론 언제나 예외는 존재한다. 이를테면 혼인 빙자 사기꾼이나 금전 관련 사기꾼과 얽힐 때처럼 말이다. 하지만 사기를 당한 사람들도 애초에 마음속에서 비극을 경고하는 나지막한 음성이 들렸었다고 고백했다. 모호하고 알쏭달쏭한 예감을 느꼈던 것이다. 아니면 친한 친구들이 오래전부터 그런 사람들을 조심하라고 경고했다고 얘기한다. 물론 혼인 빙자 사기꾼의 경우라면 그럴 수 있다. 일단 로맨스가 엮이면 익히 알려진 것처럼 호르몬이 날뛰며 예리한 시야가 안개 낀 것처럼 뿌옇게 흐려질 수 있기 때문이다. 그러니 외부인이 사태를 훨씬 명확하게 보는 것은 지극히 당연한 일이다.

하지만 직장이나 중요한 구매 결정을 내려야 할 때는 어떠할까? 뭔가 기분이 이상하고 누군가가 의심될 때도 예감이 맞는 경우가 대부분이다. 그러다 결국에는 타인의 행동 때문이 아니라 우리가 자신의 말을 듣지 않았다는 데 놀라게 된다.

그런 상황일수록 간단히 '모든 것이 논리적으로 들리지만 내 감정은 다르게 조언하는데'라는 의견을 따르는 것이 좋다. 그렇지만 우리가 이런 말을 잘 꺼내지 못하는 이유는 무엇일까? 어쩌면 무언가를 거절할 때는 최대한 설득력 있는 근거에 바탕해야 하며, 그런 측면에서 감정을 따른다는 근거가 부적절하다고 생각하는 잘못된 판단 때문일 것이다. 하지만 현실은 오히려 정반대다. 여기서 전하려는 메시지는 이렇다. '근거 따위는 잊어버려라! 그 사람이 아니라고 말하는 데 애초에 근거는 필요 없다! 그냥 그 사람이 아닌 것이다!' 우리 스스로 왜 알고 있는지도 모르지만 그냥 그렇게 알고 있는 것들이 존재한다. 그 감정은 마음을 차분하게 해준다. 하지만 이런 정서적 바로미터를 진지하게 받아들이기보다 이성만을 좇는 머리는 극도로 혼란해진다.

따라서 나의 신조는 다음과 같다. 사안의 해당 근거가 긍정적임을 확인했더라도 실행하기가 꺼려진다면 그냥 하지 말아야 한다. 그때는 문제가 생길 수도 있다. 때때로 그 문제는 자신에게서 비롯되기도 한다. 행여 자신만의 안전지대를 벗어날까 우려하는 두려움은 우리를 전진하지 못하도록 움츠리게 하고 항상 멈춰서게 한다. 마치 최대 속도를 내려고 가속페달을 밟는 동시에 브레이크를 함께 밟는 기분이 든다.

만약 "내 감정이 다르게 조언하는데"라는 말이 직업적인 맥락에서 너무 흐릿하게 들릴 때는 어떻게 해야 할까? 감정과 비즈니스라는 조합이 누구에게나 해당하는 것은 아니다. 하지만 만약 그럴 수 있는 직군이라면 자신에게 적절한 표현을 찾아야 한다. "다 논리적으로 들리는군요. 하지만 내 경험은 다르게 말하고 있고요" 혹은 "사람에 대한 나의 안목은 정반대라고 조언하네요" 등의 표현이 더 잘 맞을 수도 있다.

어느 쪽이든 이런 말을 잘 활용하면 스스로 과도한 의심의 늪에 빠져버리기 전에 출구를 찾을 수 있다. 직관이 강하고 근거가 약할수록 매사가 빠르게 진행된다. 그러면 우리의 이성은 허락된 시간 내에 여러 생각을 하며 계속 공을 이리저리 패스해보지만 결국 제풀에 꺾여 포기하고는 마지못한 눈초리로 결정한다.

어쩌면 당신은 이런 문제를 오래전에 명확히 정리했을 수도 있다. 그렇다면 이제는 명확해진 생각을 5초 안에 전달할 문장을 다듬어야 할 때다. 깨달음이 곧 능력을 보장하지는 않는다. "내가 그를 왜 뽑지 않았는지 나도 모르겠어요"라는 말 대신 자신감 있게, 좀 더 확신을 가지고 말해보자. "전부 논리적으로 들리네요. 하지만 내 감정은 뭔가 다르게 조언하는군요."

항상 모든 것을 알아야 할 필요는 없다. 당신의 감정이 또는 사람을 보는 당신의 안목이나 경험이 다른 것을 말할 뿐이다. 그런 기분이 들었다는 것만으로 충분하다. 그러면 끝이다.

침착하게 당신의 직관을 신뢰하라. 마음이 내키는 대로 따르라. 그러면 당신이 애써 머리를 굴려 생각하기도 전에 이미 그곳에 도착해 있을 것이다.

이 조언이 당신에게 선사하는 것은 무엇인가?

09

시간을 잘못
생각했어요

런던에서 성격 발달을 주제로 한 세미나에 참석했을 때 나는 20대 중반이었다. 그 자체만으로 아름다운 시절이었다. 열린 마음으로 아무 생각 없이 참석했던 우리 중 일부에게는 그 세미나가 완전히 세상이 바뀌는 계기가 되었다. 세미나는 자기 책임과 정직성에 관한 마스터 클래스였다. 호텔 욕조에 누워 있는 순간에도 세미나가 이어졌다. 왜냐하면 미국 로스앤젤레스에서 온 눈부시게 아름답고 강인한 여성 세미나 리더가 많은 과제를 내주었기 때문이다. 예컨대 첫날 세미나가 끝날 무렵 각 그룹에 속한 모든 사람은 다음 날까지 특정 규칙을 준수해야 했다. 시간 엄수는 모두가 지켜야 하는 필수 규칙이었다. 그래서 결국 우리는 오전 9시

정각으로 합의한 뒤 각자 제자리에 돌아갔다.

그다음 날 아침에 일어난 일은 모든 수업 참가자가 자신의 말에 두는 가치가 동일하지 않다는 것을 여실히 증명했다. 내가 보기에는 열 명 중 한 명이 약속 시간보다 늦게 나타났다. 세미나 리더가 잘생기고 스타일리시한 프랑스인에게 왜 늦었는지 질문하자 그는 싱긋 웃으며 눈앞에서 어떻게 지하철을 놓쳤는지 구구절절 늘어놓았다.

"그래서 당신의 솔직한 답변은 뭡니까?" 리더는 확고한 눈빛으로 질문했다.

"네?" 그는 더 이상 웃지 않았다.

"솔직히 무슨 일이 있었느냐 말이에요." 리더가 알고 싶었던 것은 구구절절한 핑계가 아니었다. "그리고 그 과정에서 당신의 책임이 무엇이라고 생각하는지도 듣고 싶군요. 지하철이 예정 시간보다 빠르게 도착했을 리는 만무할 테니까요."

강당 공기가 급격히 얼어붙었다. 두 사람이 각기 다른 언어로 말하는 것만 같은 분위기에 우리 모두는 숨죽여 그 광경을 지켜보고만 있었다. 20분 정도 지난 후 프랑스인의 이야기는 이렇게 이어졌다. "제가 너무 늦은 탓에 지하철을 놓쳤습니다. 늦게 출발한 이유는 옷을 다섯 번이나 갈아입었기 때문이죠. 뭘 입어야 할지 쉽게 결정할 수가 없었어요. 외모는 제게 매우 중요한 문제거든요."

"그렇군요. 당신의 허영심이 자신이 한 말을 지키고 시간을 준수하는 것보다 더 중요했다는 말인가요?"

프랑스인이 침을 삼켰다. 세미나 리더는 고개를 비스듬히 하며 그를 응시했다. 우리는 숨죽여 기다렸다. "그러니까… 아마도… 제 불안이 더 중요했던 거겠죠?" 한참 동안 두 사람 사이에 시선이 이어졌다. "그렇다면 그렇게 받아들이도록 하죠." 마침내 세미나 리더가 다소 부드러워진 음성으로 말했다. "언제나 그렇듯이 그렇게 직접 시인하니까 훨씬 낫잖아요." 그러고는 무장해제한 듯한 웃음을 터트렸다. 그제야 프랑스인은 한결 편안해 보였고, 모든 그룹이 다시 숨쉬기 시작했다. 갑자기 박수가 터져 나왔다.

"내가 지각한 건 결국 내게 확신이 없었기 때문일까요?"라는 말은 "어쩌다 보니 지하철을 놓쳤다"라는 말과는 천지 차이다. 자기 자신은 바꿀 수 있지만 런던 지하철은 어찌할 수가 없지 않은가. 물론 지각생의 자기 반성은 순수한 독백이었다. 훈련은 한층 더 아래로 내려가 무엇이 핵심인지 알아낼 능력을 키워준다. 이른바 양파 껍질 전략이다. "여러분, 책임감입니다!"라는 말이 계속 강당에 울려 퍼졌다. 여기서 중요한 것은 바로 '책임감'이다. 특히 지각과 관련된 문제에서도 근본적으로 이런 관점에서 접근하는 것이 좋다. 세미나 리더가 지각생에게 듣고자 했던 것은 처음부터 자신의 이야기를 늘어놓는 탓에 모든 사람의 시간을 허비하게 하는 이야기가 아니었다. 심지어 그런 상황은 다른 이들을 언짢게 할 수 있다. 왜냐하면 책임을 떠넘기는 눈에 뻔히 보이는 시도를 알아차리는 예민한 감각이 발달하며, 자신의 상황에 책임을 지려는 우리의 노력을 허무하게 만들기 때문이다. 사흘간 책임감과 자기 합리화에 집중하며 세미나에 참석한 우리는 진정한 의미에서 한 단계 발전했다. 우리의 코치가 말했다. "여기 있는 대다수가 시간을 준수하며 참석했어요. 같은 도시에서, 같은 대중교통을 타고 말이죠. 말도 안 되는 자신의 말을 믿지 마세요." 그 말에 나는 '옳습니다'라고 생각하며 내가 얼마나 숨 가쁘게 얼그레이 홍차를 마시며 패딩턴 역을 가로질러 달려왔는지를 내면의 눈으로 떠올렸다.

런던에서의 기억이 너무나 인상적이어서 오늘까지도 나는 누군가를 기다리게 하면 "주차할 곳이 없더라고요"라는 말 대신 "죄송합니다. 오늘 오전 약속을 제대로 지키지 못했습니다"라고 인정하는 것을 선호한다. 그리고 실제로 무슨 일이 있었는지 털어놓는다. "주차할 장소를 찾는 것을 너무 쉽게 생각했나 봐요." 솔직히 털어놓는다면 그 정도가 괜찮다. 아니면 이 장의 제목처럼 "시간을 잘못 생각했어요"라고 할 수도 있을 것이다. 어쩌면 지금 당신은 '뭐라고 핑계를 대든 결국 똑같지 않나'라고 생각할지도 모른다. 하지만 나는 동의하지 않는다. 적어도 기다리는 사람에게 다양한 이유로 가득한 스토리보다는 자신이 인정하는 책임이 훨씬 진정성 있게 전달된 경험이 그것을 입증한다. 나는 족히 수백 번은 그런 경험을 했다. 그리고 지각하는 사람도 비슷하게 생각할 것이다.

"있었던 상황을 그대로 시인하니 마음이 훨씬 편했다." 최근 여러 고민 후 자신의 실험을 시도해보기로 결정한 한 영화감독이 그렇게 털어놓았다. 그는 그로써 자기 마음이 그렇게까지 편안해질 거라고는 생각 못 했다며 매우 기뻐했다. 우리가 무언가를 잊어버리고, 망쳐버리고, 놓쳐버렸음을 잠시 인정하고 나면 불필요한 거짓말과 변명으로 뒤섞인 구차한 칵테일을 만드는 것보다 마음이 훨씬 편해진다.

부정적인 뉘앙스의 '나-메시지'가 주는 긍정적 효과를 우리는 이미 잘 알고 있다. 확실히 "이제는 정말 불편해지고 있습니다.

우리 약속을 완전히 잊어버렸어요"라고 말할 수 있는 사람은 그것으로 자신의 죄책감을 달랠 수 있다. 자신이 저지른 실수를 용기 있게 인정하고 나면 빠르게 마음을 진정시킬 수 있다. 이 책의 5장에서 말한 "모르겠어요" 또는 41장에서 다룰 "내가 틀렸어"라는 말은 "내가 시간을 잘못 생각했어요"라는 말처럼 효과가 강하다. 왜냐하면 당신 자신도 이미 자기 잘못을 인정했는데 누가 그 이상 무엇을 뭐라 할 수 있겠는가? 그래봤자 의미도 없다.

전적으로 상관관계를 명확히 하는 표현인 "시간을 잘못 생각했어요"라는 말은 모든 책임감 있는 말을 대신한다. 특히 이 말을 선정한 이유는 우리의 급변하는 인생에 적합하다고 생각했기 때문이다. 시간에 쫓기거나 정각 9시에 출석할 수 없는 상황일 때 이 말을 자주 사용할 계기가 생길 가능성이 매우 크다.

"의지가 있는 사람은 길을 찾고, 의지가 없는 사람은 핑계를 찾는다"라고 이미 언급했다. 이 말은 무언가를 원하는 사람은 그 책임을 다한다는 의미도 담겨 있다. 또한 단호하고, 명확하고, 활동적이다. 자신을 억누르기만 하는 사람은 습관적으로 자기 합리화라는 깊은 계곡에 빠져 그 골짜기에서 이유만 찾는다.

따라서 만약 약속 시간을 잊어버렸거나 늦게 출발하는 일이 생긴다면 침착하게 책임을 다하도록 하자. 진심을 담아 간결하게 "시간을 잘못 생각했습니다"라고 말하는 것만으로도 당신이 생각하는 것보다 한결 마음이 가벼워진다. 그리고 그 말은 사실이므로 상황이 훨씬 개선된다.

이 조언이 당신에게 선사하는 것은 무엇인가?

자기
결정

자유

솔직함

50 Sätze, die das Leben leichter machen

2부

하고 싶은 말은
확실하게 전달할 것

10

'원한다'는
'해야 한다'와 같다

"새 비는 잘 쓸린다지 않습니까." 한 제약 회사 CEO가 소형 극장의 메인 무대에서 두 팔을 펼치고 독일 속담을 말하며 내게 다가와 인사했다. 그곳은 스테이지 트레이닝 장소였다. 그는 이틀 후 많은 임직원 앞에서 개회사 발표를 하기를 원했다.

"우선 카페라테 한잔하시죠." 웃음을 터트리며 말하면서도 나는 그날 어떤 결과가 나올지 긴장되었다. 진행 도중에 갑자기 트레이너가 끼어들면 미묘한 상황이 연출될 수 있다. "쓸데없는 소리!"라고 말하는 CEO의 이름을 편의상 바른케라고 부르겠다. "난 잘 준비되었으니까 당장 시작해도 좋습니다." 물론 얼마 지나지 않아 아직 시간이 필요하다는 것이 확실해졌다. 그의 첫 문장

이 대참사 수준이었기 때문이다. "배가 침몰하지 않으려면 우리
는 더 나아가야 합니다!" 아마 계약서에 있는 '동기부여 연설'에
그렇게 적혀 있었던 건 아닐까?

　하지만 '해야 한다'라는 말로는 직원들의 마음을 사로잡기가
매우 어렵다. 그런 말을 들은 청중 가운데 기뻐하며 "와, 맞아! 나
도 꼭 해야 하는 일을 하고 싶었어!"라고 말할 사람은 없기 때문
이다.

　바른케는 다른 말로 풀어서 설명하려는 의사가 조금도 없었
다. 그는 노트북컴퓨터를 펴고 레드 벨벳 의자에 앉기를 원하지
않았다. 스포트라이트를 받으며 등장하기 위해 무대에 선 것이
다. 물론 그 심정은 나도 충분히 이해한다. "하지만 지금 우리의
목표는 두 마리 토끼를 잡는 거죠. 팀에 메시지와 더불어 감동도
전하고 싶은 거잖아요." 그러자 허를 찔린 바른케가 날카롭게 말
했다. "그럼 한 시간만 더 합시다." 그래서 내용 측면에서 '원하는
것도 꼭 해야 하는 것이나 다름없다. 다만 자발적일 뿐'이라는 주
제에 대해 말을 꺼내볼 겨를도 없었다.

　의무란 항상 강제성을 띤다. 모든 것이 전적으로 상사의 손에
달려 있으므로 원하는 대로 할 수 없다. 결국 압박을 받는 사람은
상황의 희생양이 된다. 하지만 발표자가 꼭 그렇게 말해야 하는

것은 아니다. 나는 한 시간 동안 설명하고 다시 그의 연설을 들어 보았다. 그 사이 텍스트에 간간이 유머가 섞일 정도로 여유가 생겼고, 보다 확신 있었으며, 명확해졌다. 이날 우리는 쉴 틈 없이 계속 연습했다. 결국 마지막에 힘이 넘치는 메시지로 사람들에게 감동을 주는 것이 얼마나 기분 좋은 일인지 신체 반응으로 직접 느낀 CEO는 무척 흡족해했다. 연설이 끝난 후 촬영기사마저 환호하며 박수를 칠 정도였다. 그 순간 느껴지는 전율은 거짓말을 하지 않는다.

'해야 한다, 필요하다, 원하다'와 같은 조동사에 대한 연구 결과에 따르면 '해야 한다'라는 말 자체가 스트레스 지수를 상승시킨다. 혈압, 혈중 지질 수치, 스트레스 호르몬 등 모든 것이 상승한다. 또한 사람은 압박을 느낄수록 그런 표현을 자주 쓰게 된다. "우리는 그 제안을 꼭 완수해야 합니다." "우리는 동의해야 합니다." "우리는 나아가야 하니 서둘러야 합니다." 이렇듯 한 번 '해야 한다'라는 사고의 늪에 빠지면 오히려 그 말이 스트레스를 키운다는 사실을 깨닫지 못한다. 무언가를 해야만 한다는 말을 백 번 들은 사람은 압박을 느끼기 마련이다. 그러면 그때부터 저도 모르게 해야 한다는 말을 입에 달고 살게 된다. 그러다가 또다시 그 말에 노출되는 순간 우리 시스템에는 더 많은 압박이 축적된다.

그 결과 심각한 스트레스를 받은 뇌가 '해야 한다'는 문장을 백 번이나 되새김질하는 악순환이 이어진다. 덥다고 느낄 때마다 실내 온도를 낮추고 창문을 열기보다 다운 점퍼를 입고 라디에이터 온도를 높이는 것이나 다름없다. 무언가를 '해야 하는 사람' 에게 부족한 것은 주체적으로 결정하겠다는 의지다. 방향을 바꿔서 스스로 결정하기 위해 방향을 전환하라.

　내가 참가한 어느 워크숍에서 해야만 하는 것 혹은 원하는 것을 주제로 대화를 나눈 적이 있다. 평소 덜렁거리는 성향의 한 여자가 직장에서 마감 기한 때문에 심각한 스트레스를 받는다고 털어놓았다.

"하지만 어떤 업무도 포기할 수 없어요!"

"왜 그렇죠?" 워크숍 진행자가 물었다.

그녀는 반항조로 말했다. "음, 제가 그냥 하겠다고 했거든요!"

"왜 그렇죠?"

"당연히 저도 프로젝트에 참여하고 싶으니까요."

"그러니까 프로젝트를 원하지만 그것을 위해 아무것도 하고 싶지는 않다는 말인가요?"

"아뇨!"

"하지만 그렇게 들리는군요." 진행자가 미소 지으며 말했다. "원하는 것에 더 집중해보세요. 스스로 해야만 하는 것이라고 규정하는 일은 사실 원하는 일을 하기 위해 치러야 하는 대가일 뿐입니다."

그 말을 들은 나는 매우 영리한 조언이라고 생각했다.

잠시 후 다른 이야기가 나왔다. "당신은 우리에게 선택권이 있었던 것처럼 말하시는군요!" 참가자 대부분이 요가 매트에 앉은 가운데 얼마 되지 않은 의자를 차지한 세련된 정장 차림의 50대 중반 남자가 격앙된 목소리로 외쳤다.

"그럼 우리에게 선택권이 없다는 말씀인가요?" 진행자가 질문했다.

"당연히 없죠! 일을 제대로 못하면 밀려나겠죠."

"그러면요?"

"그러면, 아마도⋯." 중년 남자는 적당한 말을 찾는 듯했다. "실직하겠죠."

"그러면 어떻게 되나요?" 이어서 담담한 목소리가 흘러나왔다.

"집세도 못 낼 거고, 기숙사 학교에 다니는 아이들 학비도 제대로 내지 못하겠죠. 전부 다 돈이니까요!"

"아이들이 기숙사가 있는 사립학교에 다니기를 바란 것은 누구였나요?"

"물론 우리 부부죠. 그것만으로도 엄청난 기회가 되니까요!"

"아하, 그러니까 집, 사립 기숙사 학교, 직장 이 모두를 원한 것은 바로 당신이군요. 아주 많은 것을 원하시네요. 그런데 정작 바란 것은 자신인데 제대로 굴러가지 않는 순간이 되면 왜 갑자기 해야만 하는 일이 되는 걸까요?"

진행자의 의미심장한 질문에 세련된 옷차림의 중년 남자는 깊은 생각에 잠겼다. 나는 그의 입장도 이해했지만 진행자의 입장에 마음이 더 기울었다. 혈기 왕성한 스물세 살의 나는 '이제 나도 다 알아!'라는 참으로 귀여운 생각에 빠져 있었다!

'무언가를 원하지만 정작 그 대가는 치르고 싶지 않아.' 오늘날까지도 이것이 '해야만 하는 일'에 대한 나의 정의다. 그렇지만 우리가 해야만 한다고 느끼는 감정을 보다 자주 해석하고 고민해볼 가치가 있다. 그러면 당장 우리가 어디에 서 있는지 파악할 수 있다. 예를 들어 "세금 신고를 해야 해"라는 말은 솔직히 "세무사에게 줄 돈을 아끼고 싶어"가 아닐까? 그리고 세무사에게 줄 돈이 아예 없는 사람은 '차라리 그 비용을 아껴서 다른 곳에 쓰고 싶어'라고 생각할지도 모른다. 이런 예시는 끝이 없다. 실제로 이 세상에서 꼭 해야만 하는 일이란 생각보다 많지 않다. 그냥 우리가 그렇게 느낄 뿐이다.

물론 예외는 있다. 예컨대 어떤 사람이 무고한데도 재판에서 유죄 판결을 받았다. 이 사람은 정말 감옥에 가야만 한다. 하지만 다른 수감자들은 그 사람이 은행을 털고 싶어 했다고 해석할 것이다.

우리는 무언가를 결정한 후 그 결과를 책임지고 싶지 않을 때 종종 해야만 하는 일로 위장한다. 따라서 해야만 하는 것과 원하는 것을 깔끔하게 분리할 수 있을 때 비로소 인생은 한결 편안해진다.

이마누엘 칸트는 "나는 해야 하는 일을 하기 원하므로 할 수 있다"라고 말했다. 특히 피하고 싶은 주제에 관해서는 자신의 동기에 의존하는 것이 건강한 태도다. '회계'를 예로 들어보자. 아마 말을 꺼내기도 전에 대다수가 신음부터 흘릴 것이다. 나도 이 주제를 떠올리는 순간 방을 가득 채운 서류 더미에 둘러싸인 모습부터 연상한다. 그러다 어느 순간 생각을 전환해보았다. 더는 생각만 해도 가슴이 답답해지는 영수증 분류를 하고 싶지 않았다. 그 순간 나는 '마음을 평화롭게 해주는 피아노 연주곡' 플레이리스트를 틀어놓고 디퓨저에 레몬그라스 오일을 떨어트린 후 좋아하는 차를 마셨다. 그때만큼은 다른 일은 내게 아무 의미가 없었다. 나의 신조는 이렇다. 우리는 무언가를 해야만 한다고 결정하기 전에 스스로 그 일을 하기를 원하는지 결정할 수 있어야 한다. 자유가 허락되면 즐거움도 그만큼 더 커지기 때문이다.

코칭 과정에서 나는 내담자들에게 '해야 한다' 그리고 '할 수 없다'로 끝나는 문장을 완성하는 과제를 내주곤 했다. 자아 성찰을 좋아하는 사람이라면 이런 훈련을 선호할 것이다. 무엇보다 분별력이 길러지고 끝에는 감탄하기 때문이다. 종종 우리가 하는 말은 사실이 아닐 때가 있다. 주로 부정적인 감정과 낡은 사고 방식에서 비롯되는 그 말들은 강압, 부족함, 자존감 결핍을 표출한다. 그때는 다음의 말이 자신을 자유롭게 해줄 독백이 될 것이다. "당신이 듣는 모든 것을 믿지 말라. 특히 자신이 하는 말이라면 더욱."

부디 내 말을 오해하지 말기를 바란다. 원래 내 사전에 의무란 말은 없으며 오히려 정반대의 의미가 있을 뿐이다. 해야 한다는 말은 "당신은 지금 굉장한 압박을 받고 있습니다!"라는 경고 문구가 뜨는 새빨간 팝업창이나 다름없다. 진정鎭靜이라는 말을 활용하라. 주변에서 당신을 압박하는 말이 들리면 우선 듣기만 하라. 무엇보다 그런 감정이 존재함을 인식해야 압박을 해소할 수 있다. '해야 한다'처럼 스트레스를 유발하는 말을 남발하기 시작할 때 경고해줄 마음속 경비견이 있다면 특히 유용할 것이다. 그

때 급브레이크를 밟은 후 당장 자신에게 가장 부족한 것이 무엇인지 되짚어볼 수 있다. 휴식? 음식? 약속을 미루고 바람을 쐬러 가야 할까? 아니면 잠시 큰소리로 웃어볼까? 무엇이든 그냥 떠오르는 대로 하라. 아무리 마음속에서 원하지 않는다고 외쳐도 해야만 하는 일들이 있다고 이야기하는 사람은 결국 자기 결정력이 부족한 것이다. '원하는 것도 해야만 하는 의무와 같다. 다만 자유의지일 뿐.' 그 차이는 미묘한 정도에 불과하다.

그러니 앞으로 더 자유로워지고 싶다면, 그리고 사람들을 매료시키고 싶다면 곧 침몰할 타이태닉호 같은 은유법을 쓰지 말고 마음의 경비견이 언제 짖는지 자신의 내면에 귀 기울이는 편이 훨씬 낫다.

이 조언이 당신에게 선사하는 것은 무엇인가?

11

내 책임이 아닌 것 같군요

출판사에서 경영진 어시스턴트를 담당하고 있는 밀라는 매우 유능한 직원이다. 그녀는 항상 준비되어 있고, 예측 능력이 뛰어나고, 명료하고, 매력적이고, 사려 깊고, 이해심과 통찰력을 갖췄다. 예술이라는 줄타기 묘기를 받아들이거나 양보하는 조율 업무도 완벽했다. 다만 그렇게 능력 있는 밀라가 제대로 못하는 분야가 있었으니, 선을 긋는 것이었다.

나와의 첫 번째 상담에서 밀라는 경계 설정이라는 주제에 관해 눈부터 휘둥그레졌다. 그녀는 이 문제에 관해 아무것도 하고 싶어 하지 않았다. 애당초 성격을 송두리째 바꾸지 않는 한 자신의 행동을 바꿀 수 없다고 생각했기 때문이다.

"딱 선을 그으라고요? 미안해요. 그럴 수는 없어요. 팀 전체가 저를 믿고 있단 말이에요!"

밀라는 내가 그 주제를 언급하기만 해도 힐책하는 듯한 말투로 반응했다.

"전 그런 사람이 아니에요. 그렇게는 할 수 없어요."

한 번도 배워본 적 없는 일을 시도하면 어떨지 논의할 때 가장 먼저 나타나는 반응이 주로 거부감이다. 그렇기에 이때는 경계 설정이라는 말만 꺼내도 거부감의 도화선이 된다. 하지만 다년간의 경험상 이 주제는 코칭 랭킹에서 단연 상위권을 차지한다. 물론 주관적인 평가이므로 통계 수치로 뒷받침하지는 않겠다. 하지만 많은 내담자가 생각을 변화시키고, 호기심과 회의가 뒤섞인 상태에서도 믿어보려 하는 모습을 곁에서 지켜보는 것은 참으로 흐뭇한 일이다.

내 경험에 의하면 경계를 명확히 설정하고도 상대에게 여전히 매력적인 사람이 될 수 있었다. 꼭 누군가에게 무례한 사람이 되지 않아도 충분히 '아니요'라고 말할 수 있다. 실제로 껄끄러움을 느끼는 사람들이 가장 우려하는 것은 자신이 무례한 사람이 되는 것이다. 이들은 나쁜 사람이 되는 것을 꺼린다. 대부분 한쪽은 '좋은 사람, 인기 있는 사람, 호감 가는 사람'이고 반대편은 '나쁜 사람'이라는 흑백논리를 적용한다. 경계 설정을 제대로 하지 못하는 사람들은 그 사이에 있는 다양하고 멋진 회색 톤을 발견하지 못하는 셈이다.

이 사실을 감안하면 평소 나쁜 사람이 될까 봐 두려워하는 사람일수록 항상 착한 사람이 되려 노력하는 현상을 이해할 수 있다. '경계 설정'을 딱딱하게 느끼고, 거부감을 보이고, 다소 거만한 행동이라고 해석하는 사람은 당연히 이 주제를 언급하거나 얽히고 싶어 하지 않는다. 따라서 이때 필요한 것은 결핍된 부분을 메울 새로운 행동 양식이 아니라 아예 새로운 공식이다. '경계설정=거만하고 냉정한 태도'라는 생각은 비생산적이므로 대체할 공식이 필요하다. 차라리 '주도적이고 명확하면서 매력적으로 경계 설정을 하는 것은 식은 죽 먹기야'라는 사고방식이 훨씬 좋다.

교류 분석Transaction Analysis 이론에서 말하는 다섯 가지 주요 동인 중 하나가 바로 '모든 사람을 기쁘게' 하는 것이다. 자신도 모르는 사이에 이 프로그램을 시스템에 설정해버린 사람은 해결방안이 도저히 없어 보이는 문제에 금세 직면한다. 그 이유는 본인 스스로가 모두에게 귀속되기 때문이다. 하지만 모두를 만족시키려는 사람은 종종 본능적으로 자신을 가장 마지막 자리에 두며, 심지어 어리석게도 자신을 아예 잊어버리기도 한다. 그러면 자기 자신조차 제대로 만족시키지 못하게 된다. 그런 식으로는 절대 성공할 수 없다. 어떻게 해야 할까?

최고의 해결책은 '나-메시지'를 활용하는 것이다. 단순하지만 효과는 아주 좋다. 그 안에는 상대의 흔적이 없다. '당신'이나 '너'는 언급되지 않는다. 그래서 누구도 공격받는다는 기분이 조성되지 않는다.

코로나19 팬데믹 시기에 많은 회사가 주로 화상회의를 했다. 즉, 화면을 통해 상대를 봤다. 컴퓨터 모니터에 있는 여덟 개의 작은 창 안으로 사람들이 보였다. 경영진 어시스턴트 밀라, 그리고 각 부서를 이끄는 파트장들이었다. 영상의 배경으로 책장이 보이는 것은 당연했다. 그리고 사실 앞으로도 이해되지 않을 것 같지만 화면에 상대의 콧구멍이 너무 자주 보였다. 팬데믹 홈오피스 시대에 '돼지 코 뷰 금지'라는 슬로건이 있었더라면 얼마나 좋았을까. 적어도 시각적 측면에서라도 화면 앞에서 보내는 시간이 좀 더 즐거웠을 텐데. 하지만 내게는 그런 운이 따르지 않았다.

밀라가 참석한 화상회의 역시 한 시간 이상 의견을 주고받으며 결과를 공표하고, 질문이 이어지고, 전략에 대한 논의가 이어졌다. 회의가 끝날 무렵 밀라가 회의록을 작성하는 동안 소셜미디어 매니저가 원래 밀라의 분야가 아닌 업무를 은근슬쩍 그녀에게 넘겼다. 화상회의에 참석한 모두가 그 모습을 봤지만, 이제 회의가 마무리되는 시점이라 대부분 각자의 휴대전화만 확인했다. 모두가 컴퓨터 프로그램을 종료하기 직전 밀라가 용기 내어 말했다.

"이 일은 제가 책임져야 할 일이 아닌 것 같은데요."

"뭐, 뭐라고요?" 소셜미디어 매니저가 당황한 음성으로 받아쳤다. 나머지 여섯 명이 눈을 깜박이며 카메라를 응시했다. 순간 정적이 흘렀다.

"그러니까, 그건 제가 맡은 분야가 아니란 말입니다."

어깨를 살짝 으쓱하며 말하는 밀라의 태도는 매우 놀라웠다. 나는 솔직히 그녀가 그럴 수 있을 거라고 예상하지 못했다. 순간 모든 채널이 숨죽인 채 그녀의 말에 집중했다.

"하지만 평소에도 맡아서 해왔잖아요!" 살짝 힐책하는 투의 핀잔이 소셜미디어팀에서 흘러나왔다.

그러자 밀라가 용기 내어 대답했다. "그러니까요. 사실 그 업무는 저와 전혀 상관이 없었죠. 그래서 도무지 집중할 수 없었고요. 그러다 보니 제 일조차 제대로 할 수 없었어요. 지금이라도 이런 상황을 바로잡고 싶네요. 그 일은 제 소관이 아니랍니다. 그러니 슈테판에게 위임해주시기 바랍니다. 그가 그 업무를 위해 고용된 것 아닌가요?"

밀라의 말에 누가 뭐라 할 수 있겠는가…. 직무 분장에도 엄연히 그렇게 명시되어 있었으니 말이다. 누가 봐도 나쁜 사람이나 갑질하는 사람이 되지 않고도 주체적인 태도로 나선 밀라의 1대 0 승리였다. 언짢은 음성이 오가거나 무뢰배가 되지 않고도 얻어낸 결과였다. 이 글을 쓰면서도 내 입가에 흐뭇한 미소가 떠오른다. 이런 변화는 밀라에게 그만큼 중요했기 때문이다.

당연히 해당 업무는 슈테판에게 배정됐고, 이후 밀라는 자신의 업무에 더 많은 시간을 할애할 수 있었다. 밀라의 이마에 '다 맡겨주세요'라고 붙어 있는 것만 같았던 무형의 메시지가 온데간데없이 사라졌다. 그녀 특유의 친절한 태도를 악용하는 사람은 이제 없었다.

"이것은 내 책임이 아닌 것 같군요"라고 말한 밀라는 준비한 문구를 단순히 암송한 것이 아니었다. 머릿속에서도 이 말이 논리적이고 바람직하게 여겨졌고, 이 문장은 몇 단계 아래로 내려가 그녀의 새로운 태도가 되었다. 그런 태도로 행동할 때 실제로 '새로운 태도=새로운 카리스마=새로운 영향력'이라는 인과관계가 작동한다. 얼마나 멋진가.

인생의 많은 부분에서 경계 설정은 어떠한 도구가 아니라 새로운 사고방식에 의해 확립된다. 하지만 다소 격앙된 톤으로 이런 말을 한다면 어떨까? 당신이 개인적으로 받아들일 만한 일을 "하지만 그래도 당신이 이해해야 하니까"라는 말로 정당화하려는 사람들에게 큰소리로 "내가 책임질 일이 아닌 것 같아요"라고 외쳐본들 먹히지 않는다. 하지만 명확한 태도로 "사과 탄산수 한 잔 더 할게요"라고 하듯 침착한 톤으로 말한다면 간단한 한마디로 커다란 효과를 얻을 수 있다. 확신을 위한 용기와 무덤덤한 말투가 어우러진 이 우아한 조합은 자신감이 넘쳐 보이게 하고, 그것을 상대방이 빠르게 인식하도록 돕는다.

"이것은 내 책임이 아닌 것 같군요"라는 말은 조력자 증후군Helper Syndrome 및 매사에 관여하면서 구원자 역할을 하려는 경향이 있는 사람들에게 특히 중요하다. 이러한 성향을 지닌 사람들이 누릴 수 있었던 행복의 발목을 잡는 것은 과도한 공감 능력이다. 만약 당신이 평균 이상으로 이해심이 넘치고 남을 돕는 사람이라면 내 말을 바로 이해할 것이다. 이 아름다운 성품은 어리석게도 지나치게 타인에게 의지하는 현상이나, 그를 실망시킬까봐 걱정하는 두려움으로 자주 점철된다.

"당신은 다른 사람을 실망시키지 않으려고 이 세상에 태어난 것이 아닙니다." 예전에 나를 이끌어준 코치들 중 한 명은 내 면전에 대고 소리치다시피 했다. 당시 나는 그 말을 들으면서 어떤 감정을 느껴야 할지조차 감을 잡지 못했다. 그래서 나는 망설이며 그에게 반문했다.

"그렇지 않은가요?"

내면의 메커니즘이 오롯이 '책임-당장 여기!'라고 가리키고 있을 때 사람들은 줄곧 그렇게 따르지 않았던가.

지금부터라도 침착하고 명확한 경계 설정을 해볼 마음이 생겼는가? 그렇다면 가장 먼저 목소리 톤에 주의해야 한다. 여기서 모토는 '형식이 본질보다 중요하다'라는 것이다. 형태가 생기면, 다시 말해 느긋하고 확신에 찬 음성으로 들리도록 형태를 만드는 순간 전하려는 메시지를 좀더 확실히 전달할 수 있다.

"이것은 내 책임이 아닌 것 같군요." 그냥 무덤덤하게 말하고 대답을 기다리는 태도를 보여라. "음, 그런가요. 그랬단 말이죠! 그러면 이제 어떻게 합니까?"라는 답이 돌아올 것이다. 명확한 메시지가 담긴 말을 덤덤하게 덧붙이듯이 말하면 오히려 확고한 것처럼 들린다. 그것만으로도 상대는 감탄한다.

따라서 상대의 반응이 당황한 것처럼 보여도 침착한 태도를

유지하라. 그런 행동은 당신뿐만 아니라 그 공간에 있는 다른 사
람들도 안심시킨다. 그러면 아마도 당신의 문제가 더 빠르게 정
리될 것이다.

이 조언이 당신에게 선사하는 것은 무엇인가?

12

내가 이 주제에
관심 없다는 것을 막 깨달았어

나의 어린 대녀 니나가 네 살 무렵, 누가 불러도 모를 정도로 집중하며 크레파스로 스케치북에 그림을 그리던 때의 일이다. 니나는 알록달록한 나무와 집 그리고 두 사람을 그렸다.

"이건 너야?"

"네에에."

위아래로 연신 고개를 끄덕이는 니나는 온갖 몸짓을 하며 입을 헤벌쭉 벌리고 대답했다.

"그러면 이 사람은 마리야?"

마리는 니나의 여동생이다. 니나는 갑자기 불만 가득한 눈빛이 되었다.

"아니요. 이건 마리가 아니라 소년이에요!"

"아, 뭘 보면 알 수 있는 거야?"

"여기요. 티셔츠에 이름을 써놨잖아요."

나는 녹색으로 끄적거린 낙서를 바라봤다.

"그렇구나. 그러면 이 아이의 이름은 뭐야?"

그러자 니나는 다소 황당해하는 표정을 지으며 대답했다.

"그건 당연히 모르죠. 전 아직 글씨를 읽을 수 없는걸요!"

자신이 보는 세상을 느끼는 그대로 표현하는 아이들의 신념과 열정은 얼마나 굉장한가! 정말 근사하다.

생각하는 대로 말하는 것. 항상 솔직히 털어놓는 어린아이들에게는 너무나 당연한 일이다. 우리는 아이들의 행동이 순수한 마음에서 비롯되었으며 결코 악의가 없다는 것을 안다. 그래서 아이들의 당돌한 말도 좋은 의미로 받아들인다. 순진무구한 아이들의 말에는 공격적인 불꽃이 튀지 않기 때문이다. 순수한 관찰과 진심 어린 소통 욕구만 있을 뿐이다. 따라서 그런 말에 화가 나지 않는다. 하지만 어느 순간 아이들이 다 자라면 이해하고 넘어가던 웃음도 멈춰버린다.

"그렇게 말하면 안 돼."

"그냥 안 되니까 많이 물어보지 마."

"이제 말해보렴! 네가 방금 그 여자를 상처 입혔어."

예전에는 항상 칭찬받던 아이가 어느 순간 버릇없는 행동을 하는 사람이 되어버린다.

내가 아는 사람들 가운데 성인이 되어도 편견 없는 시선을 갖추거나 그 자세를 계속 유지하는 사람은 극소수였다. 직업이 배우인 나의 지인은 그 극소수 중 한 명이었다. 스벤은 누가 뭐라 말해도 사적으로 받아들이거나 자신에 대한 공격이라고 여기지 않았다. 그래서인지 그와 함께할 때면 놀라울 정도로 편안했다. 특이 사항이라면 대화 도중에 그가 매우 차분한 음성으로 개입하는 경우가 종종 있었다는 것이다.

"나는 이 주제에 별 관심이 없다는 걸 깨달았어. 그러니까 우리 다른 이야기 하자."

갑자기 그런 말을 꺼내는 스벤의 태도에 충격받은 사람도 많았다. 나의 경우 처음에는 다소 충격을 받았지만, 금세 상황이 마음에 들었다. 그것도 하나의 대안이라고 가정하니 더더욱 그랬다. 상대가 원하지도 않는데 기어코 내가 장인처럼 잘하는 분야에 대한 지식이나 즐겨 먹는 식단을 이야기해야 할까? 그가 여자친구에게 "거기서 두 시간 내내 웰빙 식단 얘기만 들어야 했어. 이제 돌아와서 너무 기쁘다"라고 말하는 모습을 떠올려보면 "나는 이 주제에 별 관심이 없다는 걸 깨달았어. 그러니까 다른 얘기 하면 안 될까?"라는 말보다 훨씬 불쾌할 것 같았다.

　　코로나19 시기에 돌입한 후 평소 잘 안다고 생각했던 사람의 행동에 놀라는 사람들이 많았다. 친한 지인들 사이에서는 그런 일이 많지 않다고 해도 한두 다리 건너 더 큰 집단으로 관계를 확장하면 확실히 예전과 달랐다. 과도한 걱정으로 거의 은둔 생활을 시작한 사람부터 아예 코로나19를 부정하는 사람까지 각양각색이었다. 누군가와 대화를 나누다가 새로운 현상 때문에 세계에 또 다른 위기가 올 것이라는 의견이 나오면, 나는 정계와 종교계에서 추천하는 대로 행동했다. 두 차례나 그랬는데, 즉시 내 의견을 접어버리고 말았다. 오른쪽 깜빡이도 켜지 않고 곧장 오른쪽 차선으로 빠진 셈이다. 아마 이렇게 말할 수 있을 것이다. "내 생각에는 그 문제는 그대로 놔두자. 그래서는 끝이 없겠어." 또는 "우리 뭔가 다른 얘기 하자. 내 생각에는 이래봤자 소용 없을 거 같아."

　　어떤 방식으로 표현하든 모두 자기가 하고 싶은 말을 할 뿐이다. 결국 출구는 경계 설정밖에 없다. 나는 평소 조화를 추구하는 사람이라도 급한 상황에서는 그런 식으로 차선을 변경하라고 권하고 싶다.

　나디네는 무엇보다 조화를 추구하는 사람이다. 내가 코로나로 치러야 하는 대가를 예측할 수 있는지 그녀에게 묻자 처음에 매우 방어적인 자세로 반응했다. "뭐라고요? 그걸 딱 집어 말할 수는 없죠!"

　하지만 나디네는 딱히 다른 대안도 제시하지 못했다. 그러면 또 언젠가 토의해야 하고, 화내야 하고, 서로 주시해야 하기 때문이다. 결국 그녀가 그렇게 피하고 싶은 경험에 찌들다 종국에는 퇴근 후 서로를 헐뜯으며 집으로 향하게 될 것이 뻔했다. 그렇게 애쓸 만한 가치가 없는 일이기도 했다. 그러다 어느 순간 자신과 의견이 다르면 방어적인 태도부터 보이던 그녀가 점차 반응을 줄이면서 상황이 달라졌다.

　"그냥 이제 그만하고 다른 이야기하는 것이 더 생산적일 것 같네요. 제 생각에는 말이죠."

　이런 극적 변화는 5미터 높이의 다이빙대에서 30분간 벌벌 떨다가 뛰어내린 것이나 마찬가지였다. 누구나 어렵게 간신히 뛰어내리고 나면 수면 위로 올라오기도 전에 "한 번 더어어!"라고 감탄하며 소리 지르기 마련이다.

　또 다른 예를 들어보겠다. 언젠가 한 텔레비전 방송 진행자가 내게 이렇게 말했다. 자신의 문제점은 언제고 누군가 농담하면 발작하는 수준으로 웃음을 터트린다는 것이었다. "당신도 그런 상황을 겪어본 적 있나요?"라고 물으며 사뭇 진지한 표정을 짓는 그를 보니 심각한 문제임을 알 수 있었다. 가히 농담에 관한 저주라고 할 수 있을 것이다. 물론 식사 도중이나 방송 중에는 그런 불상사가 없어야 한다. 그래서 우리는 그 순간을 위한 맞춤 해결책을 찾아냈다. 당신도 익히 아는 방법이다. 바로 경계 설정을 위해 '나-메시지'를 전달하는 것이다. 우리의 계획은 메시지를 그의 사생활에 맞춰 응용하는 것이었다. 다음에 또 폭소를 터트릴 만한 상황에 처하자 그는 서투르지만 확신에 찬 목소리로 말했다.

"저를 믿어보세요. 저는 아마 이 프로그램에서 최악의 방청객일 겁니다. 정말로요. 저는 어떤 유머에도 웃지 않을 겁니다. 그럼 여러분이 실망하실 수도 있겠죠. 어쨌든 그냥 서로 좋은 대로 둡시다." 거기에 활짝 웃는 표정을 더하니 훨씬 확신에 찬 것처럼 보였다. 몇 차례 의심 어린 눈초리를 받았지만 그렇게 몇 번 반복하자 실제로 어느 누구도 불쾌감을 느끼지 않았고, 그를 괴롭히던 농담도 사라졌다. 그는 이런 환경이 조성돼서 매우 기뻐했다. 흑역사가 사라졌기 때문이다. 그리고 놀라운 점은, 이제 방송에서 그가 이 방법을 사용하지 않는다는 것이다. 어느 순간부터 문제가 갑자기 사라졌다. 명백한 사실을 간략히 언급하고 만반의 준비를 한다면 무슨 일이든 이룰 수 있다. 그러면 문제는 해결된다.

경계 설정은 항상 반복되는 주제다. 진정한 부메랑이라고 할 수 있다. 단어 자체의 어감은 그리 좋지 않다. 오히려 '산 너머 산'처럼 느껴질 것이다. 그렇지만 경계 설정은 순수한 친절의 표출이다. 누군가에게 정확히 선을 긋기 위함이 아니라 보다 확실하고 나은 감정을 위한, 그리고 원래 모습으로 돌아가기 위한 수단이다.

"당신은 여기서 멈춰요. 여기부터는 내가 시작할 거니까요"라는 메시지를 공격으로 받아들이는 사람도 있겠지만 모두가 그런 것은 아니다. 다른 영역도 마찬가지다. 아무리 좋은 땅이라도 하나하나 진행해야 하는 과정을 뛰어넘을 수는 없다. 그렇게 새로 조성한 땅에 울타리를 설치하고, 담벼락을 쌓고, 가시적 경계를 설정하는 일을 개인적으로 받아들이는 사람은 없다.

나는 이상하게 꼬인 상황, 하지도 않은 말이 난무하고 궁극적으로 다툼까지 이어지는 상황의 핵심 동기가 '조화' 때문이라는 말을 매번 듣는다. 하지만 이는 역설적인 말이다. 어떤 상황에서도 분쟁보다 조화를 선호한다면 우리에게 오랫동안 조화를 선사할 말 한마디를 용감하게 던지는 것이 훨씬 실용적이기 때문이다.

"거주자 전용!" 어쩌면 분위기가 심각해지는 상황에는 이런 호소가 좋을 수 있다. 그때는 당신 내면에 이런 표지판을 세워보자. 그러면 진심으로 부탁할 것이 있는 사람이 용기 내어 당신의 땅 안으로 발을 들여놓을 수도 있을 것이다. 그러면 짜증과 불만만 가득한 불평쟁이, 당신의 생기를 훔쳐 가는 뱀파이어는 그곳을 우회해야 할 것이다. 설령 가상 표지판이 당신의 눈에만 보인다고 해도 이번 장의 제목을 떠올리기에는 충분하다.

"내가 이 주제에 관심이 없다는 것을 깨달았어. 그러니 우리 다른 얘기를 해도 될까?"

당신은 충분히 그렇게 할 수 있다.

이 조언이 당신에게 선사하는 것은 무엇인가?

13

그게 무슨 뜻인지
잘 모르겠어요

"안녕하세요, 휴스턴. 베를린에서 연락드립니다." 나는 즐거운 음성으로 화면을 보며 화상 통화를 신청했다. 화면으로 보이는 인테리어로 판단하기에 스테파니는 오늘 홈오피스에 있는 것 같았다. 그녀는 여기저기서 동시에 걸려 오는 화상 전화 탓에 미처 내 연락을 듣지 못한 것 같았다. 서둘러 자신의 귀를 가리킨 그녀가 헤드폰을 벗고 벌떡 자리에서 일어나 뒤편의 커튼을 옆으로 치웠다. 마침내 빛이 들어와 주변이 환해지자 그녀의 음성도 조금 나아지는 것 같았다. 이윽고 깊이 한숨을 쉰 스테파니가 다시 회전의자에 앉았다.

　"정상회담은 어땠나요?" 내가 물었다. 모나코에서 개최되는 회의에 참석할 스테파니는 유럽, 중동, 아프리카 각국의 참가자들 앞에서 진행할 기업 프레젠테이션을 지난 몇 주 동안 준비하고 있었다. 오늘은 예비 회의가 있는 날이었다.

　"나 오늘 제대로 한 방 먹었어요." 스테파니가 씩씩거렸다. "지금까지 코칭 상담을 받지 않았다면 이미 오래전에 헤드헌터에게 연락했을 거예요. 내 상사는 정말 미쳤어요. 이제 도저히 참을 수가 없어요!"

　스테파니의 눈이 형형하게 빛났다. 그녀의 안경에 빛의 고리가 반사되었다. 나는 그녀의 상사가 화상회의에서 그녀를 완전히 제외해버렸다는 사연을 들었다. 정황상 상사는 그녀의 프레젠테이션을 취소한 듯했다. 모나코의 행사에서 있을 발표에 대해서는 한마디도 언급하지 않았다고 한다.

　"왜 그랬을까요?" 내가 질문했다.

　"도통 알 수가 없죠!" 스테파니는 커다란 눈망울에 눈물을 글썽이며 말했다.

　하지만 나는 이해되지 않았다.

　"상사가 그렇게 한 이유가 뭐라던가요?"

　"이유요? 묻지 않았어요!" 스테파니가 성난 음성으로 말했다.

　순간 나는 놀랐다. "무엇이 마음에 안 들었던 걸까요?"

"뭐… 전부겠죠!" 어깨를 들썩이며 모르겠다는 눈빛으로 스테파니가 말했다. 마치 채식주의 레스토랑에서 새끼 돼지고기 요리를 주문했을 때 나오는 반응 같았다. 여기에서 새로운 문제가 등장했다. 문제점을 알아챈 나는 형광 핑크색 스프링노트에 기록하기 시작했다.

"그러면 회의 이후에는요?"

"절대 묻지 않을 거예요. 상사에게 구걸하는 일은 없어요." 스테파니가 완고한 음성으로 말했다.

나도 그런 의도가 아니었으므로 되물었다. "그럼 그것 말고 다른 가능한 대안이 있나요?"

순간 스테파니는 미동도 없이 카메라를 물끄러미 바라보았다. 우리를 연결하는 선에 침묵이 내려앉았다.

나는 이 팽팽한 상태에서 영화를 되감아 내담자가 가장 처음 긴장했던 지점까지 돌아가기로 했다. 이후 시나리오 작가처럼 브레인스토밍을 하고 대화를 바꿔서 써 내려가며 대사를 고친 영화가 어떻게 전개될지 상상해보는 것이다. 나는 또 한 번 질문을 던졌다. "흥분하지 말고 그냥 되물어봤다면 어땠을까요? 그러니까 '제 프레젠테이션은 몇 번째 차례로 예정되어 있을까요? 지금 어젠다에서 찾을 수 없습니다'라고 문의해봤다면 어땠을까요?"

또 정적이 흘렀다. 스테파니의 표정이 굳어버렸다.

"듣는 입장에서야 쉽겠지만…" 잠시 후 비난에 가까운 말이 흘러나왔다.

"하지만 원래 식순에 있었잖아요." 나는 말을 이어갔다. "듣는 사람에게는 마치 '레이저 포인터 본 사람? 여기 없는데'와 다를 게 없을걸요."

그제야 스테파니는 자책하는 듯한 미소를 지었다. 내면의 분노는 그 사람의 음성마저 물들인다. 그래서 순간적으로 우리는 본능적으로 상대에게 너무 화난 것처럼 보일까 봐 우려한다. 그렇다고 회피하는 것은 좋은 해결책이 아니다. 자리를 모면하는 것으로는 아무것도 해명할 수 없기 때문이다. 여기서 출구로 향하려면 먼저 흥분 상태를 가라앉힐 말을 찾아야 한다. 그러면 한껏 격앙됐던 음성이 원래대로 되돌아온다.

내가 누락된 스테파니의 차례에 뭔가 오해가 있었을 거라고 확신하는 동안 그녀는 처음부터 그럴 가능성을 배제했다. 화상 회의 내내 상사가 이상하게 눈을 깜박이며 시선을 외면했다며, 양심에 가책을 받은 모양이라고 그녀는 털어놓았다. 그렇지만 스테파니는 결국 상사와 빠른 시일 내에 면담해야 한다는 나의 의견에 동의했다. 사태를 명확히 정리할 필요가 있었다.

다음 날 스테파니는 내게 음성 메시지를 남겼다. 면담에서 상사가 깜짝 놀라며 스테파니의 차례를 잊었던 걸 전혀 인지하지 못하고 있었다고 말했다. 게다가 상사는 회의 직전에 안과 치료를 받은 탓에 슬라이드를 직접 준비하지도 못했고 화면도 선명하게 보이지도 않았다고 해명했다. 그것으로 이상할 정도로 자주 깜빡이던 시선 처리가 설명되었다. 오히려 그는 왜 스테파니가 곧장 말하지 않았는지 되물었고, 나처럼 그 상황을 납득하지 못했다. 아무튼 스테파니는 다행히 모나코 회담에 참석했다.

나는 이 에피소드를 선호한다. 우리가 특정 사안을 얼마나 쉽게 자신과 연관 지어 그 안에서 현실과 무관한 자신만의 세상을 만들어가는지를 잘 보여주는 사례이기 때문이다. 일종의 급진적 구성주의라고 할 수 있다. 이와 관련하여 이 분야를 주로 연구하던 오스트리아의 심리학자 파울 와츠라비크Paul Watzlawick가 떠오른다. 그가 1980년대에 집필한 《불행하게 살기 입문서Anleitung zum Unglücklichsein》에는 무언가를 스스로 망쳐버리는 이야기가 나온다. 한 남자가 그림을 벽에 걸려고 했지만 망치가 없어서 이웃에게 빌리기로 한다. 이웃을 방문하기 전 그는 머릿속으로 이웃이 자신을 어떻게 생각할지, 망치를 빌려주고 싶지 않을 만한 이유가 있지는 않을지, 어쩌면 이웃이 최근에 자신을 이상한 눈초리로 쳐다본 것은 아닌지… 등 많은 생각에 잠기기 시작했다. 이 이야기는 지나치게 생각이 많은 한 남자가 결국 격분한 채 이웃의 초인종을 누르고 소리치는 장면에서 절정에 이른다. "나한테 망치를 줄 필요 없어요. 이 불한당 같으니!" 이런 구성주의는 멈춰야 한다.

우리 뇌가 묻지도 않았는데 갑자기 거칠게 행진하기 시작할 때, 자신에게 깨달음을 가져다줄 명확하면서 간단한 말은 꽤 많다. "나는 그게 무슨 말인지 잘 모르겠어요" 아니면 "당신이 무엇을 말하려는 건지 확실히 모르겠어요"도 있다. 무엇이든 명확한 대답으로 보상받을 유용한 표현이다. 누구나 필요성을 이해하지만 막상 실천하는 사람은 드물다. 어쩌면 특히 직업상 많은 부분을 책임져야 한다고 느끼기 때문일 것이다. 여기에는 심지어 타인의 발언을 제대로 이해하는 것까지 포함된다. 타인의 말을 제대로 확신하지 못하는 사람은 의미를 제 구미대로 추측하는 잘못된 습관이 있다. 그때 내용을 되물어보는 대신 혼자서 조사하고 추측하기를 선호한다. 하지만 해석이 틀린 경우가 많기에 비효율적이다. 나는 스테파니에게 우리가 진실이라고 부르는 것이 현실에서는 그저 하나의 가정에 불과하므로 결국은 충돌을 피할 수 없다고 알려주었다.

"뭐라고? 하지만 당신이 그렇게 말했잖아!" 확신에 차서 한껏 격앙된 목소리로 외치면 "나는 그렇게 말한 적이 없어! 내가 말할 때 제발 제대로 좀 들어!"라는 대꾸가 나오기 마련이다. 오해로 생긴 불필요한 설전이 오가는 상황은 사실 쉽게 피할 수 있다. 우리가 멋대로 해석하는 것을 그만두고 단호한 소통 수단을 선택한다는 전제 조건이 충족된다면 말이다. 한번 그런 결정을 내리면 오해나 격앙되는 상황도 줄고 매사가 명확해지는 보상이 주어진다.

"당신은 해결책의 일부가 되고 싶은가? 아니면 문제의 일부가 되고 싶은가?" 이런 말에는 다음과 같이 대답할 수도 있지 않을까? "물어봐줘서 고마워. 어쨌거나 중요한 건 문제를 파악하는 거지. 나는 그래야 한다고 생각해."

이성적으로 말해서 우리는 복잡하게 생각하고 경험하려 하는 습관이 있다. 우리가 무언가를 내려놓으려고 한다면 무엇보다 지금까지 그렇게 행동하고 있었음을 먼저 인식해야 한다. 따라서 두 눈을 크게 뜨고 깨어 있어야 한다. 내려놓는 방법은 그다음에 깨달아도 된다. 무언가를 내려놓기 전에 가장 먼저 우리가 실제로 그렇게 행동하고 있음을 인정해야 한다. 그리고 눈앞에 벌어지는 일을 제대로 파악하고, 우리의 통찰력이 부족함을 인정할 수 있는지 살펴봐야 한다.

　스스로 인정하는 모습을 보이면 자신에게 관용을 발휘할 수 있다. 그러므로 "제 프레젠테이션이 더 이상 프로그램 목차에 없는 것이 무슨 뜻인지 잘 모르겠습니다"라고 스테파니가 곧바로 말했더라면 좋았을 것이다. 그 말을 못 하는 바람에 아드레날린과 코르티솔이 과도하게 분비됐다. 그래서 두 스트레스 호르몬이 마구 뒤섞였다. 몸속에서는 디톡스 프로그램으로 배출해야 할 생화학물질을 생성한다. 그 지경에 이르기 전에 재빨리 단호한 조치를 취해보자. 이때 "그게 무슨 뜻인지 잘 모르겠어요"라는 말로 시작하는 것은 좋은 아이디어다.

이 조언이 당신에게 선사하는 것은 무엇인가?

명확함　　자의식　　마음 챙김

14

손가락질하는 사람의
다른 손가락은
자신도 가리키기 마련이다

베를린 샤를로텐부르크에서 범칙금 딱지를 떼지 않고 주차할 방법이 있다면 미스터리가 아닐 수 없다. 물론 좋은 방법이 있다면 유용할 것이다. 그렇지만 가장 깔끔한 방법은 관청에 월부금을 내고 월 주차 등록을 하는 것 아닐까? 나는 이따금 의상실에 주문한 상품을 가지러 갈 때 잠시지만 주차 금지 구역에 주차하곤 했다. 5월의 어느 토요일에도 그랬다. 내가 차에서 내리는 순간 인도의 한 행인이 소리쳤다. "당신 장님이에요? 여기 주차 금지 구역이에요! 주차하면 안 됩니다!"

매서운 눈초리로 날 쏘아보는 그의 얼굴이 울그락불그락해졌다. 나는 주차 금지 표시를 물끄러미 바라보고는 속으로 생각했다. '물론 가능하죠. 다만 35유로 벌금을 내야 해서 그렇죠.' 가까이 있는 그 행인을 불러 굳이 그렇게 말하면 다소 건방지게 들릴 것이다. 사실 맞는 말 아니던가? 하지만 나는 자신에게 '옳고 그름을 따지고 싶어? 아니면 평화를 원해?'라고 자문한 뒤 그냥 입을 다물어버렸다.

내가 이 이야기를 하는 이유는 무엇일까? 타인과의 교류에 문제가 있다면 실질적인 이유가 무엇인지 빠르게 파악하는 것이 유리하기 때문이다. 내가 정말 그렇게 생각했던가? 이러한 중간 과정은 매우 유익하다. 무의미한 말싸움으로 에너지를 낭비하는 대신 마음을 차분하게 해준다. 예컨대 울그락불그락한 얼굴의 그 남자도 내게 개인적인 감정은 전혀 없었다. 아마도 그는 내가 이 세상에 태어나지 않았더라도 다른 누군가에게 질서, 규율 그리고 자유 어딘가에 위치할 문제를 놓고 똑같이 소리쳤을 것이다. 그래야 한다고 생각했을 테니까 말이다.

다른 누군가로 인해 화가 날 때, 타인의 무언가가 거슬릴 때, 힘들다고 느끼는 일에 대해 투덜거리고 불평할 때 이 불편한 심정이 자신에 대해 무엇을 말하는지 잠시 고민해보는 것도 좋은 지름길이 된다. 나의 거슬림은 정말 다른 사람 때문일까? 나를 화나게 하는 사람이 정말 저 여성인가? 아니면 저 남성인가? 아니면 결국 자신을 괴롭히는 건 자신인가? 아니면 내 심기가 불편할 때 아무나 가까이 있는 사람 탓을 하는 것인가?

'타인을 손가락질하는 사람의 다른 손가락은 자신도 가리키기 마련이다'가 이 장의 주제다. 실제로 해보면 내 말이 단번에 이해될 것이다. 나는 이러한 시각적 '아하!' 효과가 매우 유용하며, 우리를 심란하게 만드는 출처를 찾는 훌륭한 지름길이라고 생각한다. 대부분 문제는 우리 내면에 있다. 우리가 타인에게 손가락질할 때 자동으로 자신을 가리키는 나머지 손가락은 시사하는 바가 크다.

독일의 커뮤니케이션 심리학자 프리데만 슐츠 폰 툰Friedemann Schulz von Thun은 커뮤니케이션에 필요한 '4면 모델'을 선보였는데, 이 이론 중 하나를 '자기 표출 측면'이라고 칭했다. 우리가 하는 말은 실제로 우리 자신에 대해 무엇을 말하는가? 이러한 세계관은 대개의 경우 매우 효율적이다. 거기에는 우리가 타인에게 얼마나 자주 화를 냈는지, 그럼 그들이 무엇을 해야 했는지, 그 반응이 결과적으로 우리에게 어떤 영향력을 가져왔는지, 그리고 그 영향력이 실제로 우리에게 전달되었는지 등이 포함된다. 그것은 손가락 모양을 통해 달라진다.

앞서 언급한 5월의 어느 토요일로 돌아가보자. 길거리에서 소리 지르며 나무라는 남자의 호통에 충동적으로 받아치는 운전자도 더러 있을 것이다. "도대체 당신이 무슨 상관이죠! 본인 일이나 제대로 하시죠! 할 일이 그렇게 없어요?" 이렇게 맞받아치는 경우가 하루에 수천 번은 족히 넘을 것이다. 물론 이는 명백한 선전포고다. 하지만 얻을 수 있는 것은 전혀 없고 명확히 해결되는 것도 없으며 오히려 분쟁의 불씨만 될 뿐이다.

낯선 사람이 우리를 위해 태도를 바꾸는 일은 없다. 그런데 왜 굳이 가르치려드는 독선적인 사람의 말에 동참해야 한단 말인가? 그런 면이 인간적이기는 하지만, 그래서 세상이 나아지기는커녕 전보다 더 격앙되기만 할 뿐이다.

그러므로 차라리 자제하며 자신에게 질문을 던져보자. '내가 지금 한 말이 나에 대해 무엇을 말하는가?', '다른 사람이 하는 말은 그 사람에 대해 무엇을 말하는가?' 이 질문들은 빠른 해결책으로 이끈다. 매우 똑똑한 포석이 아닐 수 없다. 이런 상황에서 두 가지 측면을 분리할 수 있으면 항상 유리한 위치를 차지하며 어떤 상황에서도 자신을 자유롭게 해주는 결정을 내릴 수 있다.

만약 그 '베를린 괴성남'이 이 과정을 통해 자신이 선을 넘었고, 자제력을 잃었고, 공격적이었다는 것을 깨달았다고 가정해보자.

집게손가락으로 남을 가리켜도 결국 나머지 손가락은 자신을 향하고 있듯 타인에게 쏟아낸 화가 결국 자신에게서 비롯된 것이라는 자아 성찰을 한다면 어떨까. 그러면 그 자신을 향한 손가락 이론은 이렇게 해석될 수 있을 것이다.

가운뎃손가락 모두 자신이 원하는 대로 하는 것을 두고볼 수가 없어!

약손가락 예전에 경찰에게 말했지만 그 멍청이들이 내 말을 듣지 않았어! 괘씸하게!

새끼손가락 주차 위반을 하려고 해도 차를 살 돈이 없어!

다소 과장된 부분도 있지만 가능한 일이다. 그렇지 않은가?

원래 인생은 독백이다. 그러므로 우리가 하는 말은 타인이 아니라 자신에 대해 더 많은 것을 이야기한다. 그러니 굳이 매사에 일일이 반응하지 않아도 된다. 매 순간 적절한 대답을 곧바로 해야 한다는 잘못된 믿음은 부수적인 압박만 초래할 뿐이다. 대부분 최상의 답변은 주로 침대에 누운 시점에 떠오른다. 그게 무엇인지 당신도 잘 알 것이다. 주위가 고요해지면 그만큼 내면이 시끄러워진다. 밤이 되면 죄책감이 살금살금 기어 올라와 허락도 구하지 않고 생각의 회전목마를 움직인다. '그때 그랬어야 했는데…' 그제서야 거창한 아이디어, 엄청난 반론, 그리고 놓쳐버린 기회에 대한 후회가 솔솔 피어오른다.

이미 지나버린 생각에 의미를 부여하지 말자. 지난 일은 이제 과거에 놓아두고 잊어버려라. 지나간 일은 지나간 것이다. 우리는 타인을 바꿀 수 없다. 하지만 우리 자신은 가능하지 않은가. 따라서 뜬눈으로 밤을 지새우거나 온종일 짜증이 난다면 손가락 제스처와 '타인에게 손가락질하는 사람의 다른 손가락은 자신도 가리키기 마련이다'라는 말을 떠올려보자. 그 손가락들이 당신에게 무엇을 의미하는지, 그것이 무엇을 말하고자 하는지 깨닫는 순간 기분이 한결 좋아질 것이다.

이 조언이 당신에게 선사하는 것은 무엇인가?

자신에 대한 깨달음　성장　자유

15

그것은 당신의
문제라고 생각해

불타던 사랑이 사라지면, 행복했던 결혼 생활이 파탄으로 치닫기도 한다. 그리고 모든 것을 새로이 고쳐보고 싶다는 소망조차 불가능한 시기가 찾아온다. 저마다의 개인사가 이미 벌어지거나 아니면 아예 회생 가능성이 없다. 사랑에 불타오르며 열정을 속삭이던 감탄부호가 창백하고 초라한 물음표로 뒤바뀐 데는 너무나 많은 사연이 있다. 이러한 사랑의 파산선고 과정 중 배우자 한 사람이 또 다른 사랑에 빠져버리기까지 한다면 매우 아름답지 못한 상황이 연출될 수 있다. 이미 틀어진 관계에서 제 몫이었던 것이 어디론가 사라지고, 상실감은 결국 낯선 표적인 제3자에게 향한다.

나의 내담자 중 한 명도 이런 일을 겪었다. 이 사연에서 제3자였던 라우라는 어느 겨울날 함부르크 엘브샤우스 호숫가에서 열린 저녁 파티 내내 표적판이 되었다. 라우라의 새로운 연인 닐스는 그날 밤 무척이나 행복해 보였다. 라우라는 얼마 지나지 않아 그의 지인들을 소개받았다. 닐스가 전 부인 멜라니와 12년간 결혼 생활을 하면서 알게 된 사람들이었다. 두 사람은 아주 멋진 부부였다. 그들이 쇼윈도 부부라는 것이 알려지기 전까지는 그랬다. 싸움과 침묵으로 점철된 수년간의 단절 과정 이후 닐스는 라우라와 함께하는 시간이 새로운 행복이자 낙인 듯 행동했다.

닐스는 라우라를 소개하는 저녁 파티에서 다소 경솔하게 행동했다. 그는 자신의 결혼 생활 동안 교류했던 지인들이 진퇴양난에 빠져 있다는 사실을 전혀 고려하지 않았다. 그들은 닐스를 축하해주고 싶어 하는 동시에 이제 돌싱이 된 닐스의 전처를 딱하게 생각했다. 참으로 난감한 상황이 아닐 수 없었다.

세련되게 꾸민 거실에 겨울 정원의 풍경이 어우러져 매우 아름다웠다. 기다란 테이블은 화려하게 장식되어 있었다. 양초, 풍부한 생화 장식, 강림절 장식 화환이 길게 놓인 테이블과 창밖으로 보이는 정원 등불 아래 흐르는 엘베강의 모습까지. 파티를 주최한 호스트이자 닐스의 친구인 하이케는 무엇도 운에 맡기지 않았다. 여러 사람이 상냥한 표정으로 라우라를 바라보고, 좌우로 볼 키스하며 아름다운 저녁 파티를 약속했다. 하지만 이런 유쾌한 분위기는 전채 요리가 나올 때까지도 이어지지 못했다.

"그러니까 당신이 멜라니가 이혼하게 된 원인이었군요." 파티 주최자가 잔에 담긴 펀치를 홀짝이며 말했다. "당신 때문에 멋진 부부 한 쌍이 망가졌어요. 그런데 양심의 가책은 없나 봐요?" 닐스가 잠시 듣지 않는 틈을 타 주최자가 테이블 맞은편에서 비아냥거리는 듯한 미소를 입가에 머금고 슬쩍 말했다.

"그래서 당신은 어떻게 반응했죠?" 그로부터 며칠 뒤 뒷이야기가 궁금했던 나는 전화로 코칭 상담을 하던 중 라우라에게 물었다.

"생각했던 것보다는 그리 힘들지 않았어요." 라우라가 대답했다. "나는 그냥 이렇게 말했죠. '내 생각에는 두 사람이 알아서 잘 처리했을 것 같네요. 거기에 제가 끼어들 틈은 전혀 없었어요'라고 말이에요."

불쾌함이 가득한 말투를 듣지도 않고 아무 모욕도 받지 않은 것처럼 그저 차분하고 확실하게 입장을 밝힌 것이다. 내 자리는 여기고, 당신은 거기에 있다. 적어도 이것이 바로 진실이다. 누군가 한 가지 문제로 오랫동안 힘들어하다가 어느 순간 자신감 있고 차분한 자세로 상황을 일목요연하게 정리하는 모습을 지켜보는 것은 참으로 기분 좋은 일이다. 그러면 나는 어떤 태도를 취해야 할까? 그리고 어떤 일에서 나의 몫이 무엇인지 어떻게 하면 깨달을 수 있을까? 우리는 상담 시간에 그 내용을 다뤘고, 지금도 그렇게 하고 있다. 그런 의미에서 앞으로도 행복하길, 라우라.

　‘그것은 당신의 문제라고 생각해’라는 말은 관련 사항에 대한 자신의 생각을 정확히 표현해준다. 그럼 당신의 삶이 급격히 편안해질 수 있다. 특히 말뿐만 아니라 실제로 그렇게 느낀다면 말이다. 당신과 관련 없는 사안은 빠르게 반송해버리는 편이 낫다. 주변인이 건네는 뜨거운 감자를 섣불리 손에 쥐어봤자 화상만 입을 뿐이다. 더욱이 다른 사람이 나서서 문제를 해결해주는 것은 불가능하다. 그런데도 타인을 자신의 드라마에 끌어들이려는 여러 소소한 대인 관계의 불화는 계속 이어지고 있다.

　한 여성 건축가는 남성 동료가 자신이 그녀보다 더 적은 돈을 번다는 얘기를 여기저기 소문내고 다닌다며 푸념했다. 연봉 얘기는 도화선 같은 주제였다. 그리고 마침내 때가 되어 우리의 상담이 결실을 맺었다.

　“내 월급이 당신에게는 엄청난 문제인 것처럼 보이네요.” 문제의 동료가 여느 때처럼 또 시작하려 하자 여성 건축가가 말했다. "어쩌면 당신 자신에게 명확히 하고 싶은 걸지도 모르겠네요. 아니면 연봉을 그렇게 제시한 상사에게 불만인 건가요? 어쨌거나 이 문제는 나와 전혀 상관없는 것 같군요. 이건 당신 문제니까요."

"음…" 그리고 정적이 흘렀다. 그날 이후로 여성 건축가는 평화를 되찾았다고 한다.

우리는 여유 있는 태도로 입장을 명확히 전달하여 자신의 위치를 포지셔닝하려고 한다. 또한 그러지 못할까 봐 전전긍긍하고 두려워하기도 한다. 불안감이 생기는 이유는 의사소통에서 학습이 하나의 과정임을 잊기 때문이다. 주체적으로 포지셔닝하고 명확하게 설명하기. 우리는 이것을 당장 똑 부러지게 해내고 싶어 하지만, 하룻밤이라도 제대로 되지 않는 날에는 낙심하고 만다. 그때 일상에서 공식화된 말을 하는 것만으로는 기분이 나아지지 않는다. 그 과정에서 많은 부분이 우스꽝스럽게 느껴지기 때문이다.

"나는 연기자가 아니에요. 순전히 억지로 하는 말처럼 들리네요"라는 말을 종종 듣는다. 물론 충분히 이해한다. 그렇지만 내가 바라보는 시점은 완전히 다르다. 이미 오래전부터 우리 중 많은 사람이 일종의 연기자였다. 우리는 타인을 날카롭게 찌르지 않기 위해 혹은 이목을 끌기 위해 수년간 연기를 해왔다. 하지만 내면의 주체성을 키우고 싶다면 자신의 모습을 솔직히 보여줘야 한다. 진심을 다해 자유롭고 열린 마음으로 다가가서 무엇보다 관련 효과를 증폭시켜주는 말로 표현하는 것이 가장 좋다. 이를 위해 처음에는 그런 표현을 암기하다시피 학습해야 한다면 그래야 할 것이다. 보조 바퀴도 없이 자전거 타는 법을 배운 사람은 거의 없으니.

따라서 나의 조언은 다음과 같다. 이 책에서 한 가지 말을 골라 외운 후 당장 머리에서 떠오른 것처럼 자연스럽게 입에 붙을 때까지 최대한 자주 사용해보라는 것이다. 이 방법은 시작을 위한 최고의 레시피다. 그렇다고 대화하기 전에 무슨 말을 할지 미리 정해놓으라는 의미는 아니다. 하지만 정확한 순간에 적절한 말을 자연스럽게 하고 싶다면 우선 자연스러운 반응을 연습해둘 필요가 있다.

"될 때까지 그런 척하라." 연극에서 통용되는 오래된 속담이다. 이 연습의 장점은 처음에 시도할 때부터 좋은 효과를 볼 가능성이 매우 높다는 것이다. 그리고 두 번째로 시도할 때는 한결 편안하게 느껴질 것이다. 솔직히 말해보자. 무엇이든 연습하지 않으면 어떻게 잘할 수 있단 말인가? 학습은 항상 연습을 통해 이뤄진다.

　자고로 무엇이든 영양분이 공급되어야 성장한다. 식물도 그렇지만 성격 발달도 마찬가지다. 다만 영양분이 다를 뿐이다. 사람은 관심을 통해 성장한다. 관심은 인간의 행복을 나타내는 중요한 척도 중 하나다. 우리에게 보이는 관심을 바탕으로 우리는 성장하고 번창한다. 관심이 긍정적이든 부정적이든 말이다. 주변의 관심은 우리 생각을 성장시키는 에너지원이다. 우리는 관심을 기반으로 강한 신념을 형성하다가도 중심이 흔들리면 신념을 잃어버리기도 한다. 특정 사항에 우리가 얼마나 관심을 보이느냐에 따라 그 사안에는 더 많은 힘이 실린다. 무언가에 대해 생각하지 않고 얘기하는 것조차 거부하면 그 일은 급속도로 힘을 상실한다. 어디에서나 주목받지 못한 손님은 대부분 구석으로 물러나기 마련이다. 다행이라면 어떤 문제를 다뤄야 할지, 어떤 공을 받아쳐야 할지, 무엇에 격분하고 감사해야 할지 결정할 권한이 우리 자신에게 있다는 것이다.

　하지만 누군가가 자신이 맡아야 하는 일과 과정을 우리에게 떠넘기려고 할 때는 어떻게 해야 할까? 자신도 제대로 감당하지 못하는 상황 자체가 마음에 들지 않는다면 이 이상한 투사 projection와 관련한 모든 상황에서 단도직입적으로 "내 생각에 그것은 당신 문제 같군요"라고 말하자. 한마디로 모든 것을 단번에 정리할 수 있는 멋진 방법이다. 더욱이 이 문장은 리트머스 종이처럼 작용한다. 상대에게 이 말을 하는 순간 정말 사실인지 알 수 있기 때문이다. 만약 당신의 내면에 약간의 화가 남아 있다면 그 일과 관련 있을 것이다. 또한 스트레스가 없다면 그것이 얼마나 사실이었는지도 파악할 수 있다. 문제가 누구에게 귀속되는지 명확히 정리하는 것만으로도 훨씬 자유로워진다. 그리고 나로 인해 문제가 발생한 것이 아닐 경우 책임을 타인에게 넘기는 과정에서도 마찬가지다.

이 조언이 당신에게 선사하는 것은 무엇인가?

확신   자유   양심

16

그건 내가 아니라
당신에 관한 이야기 같은데

율은 기분이 무척 들떠 있었다. 가든파티에서 한눈에 불꽃이 튈 정도로 매력적인 남자를 소개받았기 때문이다.

"그는 너무 매력적이에요. 멋진 칭찬도 많이 하고, 정말 나를 뚫어져라 보더라고요. 무슨 말인지 아시죠?"

붉은 사자 갈기 같은 머리칼에 백설공주처럼 뽀얀 피부를 지닌 율은 평소보다 더 빛이 났다.

"어서 말해봐요!" 나는 흥미진진한 표정으로 말했다. 한 손으로는 홈메이드 레모네이드를 빨대로 저으며 초록색 빈백 소파에서 최적의 자세를 찾으려고 움직이면서 말이다. 그날 오후 사람들로 차 있었던 해변 카페의 마지막 테이블은 우리 차지가 되었다.

"그가 처음 한 말은 '당신은 제 스타일이네요!'였죠." 율이 고조된 표정으로 말하고는 되물었다. "멋지지 않아요?"

"무엇이요…?" 나는 살짝 짜증이 느껴지는 음성으로 질문했다. 여보세요, 당신이 아니라 그에 대한 말이잖아요.

"우선 들어봐요." 율은 여전히 행복한 표정으로 말을 이어갔다. "그 남자는 다리도 길고, 피부도 하얗고, 적금발인 사람을 좋아한대요. 그러니까 딱 나 같은 사람이죠!"

아아, 그런가요. 나는 속으로 그렇게 생각했지만 잠시 입을 다물었다. 그 말을 하고 나면 그가 했다는 또 다른 칭찬을 못 들을 것 같았기 때문이다. 사실 그가 했다는 "당신은 제 스타일이네요"라는 말은 혼잣말이나 다름없었기 때문이다. 만약 그가 "원래 제가 아담하고 검정 웨이브가 있는 여성을 좋아했어요. 전형적인 프랑스 스타일 아시죠? 하지만 이번에는 좀 다르네요. 당신한테 매우 끌려요. 나도 모르게 당신을 향하는 시선을 멈출 수가 없네요"라고 말했다면 그건 인정한다. 분명 율에 관한 이야기니까. 다른 말로 해석한다면 "내 원래 이성 취향을 벗어날 정도로 당신은 매력적이네요"라는 뜻일 것이다. 하지만 나는 율에게 내 생각을 말하지는 않았다. 쓸데없이 분위기를 망쳐버리는 눈치 없는 사람이 되고 싶지 않았기 때문이다.

나는 지금은 분위기가 다소 미묘하다고 생각했다. 그렇더라도 나는 타인이 우리에 대해 말하는 것과 자신에 대해 말하는 것을 완전히 분리할 수는 없으므로 우선은 그냥 두려고 하는 편이다. 자칫 그것만으로 혼자만의 각색이 난무하는 드라마 한 편이 만들어질 수도 있다. 나는 주변 사람들이 우리에게 모험 같은 일들을 요구하는 상황에 대해 생각해보았다. 이 경우 그들은 자신의 기분이 좋아지기 위해서 우리에게 무언가 중요한 것을 내려놓아야 한다고 주장하는 셈이다.

"직업을 포기하고 내가 있는 쾰른으로 이사 와요."

"나는 당신이 그 친구를 그만 만나면 좋겠어."

"노래 수업은 왜 듣는 거죠? 뭐, 공연이라도 하려는 건가요?"

이제는 생산되지도 않는 오토바이를 파는 것이나 마찬가지인 이런 태도를 이제 버려야 한다. 지인, 아내, 남편, 딸 또는 아들의 행운과 성공을 훼방하는 데 열심인 사람을 보면 놀라울 지경이다. 당신이 이런 입장이 된다면 누구를 방해하려고 하는지 명확히 파악해볼 필요가 있다. 예를 들어보겠다.

최근 나의 내담자였던 한 여성이 직장에서 승진했다. 이제 그녀는 큰 사업 부문을 이끌었고 업무 대리권을 부여받았다. 그 소식을 접한 남편의 반응은 다음과 같았다고 한다. "뭐? 당신은 아직 그럴 역량이 부족할 텐데. 도대체 어떻게 해내려고 수락했어? 당신 리더십이 정말 그 정도라고 생각하는 거야?"

　이 시니컬한 남편의 아내를 질케라고 하자. "남편이 나를 그렇게 생각하더라고요"라는 질케의 말은 내게 "남편이 자신에 대해 그렇게 생각하더라고요"라고 들렸다.

　그래서 난 조심스럽게 질문했다. "그렇다면 남편분은 지금 직장에서 어떤 위치에 있나요?"

　질케는 잠시 고심한 후 대답했다. "그는 항상 업무 대리권을 원했지만 한 번도 성공하지 못했죠." 뭔가 흥미진진했다. "당신은 아직 그럴 준비가 되지 않았잖아"라는 말은 결국 "아직 나는 그 자리까지 가지 못했는데. 직장에서 당신이 나를 추월할까 두려워" 또는 "목표를 아직도 달성하지 못한 나 자신이 너무 실망스러워"일 수도 있다. 이렇듯 남편 말의 이면에 숨겨진 메시지는 여러 가지일 수 있다. 따라서 나는 이 사례에서 남편의 말이 정말로 질케의 리더십에 관한 이야기라고 생각하지 않는다.

　그러므로 특정한 이유에서 당신에 관한 반응이 뭔가 의심스럽게 들리고 당신 내면에 있는 제인 마플Jane Marple(애거사 크리스티의 여러 추리소설에 등장하는 주인공으로, 흔히 미스 마플로 불린다―옮긴이)이 다른 점을 감지한다면 망설이지 말고 흔적을 쫓아라.

이 경우 '내 생각에 그건 내가 아니라 오히려 당신에 관한 이야기 같은데'라는 유익한 생각이 타당할 것이다. 그러면 "그게 왜 나에 대한 이야기라는 거야?"라고 상대가 반박할 수도 있다. 그때는 다음과 같이 말하라. "나는 모르지. 그러니까 당신이 말해봐. 정말 왜 그런 말을 하는 거야?" 그런 식으로 두 번 쿡쿡 찌르면 확실히 대화가 시작될 것이다.

다른 사례를 들어보겠다. 최근에 만난 한 의사는 결혼 후 처음으로 혼자 휴가를 떠나게 돼서 너무 기쁘다고 내게 말했다. 집에서도 그런 뉘앙스의 말을 하자 그의 아내는 즉시 이렇게 말했다. "왜 날 빼고 가지? 더는 휴가를 같이 떠나고 싶지 않을 정도로 우리 사이가 그렇게 멀어졌나? 당신 정말 이혼하고 싶어?" 여행을 떠나기 전의 들뜨고 행복한 기분은 온데간데없이 사라졌다.

의사의 아내는 왜 그랬을까? '당신이 거기 가서 다른 여자를 만날까 봐 걱정돼' 또는 '그런 행동은 나를 불안하게 해. 나는 당신을 믿을 수 없고, 나 자신도 사실 잘 믿을 수 없어'라는 의미일 것이다. 그 이면에 실제로 무엇이 숨겨져 있든 솔직히 대화했다면 두 사람은 진심 어린 이야기를 할 수 있었을 것이다. 진심이 담긴 문제는 언제나 해결할 수 있다. 하지만 근거 없는 비난은 그렇지 않다. 그럴수록 서로 지쳐갈 뿐이다. 상대를 향한 비난은 우리의 성장을 방해하고 자신과 타인을 점점 더 작게 만든다.

그러느니 차라리 "내 생각에 그건 내가 아니라 오히려 당신에 관한 이야기 같은데"라는 말이 훨씬 유익하다. 이 말은 직장에서도 사생활에서도 효과 만점이다. 특히 시기, 질투가 난무하는 곳일수록 효과가 바로 나타난다. 많은 연인이 서로의 자유를 옭아매며 상대가 자신만의 시간을 누리지 못하게 한다. 이런 관계는 순전히 시간 낭비에 불과하다. 특히 우리 인생이 얼마나 짧은지 감안한다면 말이다. 누구도 그 시간이 얼마나 될지 예측할 수 없다. 오늘 당장 또는 한 달 안에 또는 50년 뒤에 끝나버릴 수도 있다…. 어쨌거나 그 순간이 언제든 인생에는 끝이 있다. 우리가 이 진리를 납득하고 그에 따라 행동할 때 삶은 한결 더 편안해질 것이다.

그러므로 누리고 즐겨라. 특히 사랑하는 것 전부를. 거기에는 당연히 자신도 포함된다. 마음을 크게 가지고, 아량을 갖추자. 이런 삶의 태도는 마찬가지로 관대하고 자유롭고 감사할 줄 아는 사람들을 끌어당긴다. 결국 모두에게 '윈-윈win-win'이다.

따라서 자신의 권한을 구별하는 능력은 항상 유용하다. 이 부분은 나의 것, 저 부분은 다른 누군가의 것. 이런 능력은 특히 불만을 표출할 때도 매우 중요하다. "내가 불편합니다"라는 말이 괜히 있는 것이 아니다. 무언가에 대해 비판하거나 요구하고 불평하는 사람의 타깃은 우선적으로 자기 자신이다. 그러므로 여기서 또 한 번 주의가 필요하다. 이런 특성은 여러 발달 과정에서 기본 전제가 된다. 비판하려는 대상을 제대로 파악해야만 우리 영역을 침범하는 사람이 누구인지, 그 순간 어떻게 대처해야 할지 깨달을 기회도 생긴다. "내 생각에 그건 내가 아니라 오히려 당신에 관한 이야기 같은데"라는 말은 그 문제가 내가 아니라 타인에게서 비롯되었음을 빨리 알아차리게 해준다. 내가 아니라, 내 성공이 아니라, 바로 다른 누군가와 관련된 일이다. 인생은 독백이다. 내가 굳게 믿는 또 다른 문장이다.

덧붙이자면 우리를 짜증나게 하는 사람들은 훌륭한 거울이 된다. 거기 비치는 모습을 통해 우리는 자신을 불쾌하게 하는 것이 무엇인지 깨달을 수 있다. 아무리 거울 안의 모습이 짜증난다고 해도 뭐 하러 굳이 거울에 대고 소리 지른단 말인가?

당신은 이 장의 핵심이 사물을 의식적으로 구분해야 한다는 논지임을 깨달았을 것이다. 내 문제는 무엇이고, 당신 문제는 무엇인가?

구태여 남의 신발까지 신으려 하지 마라. 그런다 한들 무슨 소용이 있을까? 그저 맞지 않는 신발에 물집만 생기거나 너무 커서 덜렁거리기 마련이다. 내 발에 맞지 않는 남의 신발은 똑바로 가야 하는 길을 걷는 데 결코 좋은 수단이 아니다.

이 조언이 당신에게 선사하는 것은 무엇인가?

확신   행동에 대한 자신감   사리 분별

17

당신에게 그런 특권을
허락하지 않을 것입니다

언젠가 인도의 유명한 구루와 인터뷰한 적이 있다. 요기이자 연설가, 저자, 신비주의자인 그는 각 영역에서 최고로 인정받는 대가였다. 그를 따르는 사람들은 스위스 인구보다 많았다. 이 수도자가 꿈꾸는 비전은 모든 사람의 내적 변화를 일으키는 것이었다. 이를 통해 매일 양치질하는 것처럼 영적 위생 상태를 매일 갈고 닦는 것이 그가 이루고자 하는 목표였다. 그는 목표를 위한 효과적인 테크닉을 약속했다. 나는 그 방법이 무척 흥미로웠다.

독일에서 개최된 출판 기념회에서 그는 이벤트의 일환으로 커다란 무대에서 진행하는 토크쇼를 열었다. 나를 제외한 초대 손님으로 영화배우, MC가 참석했다. 그들은 행사를 위해 많은 것을 준비했다. 여러 영민한 질문이 구루에게 쏟아졌지만 문답이 매끄럽게 이어지지는 않았다. 어쩌면 그가 가르침을 전하는 것에 익숙했기 때문일 것이다. 그는 사람과 함께하며 소통하기보다는 사람들에게 자신의 얘기를 전달하는 데 익숙했다. 나는 인터뷰에서 그가 한 대답이 항상 질문과 연관 있다고 생각하지는 않았다. 그 질문을 또 한 번 언급하는 것도 진행자 역할의 일부였다. 일반적인 환경에서는 쉬운 일이었겠지만 바닥까지 끌리는 로브와 섬세한 터번, 하얀 턱수염을 한 유명 구루가 건너편에 앉아 나를 응시하는 상황이라면 머릿속이 하얗게 되기 마련이다. 그렇지만 나는 부득이하게 그의 말을 중단하며 질문을 상기시켰고, 그때는 그것이 옳은 방법이라고 생각했다.

　내가 그의 말을 중단하여 생긴 약 2초간의 적막 동안 느낀 귓속 진공상태는 물론 조화와는 거리가 멀었다. 이어지는 에너지에 그 분위기가 훨씬 날카롭게 느껴졌다. 수천 명의 방청객을 눈앞에 두고 신경이 곤두서 있다면 이 집단적 충격의 순간은 마치 명치에 비수가 박힌 것처럼 느껴지기도 한다. 그 순간을 모면하기 위해 나는 무심코 방청객들에게 이렇게 말했다. "어머나! 방금 내가 구루님께 무례를 저지른 걸까요?"

　그러자 홀에서 한숨 쉬는 소리와 함께 피식 웃는 소리가 들려왔다. 멋쩍은 웃음은 방청객도 그랬지만 나와 구루도 마찬가지였다. 물론 그날만큼은 '구루님이 말씀을 끝낸 후에 말하세요'가 모두가 지켜야 할 암묵적인 예의였으며 '기회가 될 때마다 구루의 말에 끼어드는 행동'은 무례하다는 것을 모두가 알고 있었다. 구루도 미소 지었지만, 내가 느끼기에는 마치 나를 비웃는 것만 같았다. 그리고 그는 확고한 눈빛과 노래를 부르는 듯한 말투로 "나는 절대 당신에게 나를 모욕할 특권을 허락하지 않을 것입니다"라고 말했다. 탕! 총소리와 함께 그 말은 나를 관통했다. 순간 잠시 시간이 멈췄다고 느낄 정도로 마법 같은 말이었다. 내게는 그와의 인터뷰에서 기억에 남은 가장 인상적인 말이었다.

이 말의 숨은 힘과 그것이 관통하는 주체성은 내 인생과 코칭에서 가장 중요한 모든 다양성을 포괄했다. 셀프 리더십, 성찰 능력, 자의식, 주체성 등. 뭐, 좋다. 자만은 내게 필요한 것은 아니다. 하지만 그럼에도 이 말은 "날 화나게 할 사람은 내가 정해"라는 말과 비슷한 파괴력이 있었다. 여기에서도 가장 먼저 상대에 관한 내용부터 다룬다. 나는 누군가에게 나를 휘두를 힘을 얼마나 허락할 것인가? 그에게 나는 무엇을 허락하고 싶은가? 타인이 나의 기분을 결정하게 허락해도 괜찮은가? 나는 진심으로 타인이 결정하게 하고 싶은가? 이런 질문을 중립적인 순간에 받았더라면 모든 답변은 전 세계 어디에서나 동일할 것이다. 당연히 우리는 자신에 관한 권한을 타인에게 넘기고 싶어 하지 않는다. 우리가 무슨 생각을 하는지 타인이 결정하는 것은 절대 허용할 수 없다. 내가 화를 내든, 깨어 있든, 절망하든 그것은 오롯이 나의 결정이어야 한다. 정신적으로 건강한 사람들 대부분은 분명 비슷하게 생각할 것이다. 직접 결정하고 행동하는 것이 누군가에게 그 역할을 떠넘기는 것보다 훨씬 낫다고 말이다. 이론상으로는 그렇다.

　하지만 실생활에서 우리는 다음과 같은 불평과 비난을 계속 마주한다. "당신은 내 기분을 상하게 해." "당신 때문에 난 지금 완전히 초긴장 상태야." "당신이 그렇게 쳐다보면 모든 게 불안해져." 누군가가 우리의 가장 민감한 지점을 누르는 순간 어리석게도 이런 말들이 기정사실처럼 다가온다. 그 순간 지금껏 쌓아온 노하우가 그대로 가라앉으면서 우리는 스스로 느끼는 감정은 모두 각자의 책임이라는 사실을 망각한다. 아무리 타인이 우리를 혼란에 빠트리려고 한들 그 결정을 내리는 권한은 다행히도 우리 자신에게 있다. 아무리 힘들거나 도전적 상황에 처해도 이 세상에 어떻게 반응할지, 그리고 어떻게 생각할지 자유롭게 결정하는 것은 자신임을 항상 명심하는 것이 좋다.

〈생각은 자유다〉란 오래된 독일 민요가 정치적 억압이 강하던 시절에 더 퍼져 나간 것은 우연이 아니다. 조피 숄Sophie Scholl의 아버지가 아돌프 히틀러를 비판하는 발언을 해서 체포되자 조피는 저녁이면 감옥 벽 앞에 서서 리코더로 이 노래를 연주했다. 의미심장한 메시지가 담긴 이 무고한 작은 멜로디가 담벼락을 넘어 감방까지 흘러들어 갔을 모습을 떠올리면 참으로 감동적이다.

생각은 자유다. 따라서 우리는 공격당했다고 느끼고 싶은지 아닌지를 스스로 결정할 수 있다. 실제로 누군가가 우리를 공격했느냐와는 무관하게 말이다. "나는 절대 당신에게 나를 모욕할 특권을 허락하지 않을 겁니다"라는 말은 이 마음가짐을 제대로 함축하고 있다. 물론 상황에 따라 다음과 같은 말로 적절히 변형하여 사용할 수 있다. "나는 내가 당신을 욕보인 것은 아니길 바랍니다." "염려 마세요. 애초에 그럴 특권은 당신에게 없으니까요." 다소 따끔한 반응이기는 하지만 거기에 진정한 미소가 더해진다면 오만하다는 느낌보다는 오히려 매력적으로 보일 수도 있다. 좀 난감한 상황에서도 자기 결정력은 빛을 발한다. 그런 말에는 우리 내면을 강화하는 힘이 있다. 내용 모두를 확신하지는 못한다고 해도 말이다. 그 경우 "될 때까지 그런 척하라"를 적극 활용하라. 다시 말해 확신하지 못해도 믿고, 그렇게 말하라. 귀는 당신이 말하는 단호한 메시지를 자주 접할 때마다 그 말을 사실로 받아들인다. 그런 식으로 우리는 자신의 태도에 변화를 가져오는 새롭고 확실한 말을 하거나, 아니면 깊이 고민하지 않아도 갑자기 명확하게 표현하는 새로운 마음가짐을 갖출 수 있다. 두 가지 방법 모두 효과가 있다.

다른 사람들이 우리를 어떻게 생각하느냐는 근본적으로 우리가 자신을 어떻게 생각하는지에 달렸다. 따라서 정기적으로 머릿속을 명확히 정리해보면 큰 도움이 된다. 그 선 안에는 무엇이 있는가? 당신은 무엇을 수용할 것인가? 그리고 밖에서 선 안으로 들이지 말아야 하는 것은 무엇인가?

이 조언이 당신에게 선사하는 것은 무엇인가?

18

나는 당신의 약한 면마저
지원하고 싶지 않아요

주지가 눈물을 터트렸다. 지난 주말부터 그녀는 알고 있었다. 새로운 사랑에 빠져 최대한 빨리 이혼하기를 원하는 남편이 모레면 영원히 집을 나갈 것임을 말이다. 이렇게 남편이 날린 강력한 펀치 한 방에 지금까지 그와 함께한 인생이 공중으로 날아갔다. 주지는 모든 것을 남편 피트와 함께 일궈냈다. 쾨니히슈타인에 있는 집, 회사, 반려견, 두 마리의 반려묘, 보트, 실트섬의 별장. 주지가 원했지만 남편이 원하지 않았던 이유로 자녀는 없었다. 그것이 이렇게 갑작스러운 이별의 원인이 되었다. 남편의 새 연인이 임신했던 것이다. 그것도 쌍둥이를. 그리고 인생에서 이보다 더 최악일 수 없는 사실은 그 불륜 상대가 주지의 친구라는 거였다.

"그냥 도망치고 싶어요." 주지가 흐느끼며 전화로 말했다. "1년 정도쯤요. 하지만 전 항상 타우누스에만 있었죠. 이런 제가 어디로 가야 할까요?"

나는 눈물만 흘리는 그녀를 이해할 수 없었다. 운전 중이었던 나는 계속 차를 몰며 "뉴욕요"라고 대답한 후 비상등을 켜고 잠시 정차했다.

주지는 계속 울고 있는 것 같았다. "당신 제정신이에요? 전 영어도 거의 못 하는걸요!"

"시간이 지나면 되겠죠." 이런 최악의 순간에는 잠시 옆길로 빠져보는 것도 올바른 선택이 될 수 있을 거라는 생각이 불쑥 들었다. 나 역시 지인을 방문하기 위해 10일간 뉴욕 맨해튼에 있을 예정이었으니 누가 알겠는가….

"절대 그럴 생각 없어요. 나는 당신이 뭔가 지혜로운 방법을 알려주리라 생각했는데요"라며 주지가 흐느꼈다.

"아아, 왜 그래요. 헬골란트(북해에 있는 독일의 섬-옮긴이)라는 답을 듣고 싶었다면 내가 아닌 다른 사람에게 전화했어야죠." 옳은 소리였다. 도대체 주지는 내가 무슨 말을 할 거라 생각했던 걸까?

4주 후 우리는 정말로 JFK 공항에서 서로를 마주 보고 섰다.

나는 빅애플(뉴욕의 별칭-옮긴이)의 빠른 속도를 즐기며 디카페인 화이트모카라테를 들고 있었고, 주지는 끔찍할 정도로 살이 빠져 안 그래도 커다란 눈이 더 커다래졌고, 눈빛만 봐도 의기소침해진 상태였다. "거기서 할 수 있으면 어디에서나 할 수 있어요"라는 문구가 영화에서처럼 내가 그녀를 기다리던 인포메이션 표지판에 적혀 있었다. 주지가 미국에서 잘 지낼 수 있을까? 지금도 프랭크 시나트라Frank Sinatra의 노래 가사 중 "눈을 뜨고 꿰뚫어 봐"라는 메시지는 우리가 가는 길이 돌길처럼 험난할 때 항상 곁에서 위로해주었다. 나는 반갑게 주지의 어깨에 팔을 두른 뒤 함께 옐로캡 택시를 타려고 늘어선 줄로 향했다.

벌써 18년 전의 일이다. 주지는 여전히 미국에 살고 있으며 브루클린에서 뉴욕에 처음 입성한 독일 이주민을 돕는 에이전시를 운영하고 있다. 어느덧 타운하우스에서 걸려 왔던 그녀의 전화는 완전히 다른 삶의 빛바랜 사진처럼 희미해졌다.

"그때 당신이 내 약점을 지원해줬다면 아마 나는 아직도 쾨니히슈타인에 처박혀서 괴로워하고만 있었겠죠." 언젠가 배터리 공원에 나란히 앉아 있던 때 저 멀리 반짝이는 자유의 여신상이 보이는 허드슨강을 바라보며 그녀가 담담히 고백했다. 정말 그랬을 것이다. 때로는 친구에게 무신경해 보이는 돌직구를 던져 환영받지 못하더라도 그것이 장기적 관점에서 치유를 돕는다면 감행해야 한다. 만약 친구들이 자신이 누구인지 잊어버렸다면 그들이 듣고 싶은 말이 아니라 들어야 하는 말을 해주며 상기시켜야 한다. 그래야 본래의 힘을 되찾을 수 있다. 정말 급진적인 봉사가 아닐 수 없다. 하지만 그만큼 상대에게 많은 영향력을 행사한다.

"나는 당신의 약한 면마저 지원하고 싶지 않아요." 이 말은 다방면으로 사용할 수 있다. 때로는 소리 내어 말하지 않고 생각만 해도 상황이 개선되기도 하고, 종종 두 가지를 병행할 수도 있다.

나는 제법 오랫동안 살아 있는 정보통으로 유명했다. 조언을 기반으로 나만의 왕국을 세운 나는 자발적으로 사람들에게 연락처와 아이디어를 제공했다. 지금은 상상하기도 힘든 행동이다. 그러다가 언젠가 같은 사람이 혹시 벤의 연락처가 있느냐고 네 번이나 질문하자 나는 이런 식으로는 문제가 있다는 확신이 들었다. 내가 계속 남의 일을 덜어준다면 상대는 계속 나만 바라볼 것이 틀림없었으므로. 물론 전적으로 인간적인 일이긴 하다. 자기의 전화번호 목록에 번호를 등록하기보다 잠시 내 것을 살펴보는 편이 훨씬 실용적일 테니 말이다. 하지만 그런 식으로는 누구도 발전할 수 없다. 그래서 나는 나 자신을 극복하기 위해 싸웠다. 제법 힘든 일이었다. 나는 무의식이 구축한 나의 이미지를 내 손으로 부숴야 했다. 거기에 '나는 당신의 약한 면마저 지원하고 싶지 않아요'라는 사고방식이 매우 유용했다. 하지만 직접 입 밖으로 내뱉은 적은 드물었다. 아무리 문제의 핵심을 짚었다고 해도 내게는 다소 거친 말처럼 들렸기 때문이다. 하지만 다소 순화한 버전은 놀라울 정도로 결과가 흡족했다. "만인을 위한 상담소가 되겠다는 내 생각은 틀렸던 거 같아요. 그러니까 당신이 필요한 연락처는 이제부터 직접 정리하세요. 제가 더 이상 해드릴 수 없어요." 보다시피 이후 내게 벤의 연락처를 묻는 일은 사라졌다. 긍정적인 부작용이라면 그 덕에 오늘날까지 내가 유일하게 외우는 유일한 연락처는 벤의 번호뿐이라는 것이다. 여보세요. 잘 지내요? 벤!

"말은 상대가 당신에게 어떤 사람이 되고 싶어 하는지 보여준다. 행동은 그 사람이 실제로 어떤 사람인지 보여준다." 최근 빈에서 온 한 클라이언트가 이 말의 뜻을 직접 경험했다. 그는 얼마 전 컨퍼런스층을 리모델링한 컬러풀한 호텔 로비의 노란색 안락의자에 파묻힌 채 나를 마주 보고 있었다. 그의 심리 상태는 구름 위를 걷는 것처럼 둥둥 떠 있었다. 직장에 새로 입사한 동료와 사

랑에 빠져버렸기 때문이다. 그는 삶이 얼마나 진한 장밋빛으로
물들었는지 털어놓았다. 하지만 그다음 만났을 때 그는 조금 각
성한 듯한 상태였다. 일에서만큼은 누구보다 프로페셔널한 모습
으로 항상 감탄을 자아냈던 그의 진취적인 여자 동료가 집에서
는 엉망이었던 것이다.

"계단실에는 아무렇게나 던져놓은 신발들이 여기저기 쌓여
있었고, 집 안 곳곳에 제대로 결제하지 않은 미납 청구서들이 바
닥에 굴러다녔어요. 정말 엉망진창이더라고요!"

"그래서 어떻게 반응하셨나요?" 궁금해진 내가 되물었다.

"뭐, 그래서 내가 그 근처를 지나가다가 미납된 돈을 모두 송
금했어요."

"정말로요?"

"네. 이제 그만하면 충분해요!"

물론 그것도 하나의 방법이다. 그 여자는 그의 행동을 심지어
좋게 생각했다. 내 생각에는 경솔했던 그 행동은 그에게 그리 좋
지 못했던 것 같지만 말이다. 그 성급한 행동에서 그녀는 무엇을
깨달았을까?

"굉장하네! 전부 그대로 둬야겠어. 적어도 누가 치울지 두고
보면 알겠지."

"하지만 당신은 그녀가 잘못하는 부분을 전적으로 해준 셈이네요"라고 내가 말했다.

"음, 그럴 리가요…" 빈에서 온 그는 연신 고개를 절레절레 흔들며 신음을 흘렸다. 그의 인생은 그것으로 다소 빛깔이 변한 것 같았다….

우리가 누군가를 도와줄 때 항상 상대에게 무언가 호의를 바라며 하는 것은 아니다. 연구소에서 가능한 사람들 모두에게서 돈을 빌리기 일쑤고 수년간 돈을 갚지 않아 빚에 시달리는 경우가 다반사였던 한 동창생이 떠오른다. 그는 매사에 약삭빠르게 피하기만 했다. 그런 환경에서는 뭔가를 학습할 수 없었으므로 그가 할 수 있는 것은 없었다. 그를 도우려던 사람들은 그가 논리적으로 직접 책임지려는 태도를 본 적이 없었다. 다시 말해 타인이 나의 행복에 책임을 느끼는 순간 자신은 본인의 행복을 위한 관심이 줄어든다. 따라서 구원자 증후군 경향이 있는 모든 사람에게 이렇게 조언하고 싶다. 선의로 하는 행동이라도 잠시 멈추고 한 걸음 뒤로 물러서라. 이때 다음과 같이 질문하면 보다 많은 변화를 일으킬 수 있다. 예컨대 '내 행동이 타인의 무엇을 지원하는가? 그의 강점인가? 아니면 약점인가?'

부디 나의 말을 오해하지 않기를 바란다. 누군가에게 환한 빛이 되어주는 것은 정말 좋은 일이다. 다만 아주 잠시 타오르며 무언가를 희생하는 촛불이 되지 않도록 주의해야 한다. 초는 자신을 태우며 빛을 선사한다. 모두에게 밝음을 허락하지만 마지막에는 초 자체는 완전히 타서 죽어버린다. 그렇다면 차라리 손전등이 어디 있는지 알아내는 게 좋지 않을까? 누군가에게는 그것이 너무 힘든 일처럼 느껴질 수도 있다. 연민과 공감에 깊이 빠져버리면 자신이 타인의 불행에 어떤 영향을 미치는지 미처 깨닫지 못한다. 경솔한 아량은 소중한 사람이 자신에게 좋지 못한 그곳, 그러니까 약점에서 벗어나지 못하게 만들기 때문이다. 이 책에서 얼마 되지 않는 부정적 표현이지만 "나는 당신의 약점마저 지원하고 싶지는 않아요"라는 말은 그것을 막을 수 있다. 적어도 그쪽이 상황을 개선하는 것처럼 보인다.

이 조언이 당신에게 선사하는 것은 무엇인가?

평온　　　존중　　　연대

50 Sätze, die das Leben leichter machen

3부

자기주도적인
관계를 형성하는 방법

19

빨리 나아지기를
기원합니다

이사벨 아옌데의 소설 《영혼의 집La Casa de los Espiritus》을 읽어본 적이 있는가? 나는 특히 이 소설을 영화화한 작품을 좋아한다. 캐스팅이 훌륭했기 때문이다. 한 장면에서 주인공 에스테반(제러미 아이언스 분)은 딸의 연인에게 고래고래 소리를 지른다.

"또 한 번 내 눈에 띄면 네 놈을 죽여버리겠어!"

에스테반은 분노에 사로잡혀 날뛴다. 그의 부인 클라라(메릴 스트립 분)는 슬픔에 빠진 딸아이를 토닥이며 위로한다.

"너희 아빠가 그렇게 화난 건 아니란다. 그저 에너지가 너무 많아서 그렇지."

나는 이 장면이 매우 인상에 남았다. 메릴 스트립은 극 중 남편이 얼마나 폭력적이고, 잔인하고, 욱하는 기질을 지녔는지 잘 아는 지혜로운 아내 역을 맡아 열연했다. 하지만 그녀는 남편의 모습을 혐오하는 대신 이해심을 발휘한다. "그저 에너지가 너무 많아서 그렇지."

여기에 내가 뭐라고 할 수 있을까? 그 여인의 말은 옳다. 겉으로 보이는 것처럼 속도 그런 사람은 드물다. 우리에게 화난 모습을 자주 보이는 사람은 주로 외롭고 거만한 동료이자 불안정하고 악명이 자자한 투덜이가 대부분이다. 어쩌면 단순히 자기 인생에 실망한 사람일 것이다. 우리가 아는 그의 모습은 어떠한가? 당신이 마주하는 그 모습이 그 사람의 최선일 거라고 생각한다면 무슨 요구를 주고받든 마음이 침착해질 것이다.

종종 우리의 100퍼센트가 타인의 100퍼센트와 동떨어져 있음을 믿기 어려울 때가 있다. 그렇지만 차이를 인정하는 순간 많은 것이 급격히 편해진다. 이런 통찰력이 머리에서 마음으로 내려온다면, 심지어 우리 마음을 어지럽히고 무언가에 그리고 누군가에게 상처받는 상황이 끝날 수 있다. 그것 하나만으로도 우리는 좀 더 자유로워진다.

우리에게 위안이 될 또 한가지 인식이 있다. 잘못된 행동을 하고, 자제력을 잃고, 화를 내고, 파렴치한 행동을 하거나 너무 단순하게 생각해버리는 사람의 경우 그저 그 순간 제정신이 아닌 것일 수도 있다. 말 그대로 정신이 나간 것이다. 사실 누군가 잘 못된 행동을 하는데 어떻게 좋은 감정이 생길 수 있겠는가. 그런데도 상대에게 진심으로 '빨리 나아지기'를 빌어줘야 할 이유가 있을까? 하지만 나는 진심으로 그렇다고 생각한다.

최근 한 자전거 운전자가 난폭하게 도로 옆길을 달리다가 내 자동차 지붕을 칠 뻔했다. 나는 까무러칠 정도로 깜짝 놀랐다. 물론 상대도 그랬을 것이다. 순간 충돌한다고 생각했지만 다행히 천으로 된 지붕 앞에서 멈췄다. 자동차 창문을 내린 후 나는 그에게 "몸조심하세요"라고 외쳤다. 달리 내가 뭐라고 말할 수 있을까? 깜짝 놀란 자전거 운전자도 경황이 없어 보였다.

타인이 우리를 괴롭힌다고 느끼는 일을 공격으로 받아들이지 않고 그저 '제안'으로 재해석하는 데 성공하면 새로운 기회가 열린다. 그러면 우리는 화내기 위해 격앙되는 기분을 멈추고 비로소 감탄하기 시작할 수 있다. 무언가가 마음에 들지 않아 눈에 걸리적거리는 사람에게도 연민을 느낄 수 있다. 옆에서 지켜보기만 해도 이런 심정인데 저렇게까지 하려면 참 힘들겠다고 생각하면서 말이다. 그런 상황에서는 차라리 자신과 엮지 말고 그저 상대가 빨리 나아지기를 빌어주는 것이 최선이다.

　나는 사람들이 상대를 의도적으로 공격하고 싶어 하는 경우는 거의 없다는 명제를 제시하고자 한다. 많은 사람이 자신만의 영화에 갇혀 살고 있다. 그런데 외부에서 완전히 다른 방식으로 흘러가는 일들을 겪으면서 종종 현실을 제대로 인식하지 못하고 추측을 사실로 매도해버릴 때가 많다. 상대에게 무슨 의도였는지 묻지 않고 단순히 악의로 치부해버린다. 우리 모두가 때때로 그런 식으로 행동할 것이다. 그러므로 과민하게 반응할 이유가 없다.

　누군가가 당신에게 소리 지르고 충동적으로 공격적인 행동을 하려는 것 같으면 다음과 같은 독백으로 상황을 재해석하고 싶은지 결정하면 된다.

　'아하, 흥미로운 주장이군. 그런데 지금 내가 저 상황에 휘말리고 싶은가? 아니, 그렇지 않아. 그러기엔 너무 피곤한 일이야.'

　마음속에서 그렇게 결정했다면 겉으로 미소 지으며 이렇게 통보하면 된다. "그렇다면 빨리 나아지기를 기원합니다!"

　스스로 화낼 필요도 없다. 당신도 이미 알고 있다. '내가 흥분하기 전까지는 아무래도 상관없는 일이었어.'

　또는 좀 더 확신할 수도 있을 것이다. '누가 나를 화나게 할지'

결정하는 것도 바로 나야.'

우리 인생의 조종사가 바로 자신이라는 점을 상기하는 자세는 아주 바람직하다. 타인은 우리에게 제안만 할 뿐이다. 어떻게 반응할 것인지는 각자의 선택에 달렸다. 나는 그것을 일상 테스트라고 부른다. 언제나 조금 더 성장하고 자기 발전을 할 수 있는 매우 좋은 기회다.

그러므로 다음에 누군가 분노를 터트리면 차라리 궁금해하라. 그리고 놀라워하라. 그리고 불쾌함을 원래의 출처인 다른 사람에게 그대로 두면 된다. 쾌활한 목소리로 "빨리 나아지기를 기원합니다!"라고 외쳐주자. 그거면 충분하다.

이 조언이 당신에게 선사하는 것은 무엇인가?

가벼워진 마음

자기 결정

평화

20

'모르겠어'는
'아니요'를 의미한다

때때로 우리는 갈등에 빠진다. 우리 생각은 한편과 다른 한편이라는 이름의 구명 튜브에 고정되어 이리저리 흔들린다. 그리고 결정할 때마다 '하지만'이라는 생각이 발목을 잡는다. 그냥 무시하고 지나치기에는 그 존재감이 너무 크다. 자동차 구매, 직장, 이사, 휴가 등의 주제가 전부 일명 '모르겠어' 문제에 해당한다.

다나의 경우에는 결혼식이 그랬다. 수백 명이 넘는 하객이 명확한 기대 심리를 가지고 결혼식이 열리는 교회로 모이는 만큼 그저 우유부단한 태도로 일관하기에 이상적인 날은 아니다. 하지만 압박감 때문에 더욱 결정을 내리기가 쉽지 않았을 것이다.

오전 10시를 목전에 둔, 꿈에서나 볼 것 같은 포츠담의 자그마한 마을 카푸트의 교회. 내 친구 올레가 들려준 사연은 한 편의 영화 같았지만 지역 명칭만 들어도 드라마에 나올 법한 이름이라고 생각했다. 올레는 다나의 결혼 입회인으로 가장 가까운 곳에서 모든 사연을 지켜봤다. 한껏 꾸민 올레는 이제 곧 결혼식장인 교회로 출발하려는 샴페인 컬러 재규어 자동차에 올라탄 신부의 옆자리를 지키고 있었다.

그녀는 저 멀리 입구에서 긴장한 듯 왔다 갔다 하며 애꿎은 연미복만 연신 잡아당기는 다나 아버지의 모습을 관찰했다. 그런데 신부는 또다시 눈물을 흘리기 직전이었다. 방금까지 다나는 올레에게 오래전에 다른 사람과 사랑에 빠졌지만 그래도 마침내 신혼여행을 떠나게 되어 기쁘다고 털어놓았다. 그리고 어떤 상황에서도 신랑이 화내는 것을 원치 않으며, 많은 하객과 처음부터 결혼을 반대했으면서도 모든 비용을 지불한 아버지를 떠올리면 죄책감을 느낀다고 덧붙였다.

"어떻게 해야 할지 정말 모르겠어!"

다나는 계속 흐느꼈다. 다행히도 기능성 워터프루프 마스카라는 번지지 않았다.

"'모르겠어'란 항상 '아니야'란 의미야!"

올레가 무뚝뚝하게 대꾸했다. 올레는 방금 자기가 한 말이 얼마나 확고하게 들리는지 스스로도 놀랐다. 하지만 시간은 속절없이 흐르고 있었다. 아무튼 내가 올레와 친분을 쌓고 교류하는 동안에도 그녀의 사고는 뒤죽박죽이었다. 그리고 내가 무언가를 제때 결정하지 못할 때마다 이런 말로 여러 번 속을 뒤집어놓은 전적이 있었다.

올레의 말을 들은 다나는 생각에 잠기더니 고개를 끄덕였다. 그리고 창밖을 바라봤다가 또다시 고개를 끄덕였다. 그 속도가 점점 빨라지더니 올레가 기대했던 것보다 훨씬 진지한 음성으로 말했다.

"맞아. 이제 알겠어. 그래, 난 그이와 정말 결혼하고 싶지 않아! 그냥 하고 싶지 않은 거였어!"

그 말에 운전기사가 헛기침을 하더니 백미러를 통해 불안한 시선으로 올레를 응시했다. 올레 역시 살짝 불안해졌다. 눈물을 닦아낸 다나가 침착하게 말했다.

"그럼 이제 가자!"

"맙소사!" 그로부터 며칠 뒤 올레가 뒷이야기를 들려주었을 때 나는 신음을 흘렸다. "그래서 다나가 정말로 결혼식을 망쳐버린 거야?"

"아니." 올레가 무표정한 얼굴로 대꾸했다. "다나는 예정대로 결혼했어. 그랬으면 그 많은 사람 앞에서 너무 끔찍했을 테니까. 하지만 신혼여행 길에 이혼해버렸대."

어머나, 이런 일이! 물론 모든 일을 납득할 필요는 없다….

무엇을 해야 할지 전혀 모르겠을 때는 어떤 일이 벌어질까? 그때는 어떻게 해야 인생이 한결 편안해질까? 가장 먼저 "모르겠어"라는 말이 근본적으로 대리인 역할을 한다는 것을 깨달아야 한다. 그 아래 숨은 본뜻은 '사실 정확히 알고는 있지만…'이다. 이후는 상황에 달렸다.

'하지만 나는 나를 믿을 수가 없어', '하지만 그렇게 실행하기가 두려워', '남들이 나에 대해 뭐라 생각할지 두려워', '그로 인해 야기될 결과가 두려워', '아니라고 하고 후회하면 어쩌지', '그렇다고 하고 후회하면 어쩌지.'

이와 유사한 모든 생각이 '하지만'이라는 생각으로 우리를 멈춰 세우고, 재빨리 그 흔적을 찾아 나선다. 그리고 주장을 뒷받침하는 근거를 찾아내며 좀 더 중요하게 만든다. '하지만'이란 말은 많은 의미를 내포한다. 그것을 통해 우리의 앞길을 가로막고, 더 나은 세상으로 나아가는 데 조금도 기여하지 못하는 나약한 비관론자로 만들어버린다.

　"의지가 있는 사람은 길을 찾는다. 의지가 없는 사람은 이유를 찾는다"라는 말이 있다. 언제나 진리인 말이다. 어디든 이유와 변명이 난무하는 곳에 '하지만'이라는 말이 저 멀리 떨어져 있는 경우는 극히 드물다. 항상 가장 친한 친구인 '때문에'라는 말과 함께 우리의 결정과 성장을 가로막는다. 반항적인 에너지로 진정한 기폭제가 되어 세상을 움직이는 '그럼에도 불구하고'와 달리 '하지만'은 그저 장전 장치 고장에 불과하다. '하지만'은 의심zweifel을 표출한다.

　이 말은 우리가 어리석게도 비슷하게 매력적으로 느끼는 선택권이 최소 두 가지zwei가 있다는 의미이기도 하다. 우리의 개인적인 긍정-부정 목록에 있는 선택권들은 하나의 확실한 경향을 향해 나아가기에 너무 많은 옵션을 제공한다. 그렇게 의심이 많은 사람일수록 계속 생각에 잠기기 마련이고, 그렇게 계속 그다음을 기다린다.

　어쩌면 마음속에서 속삭이는 의심, 걱정, 신중한 검토 그리고 비교를 감안하더라도 쉽게 결정을 내릴 수 있을까? 또 다른 질문을 통해 답변을 찾을 수 있다. 목표를 제대로 찾지 못하는 것보다는 훨씬 나을 것이다.

'내 직관을 따른다면 나는 어떤 결정을 내릴 것인가?' 혹은 '급하게 결정을 내린다면 무엇을 할 것인가?' 혹은 '만약 알고 있었더라면 어떻게 대처했을 것인가?' 이 중에서도 마지막이 가장 좋은 질문이다. 역설적으로, 그리고 어떤 면에서는 다소 어리석게 들리지만 확실히 그렇다. 코칭에서는 내담자들이 대안을 찾으면 잠시나마 기적처럼 깜짝 놀랄 정도의 효과를 발휘한다. 대부분 똑똑한 대답으로 이와 같은 마법을 걸 수 있다. 어쨌거나 위의 질문 모두가 '이제 도대체 무엇을 하면 좋지?'에 비하면 무척 효과적이다. 왜냐하면 '이제 도대체 무엇을 하면 좋지?'라는 질문은 은근슬쩍 '모르겠어'라는 답변을 강요하기 때문이고, 결국 악순환에 빠지게 된다.

'"모르겠어'는 항상 '아니요'를 의미한다"라는 말에는 많은 힘이 실려 있다. 이런 유의 단호함은 우리 내면에서 확고한 감정을 자극한다. 거의 모든 경우에서 행동으로 옮기게 하고 지름길을 선택하도록 이끄는 감정. 자신의 우유부단한 면을 벗어나기 위해 강인한 에너지를 자극하는 것은 항상 좋은 생각이다.

다나의 결혼식에서도 이 말은 효과가 있었다. 신부가 곧바로 알아차렸을 정도로 단호했기 때문이다. 물론 이 결혼식은 정말 아니라고 명확하게 선을 긋는 순간 돌연 마음속에서 '무슨 소리야! 당연히 그와 결혼하고 싶어! 내가 지금 무슨 말을 하는 거지?'라고 외칠 수도 있었을 것이다. 상황은 그런 방향으로 흐를 수도 있다.

　그러면 우리는 다시 노를 저어 되돌아와야 한다. "모르겠어라는 말은 항상 거절이야!"라는 말을 인정하는 순간 내면에서 거부감이, 어쩌면 화가 치밀어 오른다면 그것이 바로 신호이다. 두 가지 모두 매우 유용한 감정이다. 이렇게 분노에 휩싸여 즉각적으로 "뭐라고?"라고 터져 나오는 말이 우리에게 '내가 원하는 것은 바로 그거야!'와 '뭔가 내 앞길을 가로막고 있어'라는 두 가지 사항을 알려주기 때문이다.

　이 두 가지가 명확해진다면 모든 반박과 사유를 차분하게 정리할 수 있을 것이다. 그러면 그 순간부터 "그래, 난 그것을 원해"라고 온전히 인정할 수 있다.

　내 경험상 의사 결정 과정에서 이처럼 간단한 지름길 전략은 황금만큼 중요하다. 또다시 진퇴양난에 빠질 때까지 무턱대고 기다리기만 한다면 얼마나 갑갑하겠는가? 차라리 지금부터 "모르겠어"라는 말을 "아니요"란 의미로 해석하라. 그런 마음가짐은 의사 결정에 확실한 활기를 불어넣을 것이다.

우선 그리 심각하지 않은 사안에 이 전략을 활용해보는 것도 좋은 방법이다. 대개의 경우 모든 일은 연습해야 쓸모 있다. 다시 말해, 결혼식을 올리기 전에 이 말을 당신의 레퍼토리에 포함시켜두기를 강력 추천한다.

이 조언이 당신에게 선사하는 것은 무엇인가?

의사
결정의
기쁨

통찰

시간

21

제게 그런 식으로 말해도 된다는
인상을 드렸다면 정말 유감입니다

테드는 정말 최고다! 그의 본업은 주로 장거리 비행을 하는 퍼스트클래스 승무원이다. 다시 말해 그는 퍼스트클래스를 타고 세계라는 무대를 속속들이 누비고 다닌다. 퍼스트클래스에 설치된 수화기 너머로 며칠째 인터넷이 다운되었다는 이야기를 비롯해 불편한 소식을 매우 친절한 음성으로 전하는 그의 말을 즐겨 들었다. 그가 즐겨 쓰는 "충분히 이해합니다. 그러니 큰소리로 말씀하시지 않으셔도 됩니다"라는 말은 매우 세련되게 들렸다. 혹은 "계속 반복해서 말씀하셔도 그게 사실은 아닌 것 같습니다"는 말도 정말 굉장하다. 기내에서 보는 영화보다 훨씬 흥미진진하다.

　서비스직의 하루에는 일반적으로 영화 같은 장면들이 숨겨져 있다. "제가 뭘 겪었느냐면요…. 나 참…" 나의 헤어스타일리트가 입버릇처럼 달고 사는 말이다. 계산원, 란제리 숍 판매원, 그리고 몇몇 승무원도 똑같이 입을 모은다. 아마 이런 사연을 전부 모은다면 영화 시나리오가 완성되고도 남았을 것이다.

해발 11킬로미터 상공에서 펼쳐지는 대화는 정말 기상천외했다. 항공기의 가장 앞에 위치한 퍼스트클래스는 더욱 그랬다. 퍼스트클래스에 탑승한 승객 모두가 휴식을 취하고, 중요한 서류를 검토한 후 재빨리 포근한 깃털 이불을 덮고 숙면에 드는 것은 아니기 때문이다. 사실 퍼스트클래스 탑승객에게는 다섯 번째 샴페인 잔이 서빙될 일도 없다. 다른 많은 곳에서 더 좋은 샴페인을 누릴 능력자들이니 말이다.

하지만 최상의 서비스를 경험하려는 사람들도 물론 있다. 주로 평소 자비로는 비즈니스클래스 티켓도 구입하지 않으면서 회사 경비로 퍼스트클래스에 탑승한 승객들이다. 이런 유형의 탑승객들 중 일부는 이륙 후 기내에서 혼란을 일으킨다. 그들은 사회적 지위를 유감없이 드러내며 갑질을 일삼고, 각종 요구와 비난을 서슴지 않는다고 테드는 털어놓았다. 그런 특성이 있는 사람들은 약간의 두뇌 게임을 꼭 해야 한다고 여긴다. 심지어 몇몇 사람은 은근슬쩍 예약 오류가 있기를 기대한다. 그리고 막상 그런 운이 따르지 않아도 무조건 뭔가 해달라고 요구하는 만행을 저지르기도 했다. 막무가내형 사람들의 머릿속에 그런 생각이 소용돌이치면 인생이 시끄러워졌다.

"퍼스트클래스 탑승객의 니즈를 곧바로 읽어라." 테드가 항공사 교육을 마치던 날 들은 최종 구호였다. 그것도 최선을 다해서. 내일부터라도 그가 그 구호를 적용할 수 있을까. 그저 씁쓸한 웃음만 나올 뿐이다.

1월 말 프랑크푸르트. 싱가포르행 A380. 이륙 25분 전 1A 좌석 탑승객이 갑자기 화를 내기 시작했다. 편의상 그를 슈나이더 박사라고 부르자. 그는 비서가 미리 특별 요청해둔 데스페라도스 맥주를 요구하며 이륙하기 전에 한 병 마시길 원했다. 테드에게는 매우 난감한 상황이었다. 케이터링 업체에서 해당 브랜드를 공급하지 않았기 때문이었다. 정말 좋지 않은 상황이었다. 첫째, 퍼스트클래스에서는 일어날 수 없는 상황이었기 때문이었고, 둘째, 탑승객이 매너가 무엇인지 모르는 사람이라는 걸 이미 여러 번 입증한 탓이었다.

슈나이더 박사는 출발이 가까워졌으니 마땅히 좌석에 차려놓은 그의 이동 사무실을 잠시 정리해야 하는 상황인데도 늘어놓은 각종 장비들 사이에서 벌떡 몸을 일으키며 소리쳤다. 그는 케이블을 잡아당기며 좀처럼 평정심을 되찾지 못했다. "이런 괘씸한! 주문한 맥주가 없다니 정말 파렴치하군!" 그는 기장에게 직접 따지겠노라고 화를 냈다. 그것도 지금 당장!

이제는 창의력이 필요한 순간이다. 시간을 보건대 절대 불가능했지만 테드는 승무원 사무장에게 자신이 터미널로 전력 질주하여 데스페라도스 여섯 팩을 구해오겠다고 제안했다. "내가 바라는 것도 그거요." 1A 좌석 승객이 큰소리로 외쳤다. 헐레벌떡 뛰어간 테드는 마침내 면세점의 세 번째 숍에서 데스페라도스 맥주를 발견했다. 그나마 시원하지 않은 실온 상태의 네 병뿐이었지만. 출발 시간까지 시간이 매우 부족했기에 테드는 서둘러 돌아갔다. 이런 일로 항공기 출발 시간을 지연시킬 수는 없었다.

기내로 돌아온 테드는 가쁜 숨을 몰아쉬며 승객에게 말했다. "희망하셨던 맥주를 이륙 후에 제공할 수 있게 되었습니다. 맥주는 지금 얼음 바스켓 안에 두었습니다." 그러자 왜 맥주가 시원하지 않느냐는 커다란 파도가 테드를 덮쳤고, 좌석의 전자기기들을 잠시 정리해달라는 부탁에 단호한 거절이 이어졌다. 이제는 심지어 프린터까지 세팅되어 있었다. 이륙을 알리는 방송이 스피커에서 흘러나오는 순간 테드의 어깨 너머로 "부디 라임은 잊지 않았기를 바라오!"라고 소리치는 음성이 들려왔다. 마침내 항공기가 이륙했다.

라임이라니! 테드는 이 말에 신음을 흘렸다. 그가 아는 한 기내에는 라임이 없었다. 따라서 이제 "한번 찾아보겠습니다"라는 말도 불가능했다.

이륙 후 30분 뒤 시원한 맥주가 슈나이더 박사 앞에 놓였지만 신선한 라임 조각이 꽂혀 있지 않은 모습을 보고 또 한 번 분노를 터트렸다. "정말 그 차이를 모르는 거요? 도대체 어떻게 이렇게 엉망일 수가 있지?" 기나긴 핀잔의 첫말부터 애쓴 승무원을 강타했다. 슈나이더 박사가 잠시 숨을 고르는 순간을 포착한 테드는 부서진 마음을 뒤로한 채 완벽한 예의를 갖추며 말했다. "제게 그런 식으로 말씀하셔도 된다는 인상을 드렸다면 정말 유감입니다." 정적. 그리고 당황한 눈빛. 소동을 일으켜야 하나 망설이는 태도. 황당한 표정을 지은 승객이 테드에게 되물었다. "방금 그 말은 날 질책한 건가요?" 그러자 테드는 그답게 대답했다. "아닙니다. 하지만 제가 그런 인상을 드렸다면 유감입니다. 그건 잘못된 것이니까요. 제게 그런 식으로 말씀하시는 건 받아들일 수 없습니다." 그러자 또 한 번, 하지만 처음보다는 덜 내키는 듯한 반격이 이어졌다. "물론 전적으로 이해합니다. 그리고 이렇게 공중에 있는 환경에서 애석하게도 제가 바꿀 수 있는 게 없군요. 저는 제가 할 수 있는 모든 것을 해드렸습니다. 이 일에 대해 계속 논쟁하고 싶으시다면, 제 생각에는 그 대상이 저는 아닌 것 같습니다." 결국 테드는 생각한 것을 끝까지 말했고, 미소 지었고, 돌아섰다. 이후 1A는 조용했다. 이륙 후 처음으로 말이다. 그것이 탑승객 슈나이더를 위한 라스트 콜이자 파이널 콜이었다. 할렐루야!

이미 눈치챘겠지만 나는 이 에피소드를 듣는 순간 다른 사람에게 최대한 자세히 들려줄 필요가 있다고 느꼈다. 왜냐하면 내 생각에는 이처럼 섬세하게 표현할 수 있는 사람은 극소수이기 때문이다. 누구나 평정심을 잃는 순간이 온다. 따라서 복잡하고 어려운 상황을 위한 솔루션은 충분히 '대비하라'이다.

윈스턴 처칠은 "나의 즉흥 연설은 준비한 만큼 나온다"라고 말한 바 있다. 나는 그 말의 진가를 수년간 무대에서 거듭 확인할 수 있었다. 항상 여유롭게 나오는 말은 주로 자주 연습한 내용들이다. 한 번도 연습한 적이 없는 것처럼 보일 때까지 끊임없이 훈련하던 미국의 대단한 춤꾼 프레드 아스테어의 태도를 미국인들은 "매우 프레드 아스테어하다very Fred Astaire"라고 불렀다. 이 근사한 표현 역시 마찬가지다. 물론 살다 보면 예상치 못한 즉흥적인 상황이 벌어지기도 한다. 하지만 미리 이런 표현들을 많이 수집하고 연습해두면 의외의 상황에서도 재치 있는 말로 받아칠 기적이 생길 가능성이 훨씬 높아진다.

　이 장에는 마음속에 완벽한 표현을 준비해두고 싶은 승무원들의 세상에 적용할 수 있는 제안들이 담겨 있다. 물론 나는 이해, 논리적 사고, 예의가 필요한 이 독특한 조합이 부디 일상에서 필요하지 않기를 기원한다. 하지만 만약 그런 일이 생긴다면?

　그렇다면 이 책을 읽으며 계속 즐거운 시간을 보내거나 상황에 따라 편안한 비행을 하기를 기원한다.

이 조언이 당신에게 선사하는 것은 무엇인가?

22

지금 그럴 시간을
마련하고 싶지 않군요

장크트파울리에 있는 작고 어두컴컴한 펍. 싸구려 선술집이란 말이 더 어울리는 곳이었다. 보기만 해도 숨이 막히는 그곳은 암녹색 천장 램프 탓에 한낮에도 형체를 알아보기가 힘들었다. 빛이 거의 투과되지 않는 손가락 두께의 유리창은 누군가가 와인병 바닥을 쌓아 만든 것 같았다. 오후 2시쯤 두 명의 남자가 너덜너덜한 바 스툴에 앉아 있었고, 한 여자가 입구 옆에 있는 게임기를 기계적으로 눌렀다. 여기 있는 모두가 수십 년째 그 자리에 그렇게 있었던 것처럼 보였다. 가게 비품, 손님, 그리고 금발로 탈색한 여주인까지.

나를 이 장소로 이끈 건 앞으로 예정된 범죄 스릴러 촬영이었다. 오늘은 로케이션 투어를 하는 날이었다. 연출팀 인턴을 맡고 있던 나는 바 장면에 등장할 독특한 술집 영상이 부족했기에 카메라맨, 감독, 음향감독과 함께 이곳을 찾아왔다. 우리 일행만으로도 술집은 가득 차 있었다. 특대 사이즈의 유리 피클 병을 제외하면 아무것도 없는 카운터 위의 "시간이 없을 때 또 오세요"라고 갈겨쓴 에나멜 표지판이 이 암갈색 판자 세상에서 가장 눈에 띄었다. 감독은 호기심을 보였다. 스툴에 앉은 남자들이 옆에 다 들릴 정도로 코를 킁킁거리고 여주인이 그들에게 다가갔다. 어느 순간 우리 일행에게 다가온 여주인은 수상쩍은 사람들이 고작 김 빠진 맥주 한 병으로 저녁 내내 죽치고 있는 행태만큼은 넌더리가 난다고 말했다. "그러면 바 스툴이 여섯 개뿐인 이 업장에서 영업에 방해가 되지 않겠어요?" 카운터 너머 다소 쇳소리 나는 목소리로 떠드는 주인장의 말에 모두가 웃음을 터트렸다.

그로부터 몇 년 후 나는 그 술집 표지판에 적혀 있던 문구를 내담자에게 다시 들었다. 그를 토마스 바우만이라고 부르자. "정말 절박한 심정과 오랜 고민 끝에 이 문구를 사무실 위에 걸기로 했어요." 경영진을 위한 워크숍을 끝낸 후 약간의 틈을 찾아 호텔 로비에 앉아 있을 때 그가 다소 긴장한 표정으로 솔직하게 말했다. 그를 찾아온 누군가가 사무실 문 앞에서 "당신이 시간이 없을 때 또 오세요"라는 문구에 주춤하게 된다면 어떻게 될까? 우선 그 말을 납득할 약간의 시간이 필요할 것이다. 물론 나는 "용건은 간단히!"보다 위트가 넘친다고 생각한다. 나의 내담자가 원했던 것도 약간의 미소였을 것이다. 타닥이며 타오르는 녹슨 벽난로 앞에 느긋하게 앉아 버건디 와인이 담긴 와인잔을 빙글빙글 돌리는 중에도 그는 불안해 보였고, 눈동자는 안절부절못했다. 바우만은 전혀 여유가 없어 보였다. 누가 봐도 그는 시간에 쫓기고 있었다.

"직업병입니다." 그가 말했다. "항상 일정상 해야 할 일들이 너무 많아요. 기본적으로 이메일을 읽고 질문에 회신하는 일만으로도 하루를 다 채울 수 있죠. 그러면 도대체 내 업무는 언제 할 수 있단 말입니까?!" 나는 이 말을 기업 임원들에게 정기적으로 듣는다. "이메일에 아무 생각 없이 참조cc를 설정하는 무례한 행동은 상황을 복잡하게 만들어요." 바우만이 덧붙였다. 정작 구체적인 내용을 살펴보면 결정권을 쥐고 있는 사람은 그였기에 나는 그의 말이 놀라웠다. 기업 소유주이자 경영자로서 그는 기업 내 근무 환경을 스스로 결정할 수 있었다. 그런데 그가 아니라면 특정 이메일을 참조해서 보내야 할지 말지 누가 지정할 수 있단 말인가?

하지만 이렇게 된 원인은 종종 결단력과 통찰력만으로는 행동이나 전체 과정을 바꾸는 데 충분하지 않기 때문이다. 때로는 단순히 각자의 성격이 발목을 잡기도 한다. 바우만처럼 솔직하고 호감형에 열정적이며 항상 대화할 준비가 되어 있는 사람이라고 해서 꼭 경계 설정을 능숙하게 잘해내는 것은 아니다. 오히려 정반대라고 할 수 있다. 이런 사람들은 모두를 문 안으로 들여놓고, 많은 사람을 이해해주려고 한다. '그분은 항상 내게 시간을 내준다'면서 직원들은 감사해하고 있다. 하지만 정작 지쳐버린 사장은 속으로 '모두가 내 시간을 훔쳐 가고 있다'라고 생각하며 앞으로 처리해야 할 일정과 전쟁을 벌인다. 끊임없이 이어지는 자신과의 릴레이 경주처럼 말이다. 그러니 그런 성품을 지닌 사람들일수록 항상 시간에 쫓기듯 행동하는 것도 어찌 보면 당연하다.

그런데 정말 우리는 자신의 시간에 쫓겨 다니는 걸까? "그럴 시간이 없어"라는 말이 정말 맞을까? 모두가 날마다 동일한 시간을 살고 있는데 항상 누군가만 그렇게 시간이 없는 것이 가능할까? 아니면 마치 날씨와 같은 개념일까? "옷을 제대로 갖춰 입지 않은 사람만이 추위에 떤다"라는 말처럼 시간을 잘못 쓰고 있는 사람만이 시간이 없는 것은 아닐까?

나는 시간 관리 분야의 전문가가 아니다. 하지만 하나만큼은 확실하다. 당신이 시간 관리라는 주제에서 어떤 영리한 전략을 채택하고 우선순위를 정하더라도 계속 달리다 보면 어느 순간 과로에 지쳐버리는 불편한 상황을 마주하게 된다. 누군가가 추가 프로젝트를 떠넘겨서, 책상에 파일을 던져놓고 가서, 같은 공간에서 갑자기 난처한 질문을 하는 탓에 곤란한 상황에 처하기도 한다. 하지만 지금 맡은 업무를 하기에도 빠듯한 시간 탓에 자신과 관련 없는 업무를 추가로 하고 싶지는 않다는 것을 깨달을 것이다.

그때는 지금까지 활용하던 모든 근사한 도구를 잠시 잊고 정확한 말로 입장을 표현해보자. "죄송해요. 유감이지만 시간이 부족해서 안 될 것 같습니다. 다른 사람에 부탁하시겠어요?" 이렇게 말할 수도 있을 것이다. 듣기에는 손이라도 묶인 것처럼 들릴 수도 있다. "미안하지만 안 되겠어요.… 없어서요. 안타깝게도… 하면 안 될까요?" 이런 표현 하나하나가 '정황상 피해자' 방향을 가리키는 작은 표지판이다. 당사자가 발산하는 에너지는 흔적조차 보이지 않는다. 그리고 이렇게 반응한다고 해서 다른 사람들이 가만 놔둘지도 미지수다. 이런 애매한 방어 시도는 그다음 이어질 정당화를 위한 티켓 정도로 작용할 것이다. 그러면 어떻게

거절해야 좋을까?

언제나 좋은 시작은 의도를 제대로 표출하는 책임감 있는 표현이다. 나로 시작하는 검증된 메시지에 자기 결정이라는 약간의 양념을 치고 강한 의지를 나타내는 단어를 골라 사용한다면 분명 효과가 있을 것이다. 이를테면 "그럴 시간을 별도로 마련하고 싶지 않습니다. 당장 이러이러한 프로젝트로 일정이 차 있어서요." 이때 명확하게 '할 수 없다'가 아닌 '원하지 않는다'라고 표현하는 것이 미묘한 차이를 만든다.

"그 일에 시간을 내고 싶지 않다고요? 어떻게 그렇게 말해요!" 나의 조언에 화들짝 놀라며 반박하는 말을 수도 없이 들었다. "그러면 예의 없이 들릴 거예요. 마치 내가 마지못해서 일하는 것처럼요." 정말 그럴까? 나는 그렇지 않다고 본다. 내게는 뭔가를 원한다고 밝히는 것은 자신의 책임감을 표출하는 의사로 들린다. 누군가가 결정을 내리고, 또 누군가는 전문적이고 솔직하게 상황을 평가하는 것이다. 셀프 리더십과 주체성 측면에서 볼 때 자신을 드러내는 좋은 표현이다. 이런 조합을 명확하게 메시지에 담아 침착한 톤으로 말한다면 분명 인상적인 결과를 얻을 수 있을 것이다.

이런 발언을 들은 모두가 좋아할까? 물론 당연히 아니다. 그렇다면 이 말은 수용될 것인가? 그럴 가능성이 매우 높다. 그러다 보면 개인 면담을 하는 날에도 경영진이 항상 바라는 의사 결정 의지가 있는 임직원처럼 행동할 수 있을 것이다. '아니요라고 말할 수 있는 소신'이란 대부분 '침착하게 거절하기'를 말한다. 물론 그 순간은 잠시 껄끄럽겠지만 불필요한 말을 계속 늘어놓는 것보다 훨씬 낫다. "할 수 없을 것 같습니다" 또는 "이미 하는 업무가 너무 많아서요" 혹은 "맡고 싶어도 할 수 없을 것 같습니다. 제가 초과 근무를 얼마나 하고 있는지 아십니까?" 등의 말을 듣고 싶어 하는 사람은 없다. 그 말을 꺼낸 당사자 역시 그럴 거라고 나는 강조하고 싶다.

간혹 "이렇게 용감하게 말해도 좋을지 모르겠지만"이라는 표현을 쓰는 사람이 종종 있다. 이 문제는 용기와는 무관하다. 누구도 당신에게 우주에서 헬멧을 벗으라고 요구하지 않는다. 이것은 오히려 자기 책임에 관한 것이다. 이 업무를 추가로 받았을 때 나는 전문성을 계속 유지할 수 있는가? 현실적인 우선순위는 전문성이 관건이지 용기와는 상관없다. 당신의 직급과 맡은 역할과도 전혀 무관하다. 호텔 사장이든 벨보이든, 아버지이든 딸이든 말이다. 자기 자신과 주어진 일을 진지하게 평가하고 책임지는 능력은 비즈니스에서도 사생활에서도 항상 유익하다.

그래서 바우만이 이후 어떻게 행동했을지 궁금한 사람을 위해 덧붙이자면, 그는 시간 관리 문제와 관련하여 우선 자신의 상황을 명확히 정리했다. 그래서 이제 더는 팻말이 사무실 문에 걸려 있지 않다. 예의가 불안을, 매너가 유머를 이겼기 때문이었다. 함부르크 장크트파울리의 작은 선술집에 있는 에나멜 표지판에 적힌 표어는 그대로지만.

이 조언이 당신에게 선사하는 것은 무엇인가?

자기 결정   시간   존중

23

우선 이것부터
끝내겠습니다

뮌헨의 화창한 늦여름 오후. 화폭에 담길 것만 같은 하늘이 아름
다운 색조로 물들어 있다. 새파란 하늘에 양털 같은 구름들. 오늘
은 DAX30에 상장된 기업의 영업팀 트레이닝 프로그램이 있는
날이다. 이틀간 이어질 프로그램의 참석자는 일곱 명의 남자와
한 명의 여자다. 주로 40대인 이들은 속담이나 유행하는 말들을
주고받으며 영업팀 특유의 캐주얼하고 가벼운 분위기를 이어갔
다. 영화 세트장을 떠올리게 하는 회의실에는 경쟁심을 일으키
는 에너지가 가득했다. 커뮤니케이션의 즐거움과 다양한 에고의
조합이 충돌하면 수다스러움이 폭발하고, 고요하고 진지한 분위
기는 사라진다. 나는 어떻게 하면 이 그룹에 마음 챙김과 공감을

활성화할 수 있을까 고민하며 몇 가지 방법을 제안했다. 홍일점인 유디트도 나와 비슷하게 생각하는 것 같았다. 이 헐거운 분위기 속에서 거의 간청하는 듯한 그녀의 시선이 내게 닿았다.

유디트는 자신이 발언해야 하는 상황에서도 자발적으로 참여하지 않았다. 그녀의 발언보다 자신의 생각이 흥미롭다고 생각하는 듯한 다른 남성 동료가 두어 차례 말을 자르는 것조차 허용했다. 하지만 시간이 흐르면서 유디트도 마침내 속도를 올렸다. "지금 제가 발언 중인데 당신이 자꾸 말을 자르고 있어요. 이제 저도 말 좀 합시다!" 참다못한 유디트가 화를 터트렸다. 누군가가 그런 식으로 화낼 때 "죄송해요. 하던 얘기 마저 하세요"라고 태세를 전환하는 경우는 거의 본 적이 없다.

실제 상황도 그렇지 않았다. 오히려 정반대였다. 말을 끊던 동료는 옆으로 고개를 돌리더니 유디트에 대해 말하기 시작했다. "유디트가 말을 끝맺고 싶다네. 그래, 원하면 해야지. 하지만 나도 발언하고 싶은데!" 요즘이라면 성차별 문제로 들릴 수도 있는 난감한 상황이었다. 나는 그 점을 예의 주시했지만 그냥 흐르는 대로 두었다. 때로는 그러다 보면 본모습이 노출되는 에너지가 활성화되기 때문이다.

나는 휴식 시간에 테라스에서 일대일 면담을 했다. 유디트는 내게 자신의 고충을 털어놓았다. 그녀는 어떻게 해도 하고 싶은 말을 제대로 끝낼 수가 없다고 불평했다. 아무리 요구해도 도통 먹히지 않는다는 것이었다. 결국 그녀의 푸념은 '나-메시지'에 관한 짧은 특강으로 이어졌다. 나는 이렇게 조언했다. "당신에게 허락되지 않은 것이나 다른 사람들이 어떻게 해야 하는지에 관해 말하지 말고, 그냥 해야 하는 것에 대해 말하세요. 지금 당장요. 그러니까 당신이 해야 하는 말은 '우선 내 말부터 끝내고요' 랍니다. 그리고 잠시 시선을 맞추고 확고하게 또 한 번 말하는 거예요. 그러면 된답니다." 내 말에 유디트는 코를 찌푸렸다. "그래서 뭐가 어떻게 된다는 거죠?" "한번 시도해보세요." 그렇게 대답한 나는 심호흡하며 신선한 공기를 들이마셨다. 이후 개폐되지 않는 통유리창이 있는 회의실에서의 시간이 다시 이어졌다. 도대체 이런 창문은 누가 고안한 걸까?

30분 뒤 우리는 상황을 돌파하는 유디트의 모습을 목격한 산 증인이 되었다. 나는 그녀가 단호한 음성으로 확실하게 말하는 모습을 지켜보았다. "우선 제가 하던 말부터 끝내고요." 그러자 미꾸라지 같은 유디트의 동료가 "뭐라고요?"라고 반박했다. 유디트는 "우선 제가 하던 말부터 끝내겠습니다"라고 말하고는 그를 향해 단호하게 손바닥까지 펼치는 제스처까지 더하며 용감하게 소신을 밝히고 발언을 이어갔다. 그 동료는 말문이 막혀버렸다.

자기 의사를 밝히는 간단하지만 명확한 메시지를 활용하는 것은 상대에게 호소하는 것보다 훨씬 효과적이다. 왜냐하면 "나도 끝까지 말해봅시다!"라는 말은 정치 토크쇼가 발명된 이래 누구나 잘 알듯이 제대로 먹히지 않는다. 당신이 전하고 싶은 메시지를 공공연히 직접적으로 그리고 여유롭게 언급하는 것이 가장 좋은 방법이다. 지난 장에서 언급한 '명백한 것은 즉시 말하기' 방식을 통해 살펴본 것처럼 효과가 확실하기 때문에 여러 상황에 활용할 수 있다.

언젠가 꽃집 앞에서 줄을 섰을 때의 일이 기억난다. 어머니의 날과 밸런타인데이가 겹치는 바람에 대기 줄이 가게 너머로 이어질 정도로 길었다. 수많은 인파에 시끄럽게 소리치는 사람이 하나도 없다는 것이 놀라울 지경이었다. 그 생각을 끝내기도 전에 뒤에서 이를 악물고 "제발 계산대를 두 곳으로 늘릴 수 없나요?"라고 항의하는 소리가 들려왔다. 입가에 미소를 머금은 나는 상황이 어떻게 전개될지 궁금했다. 그러자 계산대에 앉은 여자가 느긋한 목소리로 "저도 이렇게 관광버스 수준이 될 거라고는 예상하지 못했답니다"라고 대꾸했다. 계산은 조금도 빨라지지 않았다. 그것으로 대화는 막을 내렸다.

　나는 기다리는 시간을 때우려고 주변에 진열된 미니 양란을 구경하며 오른쪽으로 한 발자국을 옮겼다. 그러자 내 뒤에 서 있던 여자가 나를 은근슬쩍 앞으로 밀었다. 앞사람을 밀면 뭐가 좋을까 하고 생각하며 나는 속으로 웃어넘겼다. 하지만 약간의 호승심에 앞으로 한 걸음 바짝 다가간 후 미소 지으며 말했다. "원래 제자리로 온 거랍니다." 바로 '나-메시지'와 '명백한 것은 즉시 말하기'를 적용한 것이다. 예상대로 황당하다는 반응이 되돌아왔다. 직접적인 대안은 없는 진부한 반응이었다. 하지만 내 시도가 효과는 있었다. 그 여자는 혼잣말로 중얼거렸다. "어떻게 지금 뒤로 와놓고는…? 확실히 뒤로 왔으면서…" 하지만 정작 내게는 한마디도 하지 못했다. 공격할 내용이 없는 상황에서 뭐라고 할 수 있겠는가. 항상 기회가 될 때 자신만의 비법을 이리저리 테스트해보는 것이 좋다.

　껄끄러운 일에 쉽게 흥분하지 않겠다고 결정하면 인생은 한결 편안해진다. 그렇지 않으면 소소한 혼란이 순식간에 커다란 소용돌이가 된다. 그때는 우리의 에너지를 즉시 회수하는 편이 현명하다. 항상 효과 만점인 말을 마음의 가방에 넣어 다닌다면 빠르게 대처할 수 있다.

우리 중 대다수가 자신을 과소평가한다. "영 쉽지가 않네" 또
는 "그런 일은 당연히 화가 나지"라는 말을 주변에서 자주 듣는
다. 자신을 감정의 희생양으로 만드는 것이 당연하고, 그러니까
인간적이라고 생각하는 사람이 왜 이렇게 많은 걸까? 그 감정을
일으키는 주체가 바로 우리 자신임이 확실한데 말이다. 감정은
각자의 생각에 의해 일어나는 반응이다. 모두 자발적으로 유도
한 결과물이다. 그 감정을 일으키려고 애써 훈련한 것도, 계획한
것도 아니고 어쩌면 시도도 해보지 않았을 것이다. 내 경험에 따
르면 자신만의 여유를 찾고, 스스로 일어서거나 침착하고 주체
적일 수 있는 방법은 매우 간단하다. 그저 자기 자신을 믿어주면
된다. 그렇게 하지 못한다면 자신은 아무것도 제대로 할 수 없다
는 잔걱정 많은 사람들의 생각이 정답이 될 것이다.

화를 내는 것은 자유의사에 따른 문제고, 난처한 드라마의 탈
출구는 결정의 문제다.

우리가 어떠한 상황이나 타인에게 큰소리로 '아니요'라고 말
할수록 세상 또한 '아니요'라고 받아친다. 그것이 바로 끌어당김
의 법칙이다. 이 법칙은 논리적인 현상이다. "숲속에 외치는 소
리에 따라 들리는 메아리도 다르다"라고 우리의 전 세대는 말했
다. 그렇다면 우리의 할머니들도 그저 지나치게 감성적이셨던

걸까? 나는 같은 것끼리 끌리는 현상을 수없이 겪었다. 타인을 통해서도 그랬지만 나의 경우에도 마찬가지였다. 그러므로 우리가 무엇을 전하고 생각하고 느끼는지 주의해야 한다.

때때로 나는 작은 상상 속 여행을 떠난다. 나는 누군가가 우리 삶을 영화로 촬영한다고 상상하곤 했다. 저녁이면 그날 하루 가장 화났던 순간이 그 주의 예고편으로 펼쳐진다. 그러면 어떻게 될 것 같은가? 다른 사람들의 영화를 볼 때는 분명 웃고 있겠지만 우리 자신에 관한 영화는 어떠한가? 아마 생각보다 괴로울 것이다. 나의 경우는 항상 그랬다. 그래서 그 뒤로 스트레스를 받는 상황에 처할 때마다 나는 그 부분을 상기하며 더 좋은 영화를 남기려고 노력한다. 그날 저녁 내가 볼 만하다고 느낄 영화를 만들기 위해서 말이다. 대부분 효과가 좋았다. 당신도 시도해보기를 바란다. 그리고 잘되지 않을 때는 39장의 조언이 느긋한 마음으로 경쾌한 멜로디를 흥얼거리는 데 도움이 될 것이다. 당신은 이미 알고 있다. '우선 나 자신부터 용서해야겠어.'

인생은 일상의 다양한 미션을 완수해야 하는 게임처럼 느껴지기도 한다. 그 과정에서 우리는 성장하기도 하고 좌절을 맛보기도 한다. 뮌헨의 유디트와 영업팀원들처럼 말이다.

물론 모두가 하고 싶은 말을 제대로 끝낼 수 있다면 금상첨화일 것이다. 하지만 누가 당신 말을 가로막는다고 해도 개인적으로 받아들이지 말고 당신의 의사를 단순명료하게 밝히면 도움이 된다. "제 말 먼저 끝내고요." 사실 당연한 말이다. 싸우자고 시비거는 것처럼 들리지 않을뿐더러 그럴 가능성도 없다. 부디 정치 토크쇼도 그렇게 되기를.

이 조언이 당신에게 선사하는 것은 무엇인가?

24

결정을
번복했습니다

"젠장! 이미 승낙해버렸다니." 화가 머리 꼭대기까지 치민 틸이 신음을 흘렸다. 며칠 동안 명치가 턱 막힌 것 같은 압박감에 시달렸고 도대체 왜 그런지 의아했다. 그리고 막 2초 전에 깨달음이 찾아왔다. "나는 그냥 이 클라이언트를 위해 일하고 싶지 않은 거였어!" 그러고는 좀 더 괴로운 목소리로 "그때 왜 승낙했을까? 모든 게 안 좋아. 정말 최악이야"라고 내뱉었다. 그는 불편한 자세로 특이한 모양의 디자이너 의자에서 빙글빙글 돌다가 벌떡 자리에서 일어나 창문 앞에 섰다.

오늘은 뒤셀도르프에서 랩 세션Wrap session을 위한 마무리 코칭을 하는 날이었다. 뒤를 돌아볼 좋은 기회는 언제나 찾아온다. 3개월 전의 목표는 무엇이었던가? 구간별로 성취한 것은 무엇이며, 가장 중요한 훈련은 무엇이었는가? 첫 번째 세션부터 시작된 틸의 주체성 문제가 라인강의 아름다운 풍경이 보이는 고귀한 회의장에서 부메랑이 되어 돌아온 상황을 감안하면 다 포기해야 하는 걸까?

"이제 어떻게 빠져나와야 하지…." 창가에 서서 먼 곳을 응시하는 틸이 자조했다. 코칭에서 자주 묻는 질문이다. 직장과 사생활에서도 마찬가지다. 어느 정도 성실하고 약속을 중시하는 사람이라면 무언가를 취소하는 행위 자체가 매우 어렵기 때문이다. 우리의 이성은 거절을 선호하지 않으며, 마음은 훨씬 더 싫어한다. 우리는 자신을 불편하게 만드는 거절이라는 행위를 일종의 모욕으로 느낀다. 따라서 최대한 그런 기분을 느끼고 싶어 하지 않는다. 그러니 우리 뇌가 어떻게든 첫 거절 메시지에서 도망갈 뒷문을 찾는 것도 당연하지만 회피로는 존재하지 않는다. 상대에게 '아니요'는 '아니요'일 뿐이다.

"하지만 더 부드러운 타협점이 있지 않겠어요? 그런 말은 편안하게 할 수 있겠죠." 어떻게 해야 할지 갈 길을 잃은 기업 컨설턴트 틸이 주장했다. 틸은 직원이 1,200명인 비즈니스 라인을 이끌며 항상 모두가 반길 수는 없는 결정을 내리는 데 익숙한 사람이다.

하지만 그는 당장 섬세한 세탁 코스처럼 부드러운 순환 코스를 원했다. 좀 더 친절하게 들릴 만한 거절의 표현을 말이다. 그는 거절하고 싶었지만, 그 의사가 상대 심기를 긁지 않기를 원했다.

내가 어떤 제안을 하기도 전에 틸은 예의상 하는 선의의 거짓말을 떠올렸다. 말 그대로 죄책감을 느낄 때 하는 선의의 거짓말은 주변에서 쉽게 찾아볼 수 있다. 그런 거짓말은 언젠가 우리의 다른 생각을 덮어버리고 어깨 너머로 외친다. "앞으로 두고 봐요. 나와 함께하면 당신 인생이 훨씬 편해질 거랍니다!" 심지어 우리는 이 도전적인 내적 유혹에 넘어가기까지 한다. 죄책감은 절대 좋은 조언가가 아니다. 결국 침착하고 자신감 넘치는 행동을 저지하는 원인이 된다. 하지만 방향을 정하고 다시 운전대를 쥐려 할 때는 이 선의의 거짓말이 살짝 필요한 순간이 있다. 그때는 우리를 조종사로서 조종실로 되돌아가게 할 명확하고 확신에 찬 통보가 중요하다. 이를테면 "최근에 그렇게 승낙했습니다. 하지만 다시 살펴보니 내가 너무 성급했다는 것을 깨달았습니다. 제게 맞지 않더군요. 그래서 결정을 번복했습니다"와 같은 말이다.

만약 번복해야 하는 경우 이런 식으로 말한다면 처음에는 상대에게 온화하게 전달될 가능성도 있다. 그리고 상황이 어떻게 진행되는지 살펴본다. 추측건대 상대편이 놀란다면 최악의 경우 비난과 분노를 피할 수 없을 것이다. 그렇더라도 차분히 대처해보자. "뭐라고요? 왜 그러는 거죠? 확신했었잖아요! 분명히 승낙했잖습니까!" 화난 상대가 비난조로 말할 수도 있다. 여기서 키포인트는 장황한 정당화에 휩쓸리지 말아야 한다는 점이다. 여유를 가지고 명확하게 당신의 선을 지킨다. "분명 그랬죠. 동의했어요. 그런데 그게 좋은 생각이 아니었다는 것을 깨달았습니다. 제게는 맞지 않는 결정이었어요. 제가 잘못 판단했고, 이제라도 결정을 번복하고 싶습니다."

　여기서 깨달은 점이 있는가? 상대에게 전하는 말은 많은데 그 안에 이유는 없다. 단 하나의 핑계도 없다. 여기서 '번복'이라는 말에 집중해야 한다. 매우 간단한 말이지만 자기 정당화와 선의의 거짓말이 당신의 시야를 차단하는 순간 떠올리지 못하는 표현이기도 하다. "그냥 제게 맞지 않습니다." 때로는 이렇게만 표현해도 충분하다. "그래서 결정을 번복했습니다"라는 말도 동일한 맥락이다. 대다수는 이런 태도를 의외로 긍정적으로 받아들인다. 우리가 생각하는 것보다 훨씬 좋은 쪽으로 말이다. 강력한 '나-메시지'의 특성과 번복이라는 확고한 단어가 지닌 힘 덕분이다. 번복한다는 말은 명확하고, 가볍고, 유연하고, 확신에 차 있으며, 누군가가 그렇게 선택을 한 것이므로 책임감 있게 들린다.

반면 "그사이에 더 중요한 일이 생겼어요"라는 고전적인 핑계는 어떻게 들릴까? 전혀 좋지 않고 진부한 미사여구에 불과하다. 다시 말해 '당신은 그사이에 내게 벌어진 일만큼 중요하지 않다' 또는 줄여서 '다른 사안이 당신보다 더 중요하다'라는 뉘앙스를 담고 있기 때문이다. 우리의 에고는 그런 말을 좋아하지 않는다. 에고는 자신의 관점에서 정확한 거절만을 귀담아듣는다.

"그사이에 내 삶에 무언가 일이 생겼어"라고 누군가 내게 편지를 쓴 적이 있다. 물론 그 심정도 이해한다. 인생은 자신만의 머리가 따로 있어서 때로는 우리가 세운 계획에서 멋대로 벗어나곤 한다.

어쨌든 자신을 정당화하려는 충동에 굴복할 필요는 없다. 굳이 모든 것을 구구절절 설명할 필요는 없다. 대부분은 우리의 비하인드 스토리를 듣고 싶어 하지 않는다. 상대는 우리의 거절로 인한 계획 수정, 즉 더 많은 일을 의미하는 현 사태만으로 이미 머리가 충분히 복잡하다. 이제 서둘러 계획을 변경하고 그 과정에서 생긴 공백을 채워야 한다. 그러므로 구체적인 동기까지 들을 여력이 없다. 우리가 책임감 있게, 그리고 인간적으로 접근하여 명확히 거절한다면, 많은 말을 빙빙 돌리며 양해를 요구하고 자기 고통을 알아달라고 호소하는 것보다 훨씬 좋게 받아들인다.

문제점이 무엇인지 간단명료하게 밝히면 우려와는 달리 상대가 전혀 언짢아하지 않는 경우도 종종 있다. 끼리끼리 어울린다는 말처럼 말이다. 울보는 화난 사람을, 침착한 사람은 차분한 사람을, 그리고 명확성은 또 다른 명확성을 불러온다. 이 점을 확실히 깨달았다면 좀 더 여유로운 목소리로 정확하게 의사를 표현하는 것이 거절이라는 주제에서 모두를 위한 영리한 자세라고 할 수 있다. 간단명료하게 밝히는 것이 가장 좋다. "결정을 번복했어요"라는 말은 단순하지만 확실하게 의사를 밝히면서도 구구절절 이유를 설명하지 않고 누구에게도 해를 끼치지 않는다.

틸에게도 이 방법은 효과가 있었다. "정말 쉽게 끝났어요." 미팅이 끝나고 몇 시간 후 다시 나를 찾아온 그가 말했다. "클라이언트가 이유도 묻지 않더라고요. '그냥 제게 맞지 않습니다'라는 말만 했는데 그것으로 충분했나 봐요!"

나는 내담자들이 경험한 피드백을 정기적으로 듣는 것을 매우 좋아한다. 내면을 차분하게 하고 주체성을 기르기 위해 노력할 가치가 있음을 확인시켜주기 때문이다. 이런 자세는 우리와 관련된 모든 사람에게도 유익하다. 우리는 심각해 보였던 문제를 순식간에 해결하는 것이 생각 외로 얼마나 간단한지 상상하지 못하기 때문에 종종 주변인들을 당황하게 만든다. 그 이유는 우리가 문제라고 부르는 것이 실제로 그리 중요한 것이 아니기 때문이다. 우리가 문제라고 생각하는 사안을 바라보는 시각과 대처 방식이 무엇보다 결정적이다.

"결정을 번복했어요." 짧지만 꾸밈없는 이 말 한마디가 자책과 양심의 가책을 끝내고 당신에게 이로운 방향으로 이끌어준다. 자신감 넘치고 주도적으로 자신의 인생을 디자인하는 사람으로.

이 조언이 당신에게 선사하는 것은 무엇인가?

25

지금은 나 자신과
마주하고 싶어

풍부하고 깊은 음색이 요가 스튜디오에 울려 퍼진다. 징이 울리면 휴식을 취하는 마지막 자세인 사바사나가 끝나고, 그것으로 쿤달리니 요가 수업도 마무리된다. 요가로 일요일 아침을 시작하면 항상 기분이 상쾌하다. 조용히 요가 매트를 펼치고 정교하게 장식된 미닫이문 앞에서 늘 하던 뱀 자세로 하루를 시작한다. 내 뒤편으로 밴드와 담요가 구비된 선반이 보인다. 요가 수행자들이 즐기는 차를 한 잔 마셔야겠다고 생각하고 있을 무렵 뒤쪽 오른편에서 "카아아린!" 하고 외치는 소리가 적막을 가르며 들려왔다. 이 공간에 동명이인이 있다고 믿고 싶으면서도 나는 조심스레 뒤를 돌아봤다. 안타깝게도 대상은 정말 나였다.

우렁찬 목소리의 주인공은 이본느였다. 7년 전쯤 탭댄스 수업에서 잠깐 알게 되었고 이후로 한 번도 본 적 없었던 그녀가 나에게 달려왔다. "이렇게 다시 만나다니 정말 최고인데요. 어떻게 지내요? 그동안 어디 갔었어요? 뭐 하고 지냈던 거예요? 아직도 탭댄스 수업 들어요? 나는 이제 안 듣거든요. 들었으면 좋았겠지만 당신도 알잖아요." 이본느가 하는 말을 내가 정말 알고 있는 건지 잠시 생각하는 동안 이야기는 이미 아이들 소식을 지나 캐스팅 문제까지 훨훨 날아갔다. 이본느는 이상적인 몸매의 소유자였고 수년째 광고 업계에서 모델로 활동 중이었다.

내가 대화에 딱히 기여하지 않아도 된다는 사실을 다행이라고 생각하고 있을 무렵 그녀가 말했다. "우리 꼭 만나야 해요!" '음… 글쎄요?'라는 생각이 턱 밑까지 차올랐지만 입 밖으로 내뱉지는 않았다. 왜냐하면 한 시간 반 동안의 쿤달리니 요가 수업으로 나의 시스템은 여전히 차분한 상태였기 때문이다. 이본느는 기대감에 찬 눈빛으로 나를 바라봤다. "어서, 뭐라고 말 좀 해봐요!" 나의 마음속 재판정에서는 이미 판사 봉을 두드리며 결론을 내렸지만 나는 미소만 머금은 채 사람들이 동의라고 생각할 만한 소리만 내고 있었다. "음…." 그런데 이본느에게는 이 소리가 충분한 답이 된 것 같았다. "잘됐네요! 그러면 어서 약속을 정해요. 아직도 예전 전화번호 그대로인가요?" "그렇죠!" "완벽해요. 저 지금 빨리 가봐야 하거든요. 육아 도우미가 기다리고 있어서요. 우리 이혼했어요. 아아, 만나면 그때 얘기해줄게요! 그럼 나중에 봐요오오!" 그런 뒤 이본느는 곧바로 사라졌다. 나는 아무 말도 하지 않고 요가 수련용 차를 음미하며 이 만남에 대해 생각했다.

나의 경우 거의 잘 알지도 못하고 약속도 하지 않은 사람이 불쑥 다가와 말을 섞는 일은 굉장히 드문 편이다. 더군다나 예전에 알게 된 때로부터 시간이 많이 흘렀기 때문에 그녀를 다시 만나야 한다고 생각하는 것 자체도 낯설었다. 내 감정은 '그래, 내가 왜 이본느와 개인적으로 만난 적이 없었는지 이제 알겠어'라는 심정에 가까웠다. 하지만 누구나 이런 생각을 쉽게 말하기는 어렵다. 나 역시 그렇게 하고 싶지 않았다. 그랬다면 상대에게 꽤나 상처가 될 것이고, 굳이 할 필요가 없는 말이기 때문이다. 그렇다 해도 당연히 확실한 태도를 취해야 한다. 좋다. 그런데 어떻게 해야 할까?

몇 년 전 이와 유사한 만남을 가진 후 당황한 상태로 코칭을 받으러 달려왔던 한 내담자가 떠올랐다. 당시 그 상황에 대한 나의 피드백은 당연히 명확한 '나-메시지'였다. 타인에게 상처를 주지 않고 자신의 의견을 전하고 싶다면 이러한 메시지를 도구로 선택할 수 있다. 이 방법은 항상 효과가 있다. 방금 언급한 사례의 경우 진심에서 우러나왔다고 할 수 있는 "당신과 만나고 싶지 않아요"라는 메시지보다는 "지금은 좀 혼자만의 시간을 갖고 싶군요"라고 우회해서 표현할 수 있다. 사실이기도 하다. 대부분 상대는 전혀 기대하지 않았던 반응에 다소 당황한다. 하지만 정확히 그렇기 때문에 자신에 대한 공격으로 받아들이지 않으므로 이런 상황에 유용하다. 당시 나의 내담자도 이 방법으로 좋은 반응을 이끌어냈고, 이본느도 긍정적으로 반응했다. "무슨 말인지 완전히 이해해요." 그녀는 곧장 답문을 보내왔다. "그렇게 말해줘서 좋네요. 나도 한때 그런 시기가 있었죠." 그녀는 그렇게 나의 궤도에서 다시 자취를 감췄다. 그때로부터 7년이 흘렀다.

나이 드는 것에는 몇 가지 좋은 부작용이 있다. 나는 나이가 들수록 침착해진다고 생각한다. 만약 내가 30세였더라면 그렇게 행동하지 못했을 것이다. 그랬다면 아마 왜 그래야 하는지 납득도 못 하면서 저녁 내내 이본느와 함께 시간을 보냈을 것이다. 그 과정에서 내가 원하는 것이 무엇인지 제대로 살피지 않은 것으로 자신을 무시한 셈이다. 그리고 오래된 지인 관계에서 처음부터 단추를 잘못 끼웠다며 정말 운이 없다고 자책했을 것이다. 전혀 유익하지 못한 상황이다. 살다 보면 자주는 아니라도 그런 일이 생긴다. 사실 단 한 번뿐인 인생에서 그 정도면 충분하다. 당신도 그 사실을 알고 있지 않은가?

가치관에 관한 한 나는 매우 구식인 편이다. 무엇보다 신뢰, 헌신, 존중, 시간 준수 등이 매우 중요하다고 생각한다. 정말 고루하기 짝이 없는 독일식 사고방식이다. 하지만 내가 그런 사람인 것은 어쩔 수 없다. 때로는 이 모든 가치가 관용이나 차분함과 같은 냉정한 특성과 충돌하며 딜레마가 될 수 있다. 따라서 나는 언젠가부터 나와 상반되는 행동인 적당한 무심함 혹은 무책임함을 터득했다. 물론 이러한 동종 요법의 적정선은 지켜야 하겠지만. 나는 적당한 무심함에 관한 롤모델을 신세대에서 찾을 수 있었다. 기존 가치관이 부족한 20대 중반들이 얼마나 캐주얼하게 대응하는지 살펴보며 이 사고방식에 주목할 만하다고 생각했다. 연령과 무심함의 강도는 직접적인 연관성이 있다. 설명을 위해 각 연령대에 관한 에피소드를 소개하겠다.

80세 이상 독일인들이 "다음 주 수요일 3시 반"이라고 할 때는 말 그대로 다음 주 수요일 3시 반이다. 전혀 헷갈릴 이유가 없다. 한번 입으로 말한 것은 법이다. 그러면 월요일이면 이미 베이커리에 평소 좋아하는 케이크를 주문하고, 화요일에 다시 베이커리에 연락하여 수요일 3시 반에 케이크가 제대로 배달될지 확인한다. 그러면 친구들이 도착해야 하는 시간은? 당연히 수요일 오후 3시 반이다. 시간이 남았다면 그때까지 차에서 기다리든 동네 주변을 배회하든 너무 일찍 도착하지도 늦지도 말아야 한다. 여기서 내뱉은 말은 지켜져야 하고, 커피는 보온 머그에 있고 테이블은 세팅되어 있어야 한다.

그다음 세대에게 "수요일 오후 3시 반"은 화요일 저녁에 다시 친구에게 전화를 걸어 "내일 오후 3시 반 약속 그대로지?"라고 확인해야 하는 사안이다. 근본적으로 의례적인 질문이지만 그래도 짚고 넘어가야 한다. 케이크는 약속 시간 몇 시간 전에 구매해둔다. 커피, 차 또는 물도 구비되어 있어야 하고 테이블에 세팅해둔다.

Y세대는 그날 아침 문자메시지로 "오후 3시 반 맞지?"라고 물으면 "맞아"라고 답변한다. 별도로 케이크를 구매하지 않지만 집에 있는 주전부리를 작은 볼에 담아서 테이블에 세팅한다. 그리고 손님들이 도착한 후에야 커피머신으로 향한다. "커피? 카푸치노? 에스프레소? 강도는 4부터 11까지 가능한데? 디카페인 커피?" 그러면 "흑설탕을 조금 넣은 아메리카노면 좋을 거 같아"라

는 대답이 온다.

밀레니엄 세대는 딱히 감탄하거나 놀라지 않는 편이다. 이런 일은 루틴처럼 처리된다.

Z세대는 오후 3시 45분경 주위의 떠들썩한 소음 사이로 연락이 온다. "조금 늦을 것 같아." 그러자 바로 땀 흘리는 이모지와 "뭘 그런 걸 갖고 그래"라는 답문이 간다. 오후 4시 직전 늦어서 미안하다는 말 대신 신음을 흘리며 "지하철에 무슨 일이 생겼는지 알아?"라는 말과 함께 친구 집으로 들어온다. 여기서 음료란 차를 의미한다. 그것도 각자 친환경 텀블러에 담아 온다. 함께 곁들인 스낵은 보이지 않았지만 뭐 먹을 거 없냐는 친구의 요청에 글루텐프리 쿠키가 테이블에 차려진다. 30분이나 기다려서 의아해하는 반응을 보이는 사람이 있으면 주변에서는 "좀 여유를 가져"라는 말로 편히 쉬라고 조언한다.

예시가 다소 틀에 박힌 가정처럼 들리겠지만, 이 일반화는 근본적으로 우리 경험과 일치한다.

이런 이야기가 "지금은 나 자신과 마주하고 싶어"라는 말과 무슨 상관 있는지 의아할 수도 있을 것이다. 사실 아무 관련 없을 수도 있지만 어떤 면에서는 무척 밀접하다. 경계 설정을 고전적인 방식으로 다시 표현하면 자기 스스로 결정하는 주도적인 삶으로 향하는 초대이다. 경계 설정을 할 때 평정심을 유지할 수 있다면 이러한 선 긋기가 훨씬 쉬워진다. 그리고 수요일 오후 3시 반 모임 이야기에는 '동종 요법의 적정 용량'이라는 작은 도구가 숨어 있다. 과정은 간단하다. 우선 당신의 가치관과 충돌하는 한 가지 행동을 떠올린다(나의 경우 무책임함이다). 그 후 최소한의 복용량을 섭취한 뒤 당장 힘들게 느껴지는(이본느에게 아무렇지도 않은 듯이 자연스레 거절하기) 행동에 그것으로 양념을 친다. 그러면 갑자기 모든 것이 확실히 편안해질 것이다.

전혀 신경 쓰지 않는 일에 관해 얘기하기 위해 아무래도 상관없는 사람들과 만나기에는 우리 인생이 너무 소중하다. 그러므로 인생이 한결 편안해지려면 세련된 방식으로 거절하는 법을 알아야 한다.

이 조언이 당신에게 선사하는 것은 무엇인가?

시간　　자기 존중　　분별

26

이 일에서는 프로처럼
남고 싶군요

레일라는 기업 커뮤니케이션 책임자다. 언론 관련 업무, 프레젠테이션, 기업 피치, 사회관계망서비스SNS, 이북, 팟캐스트에 이르기까지 그녀가 좋아하는 모든 일이 포함된 이 분야는 많은 책임이 따르는 굉장한 작업이다. 14명의 내로라하는 인재가 그녀를 위해 일하고 있다. 대부분 연령대가 30대 초반인 이들은 그녀를 존경한다. 레일라는 아이디어가 풍부했고, 재능도 뛰어났다. 다만 부족한 점이라면 지나칠 정도로 양심적이라는 것이었다. 이제는 유명 비치 클럽이 된 프랑크푸르트의 한 주차장 옥상에서 처음 그녀를 만났을 때 내가 느꼈던 첫인상은 그랬다. 초고층 빌딩 숲을 주변에 둔 새하얀 해변 의자에서 바라보는 풍경은 초현실적인 분위기를 자아냈다.

"당신은 승진을 미안해해야 하는 일처럼 생각하는 것 같군요." 나는 레일라가 자신의 승진 이야기를 들려주던 순간 그렇게 말했다. 그러자 그녀는 한결 편안해진 표정으로 고개를 끄덕였다. "그렇게 느꼈던 거 같아요."

"'내가 상사가 되어서 미안해'라는 문구가 적힌 티셔츠를 입으면 같이 일하기가 힘들어지기 마련이죠." 내가 지적하자 레일라는 한숨을 내쉬었다. 그녀의 시선이 작은 수영장을 둥둥 떠다니는 두 마리 플라스틱 플라밍고를 좇았다.

나는 레일라가 가장 좋아하던 두 동료가 승진을 위해 지원했지만 그녀는 아예 그 자리에 생각조차 없었다는 사실을 알게 되었다. 그러다가 경영진의 요청으로 승진 레이스에 참가했던 것이다. 이제 레일라는 등번호도 없이 남들이 수개월간 맹훈련한 경주에서 우승한 죄책감에 사로잡혀 있었다. 새 직위에 불안을 느끼는 이유는 그것 말고도 또 있었다. 어제 동료였던 사람들이 오늘은 부하 직원이 되어버렸다는 사실을 그제야 체감했고, 그녀의 팀 또한 마찬가지였다.

우리가 한 단계 위로 뛰어오를 때 자신에 대한 확신이 없다면 이런 계급 변화를 사뭇 불편하게 느낄 수도 있다. 그런 분위기는 자신도 모르게 주변 사람들까지 물들인다. 레일라와 그녀의 팀원 디르크의 충돌이 증명하듯 위험이 임박해 왔다.

레일라와 디르크는 지금까지 여러 프로젝트를 함께 진행했고, 그 과정에서 굉장한 팀워크를 보여줬다. 그런데 최근 레일라가 신임 상사로 부임하면서 사소한 문제로 삐걱거리기 시작했다. "그렇게 모든 걸 잘할 수 있으면 스스로 하시죠!" "지금까지 전임 상사들은 그런 일을 절대 허용하지 않았습니다." 레일라는 디르크의 이러한 평가에 할 말조차 제대로 못 했다. 심지어 그날도 디르크의 지나친 요구에 아무 반응도 하지 못하고 소심하게 뒤만 쫓고 있었다. 디르크와의 대화는 아직 보류 중이었다. 그래서 우리는 함께 그 일에 대비하고 있었다.

3일 뒤 레일라는 나의 음성 사서함에 메시지를 남겼다. 다소 서투르지만 디르크에게 자신의 피드백을 전달한 레일라는 대담하게 대화를 리드했다. "지금 이 문제에서 당신은 나에게 사적인 태도를 보이고 있어요. 하지만 정말 그것이 문제일까요? 그렇다면 팩트에 근거해서 설명해주시겠어요? 지금 당신이 말하는 톤은 그리 적절하게 들리지 않는군요. 나는 일에서만큼은 좀 더 프로처럼 남고 싶군요." 그러자 디르크는 오랫동안 침묵했다. 그건 항상 좋은 징조다.

"나는 이 일에서는 좀 더 프로처럼 남고 싶군요." 차분하면서도 간결한 이 말은 제아무리 상대가 계속 물속에서 수영하기를 원해도 재빠르게 보트에 오르게 한다. 최근 한 내담자에게 법무팀이 특정 계약서의 조항에 관해 눈감아달라고 요청하는 일이 생겼다. 하지만 그것만으로도 처벌받을 수 있는 일이었기에 그는 "나는 이 일에서는 좀 더 프로처럼 남고 싶군요"라고 대답했다고 한다. 그에게 의뢰했던 동료는 뭐라고 대답했을까? "그럼 우리는 아니란 말이에요?"

이때는 이 말을 조금 변형하면 어떨까? 이를테면 "대화를 좀 더 프로페셔널한 측면으로 끌어올리는 것이 제 생각에는 맞는 것 같습니다." 아니면 "지금 그 요청은 너무 개인적인 부탁인데요. 좀 더 프로페셔널하게 정리할까요?" 무엇이든 상황에 맞도록 조금씩 변형해서 활용하라.

어째서 매번 '프로페셔널'하다는 표현이 계속 나오는 걸까? 그러려면 아이들의 사례로 다시 돌아가야 한다. 앞서 33장에서 나는 언쟁, 격분, 드라마가 생기는 사람의 내면에서는 어린아이와 같은 심정이 지배권을 장악하고 있다고 설명했다. 그런 상태에서는 무엇도 전문성을 갖춘 프로처럼 해낼 수 없다. 특히 아이들은 그러지 못하기 때문이다.

"당신도 그 자리에 있어봤어야 해요. 쿠시크 씨." 나는 이런 말을 자주 듣는다. "정말 유치원이 따로 없다니까요! 그것도 감사위원회에서 말이에요! 정말 그런 장면을 생각도 못 하실 거예요." 그래서 나는 이런 상황에서 대부분 이렇게 말했다. "분명 유치원 같았겠죠. 사장은 다섯 살처럼, 그리고 CFO는 반항적인 10대, 그리고 당신은 아마 여덟 살처럼 굴었을 테니까요. 그렇지 않나요?"

누군가가 감정이 폭발하는 지점을 자극할 때 지극히 어른처럼 행동하는 사람은 극히 드물다. 그 순간 예민하게 과민 반응을 보이거나 프로페셔널한 행동과는 동떨어진 행보를 보인다. 따라서 "나는 이 일에서는 좀 더 프로처럼 남고 싶군요"라는 말은 정신없는 어린이 생일 파티 중간에 우리는 이미 성인이며 훨씬 나은 방향을 잘 알고 있다는 기억을 상기시키는 훌륭한 초대장이 된다. 대부분 이런 초대는 효과가 매우 좋다. 주체성은 주체성에 맞서는 것에 대응하는 과정에서 가장 효율적으로 배울 수 있다.

"이제는 항상 모든 것을 먼저 내놓고 싶지 않습니다. 언제나 그럴 수는 없잖아요. 그들도 좀 생각을 해봐야죠!" 이벤트 에이전시 대표가 격분하며 자신의 팀에 대한 불만을 쏟아냈다. "항상 내가 모든 것을 수천 번씩 반복해야 한다니요. 이제는 아무 말도 하지 않을 겁니다." 나는 그의 말이 매우 완고하다고 생각했다. 그는 그것이 자신의 당연한 권리라고 믿었다. 물론 그 말도 맞다. 나는 그가 외통수에 걸렸다고 느끼는 감정도 근본적으로 이해되었지만, 그런 태도로는 해결책이 나오지 않는다.

"확실히 요아힘 뢰프(유명 축구 감독-옮긴이)도 가끔 그런 경우가 있었죠." 내가 다소 생뚱맞게 말을 꺼내자 무슨 말이냐는 의아한 시선이 쏟아졌다. "경기장 밖에서 그렇게 항상 똑같은 말을 외치는데도 선수들이 그의 지시대로 움직이지 않았던 경우가 얼마나 많았는지 알고 싶지도 않네요. 그래도 아마 하프타임 내내 그는 자신이 축구팀을 보강해야 할지 아니면 벤치에 가만히 앉아 있어야 할지 질문하지는 않았을 거예요. 어쨌거나 그는 축구팀을 이끌고 있었고, 그게 바로 그의 일이니까요." 에이전시 사장은 미심쩍은 눈빛으로 나를 응시했다. 축구에 대한 은유는 항상 효과가 좋았으므로 이어서 말했다. "뢰프가 탈의실로 뛰어들어 가서 콧김을 내뿜으며 '나 이제 정말 화났어. 안 해! 이제 한마디도 안 할 거니까 너희가 알아서 경기 진행해!'라고 외친다면요?" 그러자 에이전시 사장은 애매한 미소를 지을 수밖에 없었다.

우리가 직업적인 결정을 사적인 감수성으로 물들이는 것을 허용하는 순간 자신과 타인의 인생을 불필요하게 힘들게 한다.

아무리 화가 치밀어 오르고, 죄책감에 짓눌리는 상황이라도 최대한 프로페셔널한 자세를 유지하는 것이 효과적이다.

젊은 수도사와 나이 지긋한 수도사가 오랜 여정을 마치고 수도원으로 향하던 중 강가에 도착했다. 그곳에서 수영을 못 하지만 강을 건너려는 한 노부인을 만났다. 주변을 둘러봐도 강을 건널 다리나 보트가 시야에 들어오지 않았다. 원래 수도사는 여성의 신체에 접촉하는 것이 금지되어 있었지만 나이 든 수도사는 노부인에게 자기 등에 업히라고 제안했다. 노부인을 등에 업고 수영하여 강을 건넌 수도사는 부인을 강가에 내려놓았다. 노부인은 고마운 마음에 두 손을 포개고 몸을 숙이며 인사했다. 나이 든 수도사는 강을 건너 젊은 수도사에게 돌아왔고, 그들은 다시 여정을 떠났다. 붉은 수도사복이 거의 말랐을 때쯤 젊은 수도사가 소리쳤다. "사실 여성과의 신체 접촉은 금지된 일입니다! 그런데 어떻게 그런 일을 저지르신 거죠?" 나이 든 수도사는 인내심을 가지고 묵묵히 비난을 끝까지 듣고는 대답했다. "나는 헤엄쳐서 그 부인을 강 건너편에 내려주고 왔네. 그런데 자네는 여전히 그 부인에게서 헤어나오지 못하는군."

죄책감은 너무 힘들고, 또 불필요하다. 그 감정을 이끌어낸 당사자가 직접 해결해야 한다. 그 사람은 언제나 우리 자신이다. 그 감정은 우리를 앞으로 나아가지 못하게 하고, 작아지게 만들고, 발목을 잡는다. 감정을 완고하게 유지하고 백미러를 통해 제대로 살피지 못한다면 또다시 우리에게 지장을 준다. 그러므로 이런 순간에는 간단하지만 효과적인 말로 사실에 집중하는 편이 마음을 진정시킬 수 있다.

"나는 이 일에서는 좀 더 프로처럼 남고 싶군요." 이 말은 레일라가 항상 하는 말이기도 하다. 그 사이 그녀는 임원으로 승진했지만 우리가 대화를 나눈 비치 클럽은 그대로 있다.

이 조언이 당신에게 선사하는 것은 무엇인가?

명확성   방향성   존중

27

그러기엔
제가 너무 많이…

나일은 내가 만난 사람들 중에서 가장 열정적이다. 내가 한 방송
국에서 스태프로 일을 시작하던 무렵 그는 긍정적인 에너지를
가득 실은 트럭처럼 갑자기 편집국에 돌진했다. 당시 나일은 21
세였고 나는 그보다 두 살이 많았다.

"당신 정말 매력적이네요!" 나를 처음 본 나일이 칭찬했다. "물
론 당신을 잘 모르지만요. 저는 스페인 편집국에서 근무하는 나
일이에요!" 나일은 직설적이고, 명랑하고, 꾸밈이 없는 사람이었
다. 타인과 접촉하는 것이 전혀 힘들어 보이지 않았다. 금세 나는
그가 로만어학을 전공했고 물병자리이며 막 청소년을 위한 단기
어학연수 프로그램을 마치고 돌아왔다는 얘기를 들었다. 그는

2주간 마요르카섬에서 스페인 집중 단기 프로그램에 교사로 참여했다. 그는 이번에 교사와 학생 비율이 운이 따르지 않았다고 말했다. 참가 신청을 한 학생 수가 너무 적었던 탓에 프로그램이 시작되기 전날 교장이 몇몇 클래스에 2인 교사 체제를 도입하겠다고 발표한 것이다. "그래서 내가 곧바로 개입했죠." 여전히 밝은 에너지를 내뿜으며 나일이 말했다. "두 명이서 한 반을 가르치는 일은 상상조차 해보지 못했다고요." "그러게요. 왜 그랬을까요?" 그의 얘기에 매료된 나는 호기심이 발동했다. "뭐, 그런 방식은 저와는 맞지 않을 거라고 말했거든요. 그러기에 제가 너무 주도적이라고요!"

그러기에 제가 너무 주도적이라고요? 우와, 대박. 그 말로 끝이었다. 그리고 확신에 찬 눈빛. 나일의 이야기에 나는 깊은 감명을 받았다. 그 말에 어떤 반응이 이어졌는지 들으면서 또 한 번 놀라고 말았다. "학교에서 곧장 납득하더라고요." 나일이 말했다. "그래서 결국 제가 맡은 반에서 1인 체제로 수업을 진행했답니다. 사실 그러지 않으면 의미가 없잖아요."

물론 그렇다. 정말 정신이 번쩍 드는 말이라고 생각하며 어떻게 저렇게까지 당연하다고 확신할 수 있는지 궁금했다. 그의 말투는 "아쉽지만 그렇게는 안 됩니다. 저 유당 불내증이 있거든요"라고 하는 것 같았다. 그리고 상대 역시 "그렇군요. 그렇게 말하시니 당연히 우유를 제공할 수는 없죠. 저 뒤에 귀리유가 있습니다"라고 말하는 것처럼 들렸다. 모두 주목하라. 주체성이라는 주제에 맞닿아 있는 사안이다. 그러려면 100퍼센트의 확신이 있어야 한다고 당시의 나는 생각했다. 지금도 그 생각에는 변함이 없다. 나일은 본인에게 그런 특성이 있음을 확실히 알고 있었다. 그래서 여유를 가지고 소신껏 말할 수 있었다. 일반적으로 매력적이지 못하다고 평가하는 성격을 스스럼없이 언급할 때 그에 대한 감명은 더욱 커진다. 그것이 내면의 크기를 증명하기 때문이다.

나의 내담자는 다섯 번째 상담을 마친 후 회의에서 여유로운 태도로 말했다. "아니요. 차라리 그냥 하지 않겠어요. 그러기에 제가 확신이 서지 않는군요." "뭐라고요? 당신이요? 하지만 누구보다 항상 확신에 차 계신 분이잖아요!" "그렇죠. 물론 전 자의식이 강한 사람입니다만." 나의 내담자가 느긋하게 대답했다. "하지만 지금 내가 얼마나 불안한지 확신이 설 때도 마찬가지랍니다." 이 말을 끝내는 순간 얼마나 큰 해방감을 느꼈는지 듣는 사람도 할 말을 잃을 정도였다. 그렇게 상대도 뭔가 깨달음을 얻었다. 결으로 정반대로 비치는 속성이 배타적이지 않고 한 가지를 가리킬 수 있다는 사실은 처음에는 꽤 역설적으로 들릴 수도 있다. 하지만 서로 상충하는 성격이라도 훌륭하게 공존할 수 있다. 우리는 확신에 차 있으면서도 따뜻한 마음씨를 지닐 수 있다. 아는 척하기를 좋아하면서도 이해심이 많을 수 있다. 그리고 공감 능력이 훌륭하면서도 너그럽지 못할 수 있다. 모든 성격이 각 특성에 관여하지 않는다.

"그러기에는 제가 너무 너그럽지 못하거든요!" 언젠가 한 친구에게 말한 적이 있다. 그는 내 말에 분개했다. "뭐라고요? 당신이요? 당신은 누구나 이해하잖아요!" 그렇다, 맞는 말이다. 나는 거의 매사와 만인을 이해하는 편이다. 하지만 그렇다 해도 나 역시 확고한 마음가짐이 있다. 나는 사람을 이해하려고 한다. 하지만 매번 이해하는 그 부분이 마음에 들지 않는다. 공감한다고 해서 책임마저 느끼는 것은 아니다. 공감과 너그럽지 못한 태도는 심지어 잘 어울리기까지 한다.

예컨대 코를 들이마시는 문제와 관련하여 나는 이미 10여 년간 무한한 인내심을 발휘하고 있었다. 하지만 어느 순간 나의 내면에 스위치가 켜지는 순간 내 속에 웅크리고 있던 편협한 태도가 열쇠를 넘겨받았다. 그러면 내 귀에 코를 훌쩍이며 들이마시는 소리가 정말 참기 힘든 소음이 되어버린다. 절대로 논의할 가치가 없고 협상의 여지도 없이 참기 힘든 소음. 이 주제와 관련하여 가능한 시도는 전부 해봤다. 최면 치료, 끝없는 토의, 유머, 코칭, 수사학적 기법 등. 당신이 떠올릴 수 있는 방법은 전부 시도해봤을 것이다. 결국 나는 코를 훌쩍이며 들이마시는 행동에 너그럽게 관용을 베풀고 싶은 마음이 조금도 없었다. 어떻게 해도 상황이 달라지지 않을 때만 나의 패배를 인정했다. 자신이 언제 제대로 패배했는지 파악하는 것은 매사에 유익하다. 우선 이런 성가신 주제마저 내려놓게 했던 것은 뒤셀도르프와 쾰른 사이를 오가는 짧은 여정 때문이었다. 그때 나는 갑자기 시야가 환해지는 것처럼 작은 깨달음을 얻었다.

12월의 어느 날, 한창 독감이 유행하던 때였다. 숨을 헐떡이는 사람들을 가득 태운 열차 칸은 마치 이비인후과 대기실처럼 보였다. 내 눈에는 지옥의 앞마당 같았다. 창가에 앉아 있던 나는 옆자리에 가방을 올려두었다.

뒤셀도르프 기차역에서 기차에 올라탄 한 남자가 내 맞은편에 앉았다. 나는 노트북 가방을 치울 수도 있었지만 그 순간 그가 갑자기 "컹" 하고 코를 들이마셨다. 무의미한 소음이 주변에 울려 퍼졌다. 순간 나는 원래 있던 관용이라는 언덕에서 미끄러지듯 내려와 무관용의 계곡으로 뛰어들었다. 내 마음은 한없이 편협해졌고, 머릿속에서는 맞은편에 앉은 남자에게 벌금 고지서를 끊었다. 실제로 어떻게 반응하면 좋을지 내 머리가 결정을 내리기도 전에 확고하면서도 다소 지나치게 큰소리는 아닐까 싶은 내 음성이 귓가에 닿았다.

"그러시면 안 됩니다."

"음… 혹시 제 얘기하는 건가요?" 그는 의아해하며 물었다.

"네. 당신요. 우리가 함께 있는 이 공간에서는 절대 그러시면 안 된단 말이죠. 당신은 독일에서 코를 훌쩍이는 것에 가장 민감하고 쩨쩨한 태도를 보이는 여성 앞에 앉아계시거든요."

"제가 코감기가 걸려서요!" 다소 당황한 남자가 언짢은 투로 말했다.

"압니다. 저도 감기에 걸리면 항상 손수건을 가지고 다니니까요." 나는 마치 누가 내게 진실을 말하게 하는 약물이라도 먹인 양 멈출 새도 없이 그렇게 말해버렸다. 나의 말은 사실 매너에 어긋나는 행동이다. 어쨌거나 이제 그 남자가 내던 소리도 어느 순간 멈췄다. 그는 도무지 이해할 수 없었을 것이다.

"그러면 온종일 코만 풀고 있어야 할까요!"

"바로 그렇답니다." 나는 그렇게 확언했다.

누구도 더는 말을 꺼내지 않았다. 그는 침묵했고, 나 또한 그랬다. 우리 둘은 잠시 서로를 물끄러미 응시했다. 솔직히 나는 살짝 양심의 가책을 느꼈고, 그는 살짝 못마땅하다는 신음을 흘렸다. 그러다 갑자기 나를 돌아본 그는 지혜로운 길잡이의 어조로 "그렇다면 그러지 않으려고 노력해보겠어요"라고 말했다. 그 말에 마음이 움직인 나는 다소 터프한 톤으로 대답했다. "저도 그 소리를 무시하려고 노력해볼게요." 우리는 서로 씩 미소를 지었다. 쾰른에 도착할 때까지 그는 더 이상 코를 들이마시지 않았다. 그래서 애석하다는 생각마저 들었다. 만약 또 한 번 코를 들이마셨더라면 이번에는 나의 관용을 보여줬을 텐데 말이다.

내가 말하려는 것은 무엇일까? 이 우연한 만남은 서로에게 치유를 선사했다. 실제로 이후 코를 훌쩍이는 소리에 예민하게 반응하던 태도가 사라졌기 때문이었다. 그 남자는 우연히 마주친 낯선 사람에 불과했던 나와 그 상황을 수년이 흐른 뒤에도 기억할까? 만약 기회가 주어진다면 그에게 감사의 말을 전하고 싶다. 그때 당신은 정말 대담했다고 말이다!

"그러기에 내가 너무… 주도적이고, 불안하고, 편협하고, 자의

식이 강하고, 부끄러워요." 때로는 상대를 아연실색하게 하는 솔직한 자기 성찰이 말하는 사람이나 듣는 사람 모두에게 귀감이 되기도 한다. 일반적으로 이런 자기 성찰을 통해 차분히 상대와 있었던 일을 생각해보게 된다. 적어도 나 자신에 대해 깨닫는 계기가 된다. 결국 평생 가장 오랜 관계를 맺으며 사는 것은 바로 자신이기 때문이다.

그러므로 너무 오래 지체하지는 말자. 나만의 특성을 최대한 빠르게 파악하라. 당신의 자질, 기호, 의심을 제대로 파악하고 거기에 동요되지 않도록 유의하자. 그리고 느긋하고 여유로운 태도로 그 특성을 언급해보자. 당신은 이미 '명백한 것은 즉시 말하기' 기법을 잘 알고 있다. 이 작은 습관들이 쌓여 매우 유용하게 쓰일 수 있다. 타인이 당신을 파악하기도 하고, 당신 또한 자신을 제대로 평가할 수 있다.

어쨌거나 본성을 부정하는 일은 무의미하다. 어떻게든 시도해보는 사람들이 있긴 하지만 원래 이중 메시지는 항상 발견되기 때문에 아무런 효과도 없다.

그러므로 무엇보다 주체성을 갖추자. "그러기에 내가 너무 이기적이라서, 조화를 추구해서, 솔직해서, 강해서…"라는 말은 그곳으로 향하는 훌륭한 지름길이다. 그것이 무엇인지 간결하게

언급하는 것만으로도 한층 자유로워질 수 있다. 침착하고 차분
하게 당신의 진심과 배포를 드러내라. 그 안에서 타인은 어떻
든 생존할 것이다.

이 조언이 당신에게 선사하는 것은 무엇인가?

긴장
완화

주체성

내면의
평화

50 Sätze, die das Leben leichter machen

4부

오해와 갈등을 원만하게
해결하고 싶다면

28

미안해요

해외여행 안내서에 '안녕하세요'라는 말 다음에 나오는 가장 중요한 현지어 세 가지는 '감사합니다', '부탁합니다', '미안합니다'이다. 만약 모든 사람이 세 가지 말을 모국어로도 제대로 사용했다면 인생이 얼마나 수월해졌을까? 외국어는 한마디도 못하는 사람도, 외국어라면 소스라치는 사람도 해외로 여행 가면 적어도 세 가지 말만큼은 자주 한다. 하지만 정작 모국어로는 어떠한가? 일상에서 제대로 쓰지 않는 경우가 허다할 것이다.

최근 한 식료품점에서 있었던 일이다. 계산대로 카트를 밀면서 깨알처럼 적은 메모를 읽던 한 남자가 앞에 있던 여자를 못 보는 바람에 카트와 상대의 아킬레스건이 부딪혔다. 갑작스러운 통증에 여자가 아파서 소리 지르자 화들짝 놀란 그는 카트를 뒤로 잡아당겼다. 그 여자가 흘겨보자 그는 방어적으로 말했다. "네, 그래서요? 제가 눈이 나빠서 거리 유지를 못 했네요!"

행동심리학 측면에서 마트는 흥미로운 곳이어서 마트에 설치된 공병 회수기에서도 비슷한 말을 여러 번 들었다. 어쩌면 그 말들도 맞을 것이다. 방금 카트에 부딪힌 여자가 몇 걸음 뒤로 물러서다가 다른 여자와 부딪혔다. "허?" 그러자 뒤에 있던 여자가 그녀에게 "줄 좀 제대로 서세요"라고 훈계했다. 내심 억울해진 여자는 "내 뒤통수에 눈이 달린 건 아니에요!"라고 핀잔을 맞받아쳤다. 이런 말을 들을 때마다 놀라게 된다. 물론 뒤통수에는 눈이 없다. 그렇기에 뒤로 이동할 때는 고개를 돌려 후방을 본 후 움직이는 게 좋을 것이다. 그러지 않으면 다른 여자와 또 다른 충돌에서 그 책임을 뒤집어쓸 수도 있으니까.

어째서 자기 합리화에 대한 충동은 사과하려는 생각보다 항상 먼저일까? 사실 반대가 되어야 옳은 것 아닐까? 아무튼 사과는 타고난 인간 본래의 반사작용이 아닌 듯하다. 요즘은 카트를 밀던 그 남자처럼 사과하는 게 우선이 아니라는 식의 태도를 보이는 사람들이 눈에 많이 띈다. 오히려 사과할 생각을 아예 하지 않는 사람들도 있다. 이는 분명 어린 시절, 사과에 관한 경험을 했느냐와 관련 있다.

"당장 가서 저 아이한테 사과해! 그러면 안 되는 거야. 그러니까 이제 그만 악수하고 화해해!" 얼마 전 놀이터에서 본 한 엄마가 아이를 타이르고 있었다. 네 살쯤으로 보이는 아이가 계속 바닥으로 시선을 돌리며 피하자 곧바로 다음 훈계가 이어졌다. "서로 얼굴 보고 얘기하고, 그리고 너도 이제 얼굴 좀 들려무나! 아까 마법 주문이 뭐라고 했지?" 그렇다. 나는 이런 식의 조기교육이 가능할 거라 생각한다. "오, 죄송해요! 제가 아프게 했나요? 정말 미안합니다"라고 매너 있게 대응할 기회를 망친 남자의 태도가 전혀 이해되지 않는 것은 아니다.

물론 제때 사과하려면 학습이 필요하다. 유치원에서나 생길 법한 소소한 다툼을 성인이 된 후에도 제 행동의 핑계로 삼는다면 마음은 편할 것이다. 그 남자는 어릴 때 사과하는 법을 가르쳐준 사람이 없었던 걸까? 그렇다면 참으로 애석한 일이다. 하지만 이제는 스스로 방법을 터득해야 한다. 그만한 학습 능력이 있는 나이이므로 당연히 그래야 할 것이다. 문득 벤 푸르만Ben Furman이 쓴 《행복한 어린 시절을 보내기에 늦은 때란 없다》라는 책 제목이 떠오른다. 이 책의 제목만으로도 한결 마음이 차분해진다. 요약해서 말하자면 이렇다. '언제라도 만회할 기회가 있다.'

유독 사과하는 것을 힘들어하는 사람이 있다. 그런 사람에게는 사과하면 자신에게도 득이 된다는 사실을 명확히 깨닫게 하면 사과에 대한 동기를 자극할 수 있다. 'entschuldigen(미안합니다)'란 독일어 단어 자체의 의미만 봐도 알 수 있다. 잘못을 의미하는 'schuldigen'에 분리, 이탈을 의미하는 접두사 'ent'가 더해진 이 말은 사과를 통해 잘못에서 벗어난다는 뜻이다. 그럼 어깨를 짓누르는 짐을 내려놓을 수 있고 마음이 한결 가벼워지리란 점은 말할 것도 없다.

아마 생트집을 잡으려는 사람은 이제 와서 사과하는 것은 불가능하다는 궤변을 늘어놓을 것이다. 사과는 자신이 아니라 남이 해야 할 일이라고 말이다. 도리어 자신이 사과를 종용받고 있다고 말한다. 물론 그 말도 나름 일리가 있을 것이다. 하지만 사람들 대부분의 어법에 '미안해'라는 말이 존재하는 만큼 침착하게 사과하는 태도를 유지해보자. 당신이 주로 사과하는 유형인지 용서할 수 있는 유형인지는 상관없다. 어떻게든 생각을 전달하고, 유감의 뜻을 표하거나 한 걸음 다가서려는 의지를 표현하라. 그러니 평소에도 사과할 일이 생기면 더 자주 "미안해"라고 말해보자. 반대로 사과받아야 할 때도 "괜찮아", "그리 생각하지 않아도 돼" 또는 "그럴 필요 없어"라고 딱 잘라 대답하지 말고

"미안해"라고 더 자주 말해보자.

무척 복잡하게 사과하는 사람들도 더러 있다. 이들은 꽃으로 말을 대신하려 하거나 값비싼 장신구를 사 온다. '어제 일 때문에'라고 적힌 카드 하나면 말로 정확히 표현하지 않아도 충분하다고 생각하는 것이다. 물론 아무것도 안 하는 것보다는 훨씬 낫다. 더욱이 진지한 시선으로 거울 속 자기 모습을 바라보며 사과하기 위한 적절한 말을 찾기보다 화해의 선물을 선택하는 편이 훨씬 쉽다는 것도 사실이다.

나를 찾아온 내담자인 우테는 이런 죄책감 만회용 선물을 수년간 수없이 경험했다. 우테의 남편에게 '어제 일 때문에'라는 메시지는 일종의 계명이었다. 하지만 정작 그가 문제를 시인하는 경우는 드물었다. 갑자기 자제력을 잃어버리고 폭발한 뒤에 그는 주로 이렇게 중얼거렸다. "당신도 알잖아. 내가 왜 그러는지…" 물론 그것도 핑계의 일종이다. 그러던 어느 날 우테는 사라졌다. 영원히. 야밤에 그냥 집을 나가버린 것이다. 남편이 선물한 목걸이, 팔찌, 반지는 미련 없이 그대로 두고 집을 나왔다.

물론 우리의 상대가 나아지지 않는다고 해서 모두가 집을 떠나야겠다고 생각하는 것은 아니다. 하지만 불합리한 대우를 받으며 상처 입고, 사과할 마음이 전혀 없는 상대에게 사과를 기대하는 순간이 반복된다면 어떻게 해야 할까? 그런 일은 눈 깜짝할 사이에 일어난다. 예컨대 통찰력이 부족하거나 아집이 발목을 잡을 때, 무언가를 인정하는 용기보다 매 순간 자신이 옳다고 믿는 충동이 더 클 때처럼 말이다. '내 사전에는 사과란 없다'라는 태도는 상대를 미치게 만든다. 그런 상황에서 도대체 어떻게 반응해야 한단 말인가?

　내 생각은 이렇다. 다음의 생각을 자신의 시스템 깊숙이 새겨넣자. 내 경험에 비춰보면 이런 태도는 우리를 도발하는 행동과 태도를 즉각 진정시키는 힘이 있었다. '받지 못한 사과를 받아들일 때 우리 삶은 한결 편안해진다.'

이 조언이 당신에게 선사하는 것은 무엇인가?

마음의 평안 ／ 명쾌함 ／ 양심

29

지금 약속하지
않는 편이 좋겠어

노을이 지는 베를린의 저녁 하늘 풍경은 숨이 멎을 정도로 아름답다. 조명이 환하게 비추는 멋진 둥근 지붕, 독일제국 창건 시기의 건축물, 교회 탑, 멋진 옥상정원 등. 알렉산더 광장에 있는 이고층 건물에 일몰이 걸리면 환상적인 분위기가 완성된다. 바로 내 앞에 천장부터 바닥까지 이어지는 통창 앞으로 거대하고 초현실적인 텔레비전 탑이 보인다. 그 모습은 거대한 포토월 같은 파노라마를 연출하고 있었다. 어떻게 이런 집이 있지? 대체 나는 어디에 온 걸까?

"당신이 있어서 참 좋군요. 이제 게임을 시작할 수 있겠네요!"
다비트가 방을 가로질러 휘파람을 불자 그의 새 연인 율리안이 내 손에 샴페인 잔을 건넸다.

"드디어 만나게 되었군요!"

다비트는 볼 키스를 왼쪽, 오른쪽 뺨에 주고받으면서도 한 손으로는 스마트폰을 터치하느라 여념이 없다. 그리고 스피커에서는 '시가렛 애프터 섹스Cigarette After Sex'의 구슬픈 음악이 흘러나온다. "좋은 날이 지나가고 있네요. 그런데 여기는 정말 정신없네요." 나는 상상할 수 없을 정도로 세련된 디자이너 가구로 꾸며진 주방에서 누구나 원할 만한 꿈의 거실 사이를 바쁘게 오가는 다비트에게 이야기했다. 집에 관한 이야기를 얼핏 들은 율리안이 그 옆에서 물었다. "캐슬 투어할래요?" 아아, 즐거운 저녁이 되겠군.

대부분 초면인 사람들과 잠시지만 즐겁고 심도 있는 대화가 오갔다. 편안한 저녁 식사 후 훈훈한 분위기가 흐르는 가운데 갑자기 기쁨의 눈물을 터트리는 율리안의 선언이 이어졌다.

"여러분! 내가 어제 다비트에게 내가 사는 핀카로 올 수 있는지 물었더니 그가 '예스'라고 했어요. 우리 이제 마요르카로 이사 갑니다!"

갑자기 쏟아지는 박수갈채와 함께 축배의 잔이 부딪치는 소리, 축하의 말들이 여기저기서 터져 나왔다. 다른 사람들에게는 미소처럼 보였을 내 표정이 사실은 '뭐어어라고오!'임을 다비트는 잘 알았을 것이다. 그는 또다시 복잡한 상황에 휘말려버렸다. 다비트는 평생 섬에서 살아본 적이 없는 사람이었다. 나는 그가 섬 생활을 하기에 너무나 자유로운 영혼이라는 사실을 너무 잘 알고 있었다. 원래는 그쪽으로 발도 디디지 않을 다비트가 갑작스레 그런 결정을 한 것은 아마도 로맨틱한 분위기에 휩쓸려서일 것이다. 하지만 물은 이미 엎질러졌다. 이런 상황에서 그는 어떻게 해야 한단 말인가?

"'노'라고 말하고 싶으면 절대 '예스'라고 하지 마." 내 친구 잔드라의 집 복도에는 이런 문구가 오랫동안 걸려 있었다. 그러던 어느 날 문구가 사라졌다. 그리고 내게 연락한 잔드라의 태도는 무척 생소했다. "아직 약속할 수는 없을 것 같아. 조금 더 생각해보자." 여보세요? 지금까지 잔드라는 빠르게 동의해놓고 나중에 가서 기억하지 못하는 것으로 유명했다. 그런데 이제 와서 아직 약속하지 않는 게 좋겠다니? 이런 상황은 우리가 우정을 쌓은 이래 처음 보는 일이었고, 내게는 좋은 일이었다. '노'라고 말하고 싶으면 절대 '예스'라고 하지 말라는 말을 열렬히 옹호하는 내게는 무언가에 대한 승낙이 돌에 새겨진 것이나 다름없지만 타인에게는 그저 재밋거리에 불과하다는 것을 깨닫고 실망하는 경우가 많았기 때문이다. 누군가에게는 '예스'가 실제로 '노'를 의미하거나 '잘 모르겠어'로 해석된다는 것을 나는 오랫동안 예상하지 못했다.

　나는 신뢰할 수 없는 사람들의 변덕과 가벼운 태도가 못 미더 웠다. 그들 입장에서는 이런 태도가 확신에 찬 '유연한 태도'라는 의미임을 마지못해 받아들이기까지는 한참이 걸렸다. "내 뜻은 그게 아니었어"라는 짧은 핑계를 들을 때마다 나는 '그런 의미가 아니라면 제발 그렇게 말하지 말라고!'라고 생각했다. 사람마다 각자의 기준이 다르다. 물론 이런 점을 빨리 인지하고 감안할 수 있다면 좋을 것이다.

　하지만 어느 순간 자신이 종종 그렇게 행동하는 것을 알고 태 도를 바꾸고 싶다는 생각이 드는가? 그렇다면 아무 생각 없이 무 조건 상대 말에 동의하며 약속하지 말고, 다소 덜 모호한 말로 고 려해보겠노라고 표현하는 것이 훨씬 좋을 수 있다. 예컨대 "지금 당장은 약속할 수가 없어"랄지. 속전속결을 좋아하는 사람의 입 장에서는 다소 무뚝뚝하게 들릴 수도 있겠지만, 결국 이런 말이 더 나았다고 생각하게 될 것이다. 아무리 사소한 일이라도 자신 이 한 말을 지키지 못할 때마다 또 다른 문제로 번질 가능성이 커 지기 때문이다.

　우리는 타인에게 무엇을 약속하려는 것인지, 그리고 무엇을 약속할 수 없는지를 파악하고 있어야 한다. 우리 말을 상대가 제대로 이해할지 누가 안단 말인가? 항상 당신이 하는 말을 곧이곧대로 듣는지, 또 그저 순간적인 말로 생각하는지, 아니면 다음 날이면 기억도 못 하는지 어떻게 모두 파악할 수 있겠는가? "나는 그냥 그렇게 생각했었지"라는 말에 어느 순간 한창 기분 좋았던 대화가 차갑게 식어버린 경험이 있지 않은가. 어떤 때는 이런 일이 저녁이나 하루 종일, 아니면 여행을 망쳐버리기도 한다.

나는 '오해에 관한 더 많은 이해'라는 제목으로 비즈니스 워크숍을 개최한 적이 있다. 세미나 내내 "아하!" 하고 탄성을 지르며 사람들이 공감하는 순간이 이어졌다. 나도 마찬가지였다. 약속이라는 주제가 내게 진정한 지뢰밭이었다는 문제가 빠르게 드러났기 때문이다. 꼭 직장만이 문제가 아님을 모두가 공감했다. 직장에서는 신용을 중시하며 자신이 한 약속을 반드시 지키는 사람이 사생활에서까지 모든 약속을 지킨다는 보장은 없다. 정말 흥미로운 현상이었다.

당신도 그런 현상을 알고 있는가? 직장에서는 매우 성실하고 책임감 있게 행동하다가 집에서는 엄청 태만해지는 모습? 직장 동료들에게 자신의 배우자가 세상 전부인 것처럼 행동하다가

집에만 오면 쓰레기통에 처박아버리는 그런 태도를? 그렇게 손
바닥 뒤집듯이 바뀌는 태도는 있을 수 없는 일이다. 자질이란 그
자질 자체를 말하기 때문이다. 자전거를 탈 줄 아는 사람은 일반
적으로 화요일과 두 번째 금요일만 자전거를 탈 수 있는 것이 아
니다. 필요하면 언제라도 탈 수 있다. 내 말은 직장에서 데드라인
을 지킬 줄 아는 사람은 논리적으로 봤을 때 주말에도 그럴 수 있
다는 것이다. 직장 동료에게는 책임감 있게 행동하지만 정작 아
이들 앞에서는 이런 특성을 잊어버린다? 전혀 말이 되지 않는다.
그런데도 "사실… 있잖아"라는 말이 나오는 것은 왜일까?

　　대부분 여기서 적용되는 키워드는 과로일 것이다. 일에 치이
는 사람은 귀가하면 집에서만큼은 최대한 휴식을 취하고 싶어
한다. 그런 사람일수록 집에서 활력을 채우고 편히 쉬면서 이때
만큼이라도 아무 역할도 하지 않기를 바란다. 하지만 이런 행동
이 다른 가족 일원에게는 자신들을 존중하지 않는 것으로 비치
고, 심지어 자신들을 소중하게 여기지 않는다는 발상으로 이어
질 수 있음을 대부분 인식하지 못한다. 그들은 오롯이 일에서 성
취할 수 있는 것들만 제대로 인식한다. 따라서 생각의 방향을 틀
지 못한다. 어느 가정에나 있을 가정 축복문 측면에서 이들의 태
도를 보면 상당한 불화의 가능성이 숨어 있다.

하지만 약속해야 하는 순간에 곧바로 대답하지 않는 습관을 키운다면 적어도 예기치 못한 폭발을 피할 수 있다. 처음에는 우선 귀담아들어라. 나는 정말 상대 말에 동의하고 싶은가? 그 약속을 정말 지킬 수 있는가? 상대에게 그렇게 약속하고 지키고 싶은가? 만약 질문의 답이 '노'이거나 '잘 모르겠는데'라면 절대 '예스'라고 대답하지 마라. 물론 누구나 알지만 모두가 그렇게 행동하는 것은 아니다. 아는 지식은 거인만큼 크지만 실천할 때는 난쟁이처럼 되는 경우가 많다. 아마 당신도 잘 알고 있을 것이다. 어쩌면 공감하기 때문일 수도 있다. 우리는 타인을 실망시키고 싶어 하지 않는다. 그래서 때로는 나중에 자기 말을 제대로 지키지 못할 거라거나 심지어 불가능하다는 것을 알면서도 덜컥 동의하는 경우도 더러 있다. 어리석게도 이런 일이 지속된다면 언젠가 무조건 피하고 싶었던 결말에 도달할 수밖에 없다. 결국 상대를 실망시키고 만다. 대부분 자기가 한 말을 스스로 철회해야 하는 순간 상대에게는 실망이 찾아오기 때문이다. 만약 넌지시 돌려 말했다면 최악의 상황은 피할 수 있었을 것이다.

"애당초 당신에게 그렇게 약속해서는 안 됐어." 이렇게 말했더라면 그 순간의 분위기와는 상관없이 다비트의 이사 문제에 대한 좋은 선택지 중 하나가 되었을 것이다. 덧붙이자면 그는 결국

마요르카로 이사하지 않았다. 그리고 율리안의 드림 하우스로
옮기지도 않았다. 원래 약속을 지키는 것은 그의 스타일이 아니
다. 아무튼 다비트가 명확하게 말할 수 있기까지 무려 2년이라는
시간이 걸렸고 수많은 토의가 필요했다. 정작 그 순간에 듣기에
는 좋지만 길게 보면 전혀 맞지 않는 공수표를 날리지 않고 솔직
히 대처하기로 약속했었다면 어땠을까? 그랬다면 두 사람의 신
경을 극도로 소모시키는 우회로는 피할 수 있었을 것이다.

"그건 지금 약속하지 않는 편이 좋겠어"라는 말을 항상 비장
의 카드로 준비해두자. 이러한 방식으로 분쟁, 핑계와 실망을 피
할 수 있다.

이 조언이 당신에게 선사하는 것은 무엇인가?

조화   명확성   여유로운
시간

30

말했듯이

질케는 그녀를 아는 사람이라면 누구나 강한 여성의 표본이라고 언급할 정도로 성공한 경영자다. 용감하고, 확신에 차 있고, 정서적 측면에서도 매우 이지적이다. 그렇지만 나의 건너편에 앉아 상담할 때만큼은 당당한 모습을 떠올리기 힘들었다. 질케는 완전히 지친 상태였고, 툭하면 사과하는 모습은 부서질 듯 연약했다. 지난번 상담에서도 그녀는 어머니 이야기를 하며 계속 고개를 절레절레 흔들고 손수건을 꼭 쥐었다.

"집에 갈 때마다 어머니는 내가 너무 말랐다고 잔소리하셨어요. 그리고 내가 전혀 배가 고프지 않다는데도 접시에 음식을 수북이 쌓고는 먹으라고 강요하셨죠. 내가 가까스로 먹고 나면 어머니는 더 먹겠냐고 묻고, 그럼 저는 아니라고 대답하죠. 그럼 또 한 번 핀잔이 쏟아져요. 이젠 도저히 참을 수가 없어요!"

충분히 이해된다. 이제 꼬인 매듭을 풀어보자. 여기서 질케를 힘들게 하는 사람은 사사건건 간섭하는 어머니 같다. 내가 봐도 어머니와 함께하는 상황이 문제의 진정한 근원처럼 심각하게 느껴졌다. 어떻게 보면 간단하지만, 또 어떻게 보면 복잡하다. 터프한 경영자로 알려진 질케는 이런 상황이 닥칠 때마다 무력하게 갈피를 잡지 못했다. 그 순간 어떻게 해야 좋을지 떠올리지 못할 정도로 말이다. 바로 그 때문에 질케는 상황 자체를 더더욱 최악이라고 느꼈고, 그것이 그녀를 분노하게 만들었다.

우리 중 일부는 사생활에서든 직업 생활에서든 이런 경험이 있을 것이다. 유능한 비서가 다른 사람이 뒤에 서 있으면 갑자기 저주에 걸린 듯 오타를 치는 실수를 연발한다. 회의 때마다 계속 발표자의 말을 끊는 한 동료는 다른 동료들이 아무리 말려도 변하지 않는다. 우리는 이 일들을 어떻게 할 수 있는 힘이 없다. 그저 말 그대로 기절할 만큼 이상한 상황이다.

여기서 탈출구는 생각보다 멀지 않은 곳에 있다. 갑자기 힘이 쭉 빠지는 상황이 생기면, 진정한 성인은 어떻게 행동해야 할지 생각해보고 그 마음가짐으로 반응하려고 노력해야 한다. 단, 두 단계로 그럴 수 있다. 첫째, 당신이 하고 싶은 말을 하라. 둘째, 그 말을 지켜라. 그리고 자신도 그 말 그대로 행동하고 진지하게 받아들여라. 그래야 상대도 당신의 말을 진지하게 받아들일 수 있다.

질케의 사연도 이렇게 전개할 수 있다. 그녀의 어머니가 뭔가 먹겠냐고 물으면 감사를 표하면서 이미 배가 부르다고 거절한다. 그런데도 어머니는 평소처럼 접시 한가득 음식을 담으며 어서 먹으라고 할 것이다. 자신이 한 말을 진지하게 수용하는 주체적인 성인이라면 막무가내로 음식 접시를 내려놓은 어머니의 모습에 놀랄지도 모른다. 어머니가 핀잔이 가득한 투로 "넌 말만 그렇게 하고 아무것도 안 먹잖아!"라고 힐책할 때도 주체적인 성인이라면 어떻게든 자신을 정당화하며 이 상황을 반복하려는 충동을 이겨낼 것이다. 왜냐하면 이 시점에 딸이 하는 말을 어머니는 처음으로 제대로 납득하게 될 것이기 때문이다. 그로써 둘 사이에 오해가 쌓이는 일은 사라진다.

내가 볼 때 인생을 한결 편안하게 해주고 특히 질케가 꼭 배워야 하는 간단한 말 한마디는 바로 "말했듯이"이다. 다시 한번 그 장면을 살펴보자.

어머니   음식 더 줄까? 넌 너무 말랐어!

질케   고맙지만 사양할래요. 지금 너무 배불러요.

탕! 두 번째 식사 권유가 이어지고 결국 음식이 산더미처럼 쌓인 그릇에서 모락모락 김이 피어오른다. 만약 이 시점에 질케가 감정적으로 대응하지 않고 무덤덤한 상태로 진지하게 대처한다면 상황은 다른 양상으로 흘러간다. 두 모녀가 대화를 이어간다고 가정해보자. 아마도 어머니는 대부분 나무라듯 말할 것이다. "넌 전혀 먹지를 않잖아!" 그러면 딸도 어머니의 말에 화가 나더라도 "아니요. 방금 말했듯이 저는 안 먹을 거예요"라고 말하고 그릇을 조금 밀어놓으며 입에 대지 않는다면 나는 이 문제가 해결될 것이라고 보장한다.

코칭할 때 이런 조언을 하면 누구도 믿으려고 하지 않았다. 오히려 정반대로 거부감을 많이 표했다. "뭐라고요? 그럴 수는 없죠! 그러면 상대가 상처받을 텐데요." "예의가 없어요!" "당신이 제 어머니를 몰라서 그래요." 또는 앞서 설명한 비서의 경우 "누군가가 내 뒤에 서 있으면 키보드 치는 데 집중할 수 없어요"라고 항변할 것이다. 물론 이 문제는 해결할 수 있다. 처음부터 글을 작성할 때 등 뒤에 서지 말아달라고 부탁하면 된다. 심지어 그 요구는 잘 반영될 것이다.

질케의 사연에서도 나는 그녀의 어머니가 "말했듯이"라는 말을 들은 후에는 잠시 내버려둘 것이라고 추측한다. 그리고 더는 아무 말도 하지 않는다면 순간적으로 당황하며 아마 다른 음식은 어떻게 하냐고 물으실 것이다. 이런 질문에 본인 스스로 명확한 답을 찾는 순간, 그날부터 이 문제에 진정한 의미가 생긴다.

명쾌함은 많은 것을 치유한다. 그리고 사사건건 간섭하기를 좋아하는 사람들도 모순적이지만 대부분 누군가가 명확한 경계 설정을 하는 것을 고마워한다. 나는 그런 사례를 수없이 경험했다. 그러니 내 말을 믿어도 좋다. 지금까지 했던 것과 조금 다르게 반응해보라. 그리고 당신이 한 말을 지켜라. 그 밖의 미사여구는 쓰지 않아도 좋다. "말했듯이" 외에 아무 말도 하지 않는 당신을 의아하게 생각하는 상대에게는 이렇게 들릴 수도 있다.

"난 할 말을 이미 다 했어. 그리고 당신이 이제야 진지하게 받아들이는 것 같아서 그냥 기쁘다." 아니면 "맞아. 할 말은 이미 다한 것 같아서." 또는 "더 이상 덧붙일 말이 없어. 그것만으로도 명확하지 않았어?" 어쩌면 정면승부를 하고 싶을지도 모른다. "내 생각에 세 번이나 똑같은 말을 하면 뭔가 진심이 아닌 것처럼 느꺼져서. 말했듯이 나는 먹고 싶지 않아."

　이런 말을 차곡차곡 준비해두고 싶은 마음은 충분히 이해한다. 그렇지만 우리의 태도가 명확하고 거기에 부합되는 행동을 한다면 일일이 준비할 필요가 없다고 확신한다.

이 조언이 당신에게 선사하는 것은 무엇인가?

자유　　마음의 평온　　확신

31

다름을
인정하자!

에릭은 뼛속까지 영국인이다. 처음 만났을 때부터 그랬다. 머리
부터 발끝까지 완벽한 매너, 건조한 유머, 젠틀맨. 바벨스베르크
에서 촬영될 영화에서 그는 제1조연출을 맡고 있었다. 그와 마주
한 순간 나는 그를 끊임없이 힐끗거리지 않으려고 노력해야 했
다. 왜냐하면 드라마 〈응급실Emergecy Room〉에 출연하던 시절의 조
지 클루니와 너무 닮았기 때문이었다. 다행히 면접은 잘 흘러갔
고 그가 날 채용한 덕에 나는 영화계 경력이 짧은데도 제3조연
출로 영화제작팀에 합류했다. 즉, 그보다 두 단계 아래 위치였다.
  수백 명의 단역배우가 등장하는 거대한 세트장에서 일하는 것
은 굉장한 기회였다. 하지만 이런 호기심과 즐거움은 얼마 이어지

지 못했다. 내가 근로계약서에 서명하자마자 에릭은 자신의 진정한 면모를 유감없이 발휘했고, 말 그대로 위험을 무시한 무모한 행위가 시작되었다. 에릭은 외모와 달리 욱하는 성격의 소유자였고, 동시에 사람을 매우 경멸하는 오만한 모습을 보이기도 했다. 처음 봤을 때의 매너는 어디로 갔을까? 아마 시사회장에서나 다시 볼 수 있을 것이었다. 세트장에서는 도통 찾아볼 수 없었다. 전장 같은 그곳에서 그는 "영화제작은 전쟁이야!"란 말을 항상 입에 달고 살았다. 하지만 70세는 족히 넘었을 감독이 세트장에 나타나면 우리의 조지 클루니는 사나운 면모를 크게 드러내지 않았다. 취업 면접 때 만났던 상냥하고 매력 만점이던 그분이 갑자기 다시 등장했다.

영화와 관계없는 사안에서 나와 그의 의견이 다르다는 것을 인식하면 그의 표정이 그리 '유쾌하지 않다는', 그리고 '반기지 않는다는' 것을 금방 알아챌 수 있었다. 하지만 몇 번의 '그렇지만'과 '왜냐하면'이 이어진 후 그는 웃음을 터트리며 눈썹을 위로 끌어올리고 예의 바른 어조로 말했다. "좋아요, 그럼 그냥 서로 다름을 인정합시다. 그럴까요?" 순간 나는 그 말이 너무도 매력적이라고 느꼈다. 논리, 문구, 단계적 흥분 완화 효과 등 그 안에 녹아 있는 모든 것이 근사했다. "다름을 인정하자." 갈등 상황에서 적시에 벗어나자는 메시지를 어떻게 이렇게 근사하게 전할 수 있는지! 의견 일치가 불가능한 답 없는 논의를 하는 모든 사람이 써야 할 좋은 표현이다. "그냥 서로 다름을 인정합시다"는 아주 좋은 비상 브레이크가 될 수 있다.

단계적 흥분 완화 도구de-escalation tool는 언제나 황금 같은 가치가 있다. 나의 프로그램에는 영어 표현이 종종 등장하는데 독일에서는 이러한 표현들이 제대로 환영받지 못한다. 물론 이러한 차이는 결국 사고방식의 문제다. 독일인은 서로 생각이 다를 경우 본능적으로 상대를 설득하는 메커니즘이 작동하는 경향이 있다. 상대가 그것을 원하든 원치 않든 말이다. 말하자면 이렇다. '내가 충분히 잘 설명한다면 타인의 생각을 뒤집을 수 있을 거야.' 나 역시도 그런 식으로 생각하는 내 모습을 깨달을 때가 종종 있었다. 근거를 모으고 사례를 제안하려는 시도 자체가 사실 터무니없다. 우리는 정말 그런 식으로 타인의 마음을 되돌릴 수 있다고 믿는 걸까? "그렇군요! 이제 저도 당연히 조건 없는 기본 소득에 동의합니다. 이렇게 내게 확신을 주셔서 좋군요." 이런 일이 벌어지는 경우는 극히 드물다. 주로 항상 생각하던 것들을 갑론을박하는 토론만 반복된다. 그러다 보면 결국 집으로 향하는 길에 자기 생각만 확고해지는 경우가 다반사다. 토크쇼는 가장 좋은 사례다.

　그래서 나는 휴가지에서 만난 낯선 사람들과 대화할 때 굳이 상대의 말에 반박하거나 갑론을박하려 하지 않는다. 어차피 잠수함 관광이나 파티장 주빈석에서 만나 스쳐 지나갈 인연이니까. 단념하거나 포기한다는 의미는 아니다. 여기서 포기는 옵션이 아니다. 하지만 날 선 반응이 아닌 느슨하게 내려놓는 태도를 선택할 수는 있다.

　나는 행사에서 사회자로 무대에 서곤 하는데 행사 이후 대개 고전적인 디너파티가 이어진다. 사회자는 임원진, 기조연설자, 정치인, 귀빈 등과 함께 주최 측 테이블에 앉는 것이 관례다. 꽃 장식이 화려하고 정중앙에 번호가 있는 둥근 테이블에 앉아 대화를 나눈다. 채식주의자인 나는 그때마다 줄타기를 하는 기분이었다. 나의 개인 취향이 정치적 논제로 번지는 것을 원하지 않았으므로 최대한 잡음이 생기지 않도록 신중을 기했다. 그렇게 시간이 흐르다 보니 나는 재빨리 서비스 담당자에게 양해를 구하는 기술을 터득했다. 상대에게 10초 브리핑을 속삭이며 누구도 눈치채지 못하는 사이에 내가 원하는 바를 전달했다. "안녕하세요. 카린 쿠시크입니다. 1번 테이블이고요. 저는 생선과 육류는 먹지 않지만 유제품은 괜찮습니다. 주방 셰프님께 전해주세요. 전적으로 그분의 판단에 맡기겠다고요. 어떻게 생각하시나요? 특별히 문제없이 식사 진행이 가능할까요? 테이블에서는 이 문제가 언급되지 않았으면 합니다." 그러면 항상 "당연하죠. 잘 알겠습니다"라는 대답이 돌아왔다. 아주 훌륭했다. 그들은 전문가니까. 그런데 바로 20분 뒤 담당 서버의 커다란 음성이 테이블에 울려 퍼졌다. "저, 채식 메뉴를 주문하신 분은 어느 분이실까요?" 뭐, 언제나 원하는 것을 전부 얻을 수 있는 것은 아니다.

하지만 이제 이런 문제는 아무래도 상관이 없다. 어제의 육식파가 오늘의 채식주의자가 되기도 하고, 나 역시 오래전부터 취향 문제를 대화 주제로 삼지 않기 때문이다. 하지만 예전에는 좀 껄끄러워하는 분위기가 있었다. 세계 각국의 인사들이 모인 테이블에서 대조되는 국가별 반응은 매우 흥미로웠다. 고전적인 시나리오를 예로 들자면 "채식주의자세요? 제 조카도 육류를 먹지 않아요." 어릴 적부터 스몰토크를 통해 온건한 공통점을 찾는 습관이 되어 있는 미국인이 반기며 말을 건넨다. "매우 건강한 결정이군요. 훌륭해요!" 영국인은 정작 자신은 로스트스테이크를 썰며 말한다. 독일인은 그 자리에서 식탁보를 들추며 단도직입적으로 "그래도 가죽 신발은 신으시는군요!"라고 말한다. 지금까지 그런 일은 수도 없이 겪었다. 그래서 미소 지으며 "당신 말이 맞네요"부터 "이브닝드레스에 어울리는 고무장화가 없었거든요"까지 안 해본 대답이 없을 정도였다. 안타깝게도 당시 나는 "다름을 인정하자!"라는 굉장한 말을 접하지 못했다. 이 말을 할 수 있었더라면 분명 마음가짐이 훨씬 여유로웠을 것이다. 다만 꼭 맞는 독일어 표현은 아쉽게도 존재하지 않는다.

"내가 보는 관점은 전부 말했어요. 더는 새로운 생각이 떠오르지 않네요." 내 친구 파울은 대화가 막히면 종종 분명한 어조로 그렇게 말하곤 했다. 물론 그것도 한 가지 방법이긴 하다. "다른 얘기를 할 수 있을까요? 주제를 바꿨으면 좋겠네요" 혹은 내가 11장에서 조언한 대로 "방금 깨달았는데 제가 그 주제에 관심이 없네요"라고 할 수도 있을 것이다. 다만 이 장의 사례에서 그런 표현은 너무 단도직입적이다.

"모두에게 각자의 문제를 쌓아 올리라고 하면, 그중에는 그 더미를 되돌려받고 싶어 하는 사람도 많았을 것이다"라는 글을 읽은 적이 있다. 나는 그 말이 맞다고 생각한다. 그러므로 그냥 다름을 인정하자. 우리는 각자 다른 곳에서 왔고, 다른 곳으로 향하며, 등에 지고 있는 짐의 크기도 다르다. 우리는 누구도 설득할 필요가 없다. 그리고 대부분의 경우 가능하지도 않다. 물론 인간의 존엄성처럼 예외는 있다. 이런 주제를 다룰 때는 침착할 필요가 있다. 하지만 소소하고 대인 관계에서 벌어지는 얼렁뚱땅한 일들은 어떻게 해야 할까?

에릭과 함께 촬영한 영화는 어떻게 됐을까. 나는 결국 예정보다 일찍 하차했다. 몇 주간의 정신적 테러가 이어진 후 확실히 깨달았기 때문이었다. 에릭이 업계에서 얼마나 대단한 인물이든 이런 환경에서 내가 배울 것은 없다고 말이다. 당시 나는 그저 하루를 버티는 데 급급했다. 속으로는 야유하고 싶어도 상냥하게 대처해야 했고, 날마다 기절하지 않으려고 안간힘을 쓰며 하루하루를 버텼다.

그러다가 비가 부슬부슬 내리던 어느 날 밤, 마지막 장면을 촬영한 후 불현듯 "이젠 끝입니다아아!" 하고 외쳤다. 그리고 에릭이 있는 트레일러로 올라가 속 시원히 털어놓았다. "지금까지 가르쳐주신 모든 것에 감사드립니다. 하지만 이만하면 충분히 배운 것 같습니다. 그러니 안녕히 계세요." 그러고는 부자연스러운 억지 미소를 한 번 지은 후 돌아서서 컴컴한 밤을 향해 발길을 돌렸다. 에릭은 그사이 거세진 비를 뚫고 달려와 나를 붙잡았고 심각한 표

정으로 말했다. 그의 말을 경청한 나는 상냥한 표정으로 고개를
끄덕이며 아주 예의 바르게 말했다. "그러면 우리 그냥 다름을 인
정할까요?" 그에게 배운 그대로.

이 조언이 당신에게 선사하는 것은 무엇인가?

침착   통찰   안심

32

충분히
알아들었어

살다 보면 인생이 친절을 베풀 때가 있다. 상상도 못한 제안이 예기치 않은 순간 찾아와 기쁨과 감탄을 선사하기도 한다. 세기말을 목전에 두고 눅눅하고 추웠던 11월의 어느 날, 내게 그런 일이 벌어졌다.

"함께 남아프리카공화국 케이프타운에 취재차 촬영하러 갈 의향이 있나요?" 몇 주 전 우연히 기자 회견에서 만난 프랑크가 불쑥 전화해서 제안했다. "무슨 일 때문에 가는 거죠?" 나는 다소 놀란 음성으로 물었다. 그때까지 방송 취재 경험이 전무한 탓이었다. "아직 정해진 것은 아니지만 인터뷰할 수도 있고요. 사전 협의 보조랑 단역이 필요할 때는 이리저리 좀 뛰어다녀줘도 좋고요. 그러니까 편집장이자 현장 분위기 관리 좀 맡아줘요. 저보다 영어도 잘하시니까요. 카메라 촬영과 편집은 전부 제가 할 거고요." 이 남자가 정신이 나갔거나 프로가 아닌 걸까? 나에 대해 잘 아는 것도 아니었다. 그런데 내가 적임자인지는 어떻게 안단 말인가?

"남아프리카 항공도 화면에 나올 거예요." 그는 계속 말했다. "그러니까 내 말은 항공사에서 퍼스트클래스 티켓을 후원한다는 말이죠."

"그렇군요…. 지금 당장 결정하기가 힘들기는 한데… 그래요. 하겠어요!"

"좋아요"라고 대답한 그가 전화를 끊었다.

일주일 후 나는 프랑크, 카이, 그리고 또 다른 팀원 한 명과 함께 전설적인 마운트 넬슨 호텔 테라스에서 화상을 입을 정도의 강렬한 햇볕을 쬐며 핑크빛 꿈에 젖어 있었다. 테이블에는 돌로 눌러놓은 스포츠 프로그램이 바람에 팔락였다. 다섯 장의 종이에 5일간의 취재 내용이 휘갈겨져 있었다. 이곳이 초대 손님이 머무는 곳이어서 첫 촬영을 여기에서 한다는 것을 막 알게 된 차였다. 여행 취재 멘트를 빠르게 고민해야 했다. 두 번째 촬영 장소는 반딕스 베이와 스탠퍼드 사이에 위치한 그루트보스였다.

근사한 자연보호구역이어서 눈앞에는 그림책 같은 풍경이 펼쳐졌다. 하지만 우리 팀의 분위기는 살벌했다. 프랑크가 케이프타운에 거주하면서 우리의 촬영 허가를 받아준 독일인 스태프인 카이에게 끊임없이 항의했기 때문이다. 프랑크는 조급해했고 다소 격앙되어 있었다. 요구하고, 지시하고, 질문하면서 막상 대답을 기다리지도 않았다. "네가 그것을 제대로 알고 있느냐가 내게는 무엇보다 중요해!" 이미 세 번은 반복한 말이다. 그러자 카이가 프랑크의 요구 폭격 도중에 크고 차분하면서 명확한 음성으로 대답했다. "충분히 알아들었어." "뭐라고?" 순간 프랑크의 발언에 제동이 걸렸다. 카이는 또 한 번 반복했다. "충분히 알아들었어." 그 말은 당장 멈추라고 지시하는 표지판 같았다. 그리고 실제로 그랬다. 깜짝 놀란 프랑크는 순간 마음을 가라앉히더니 싱가포르 슬링 칵테일 한 잔을 주문했고, 우리는 다시 넬슨산의 멋진 광경을 즐길 수 있었다.

나는 그 말을 곧장 내 어록에 저장할 정도로 효과가 굉장하다고 생각했다. 매우 설득력 넘치는 말이었다. "네 말 제대로 들었어"와 같은 말이었다면 아마 분위기가 조금은 더 평온했을 것이다. "충분히 알아들었어." 이상할 정도로 형식적으로 들리기도 하지만 실제로 매우 공식적인 말이다. 원래 무게감 있는 말이 있다.

언젠가 기업 피치 워크숍에서 떠들썩한 논쟁을 일으키던 매니
저와 만난 적이 있다. 그는 불타오르는 듯 새빨갛고 짧은 헤어스
타일에 뚱뚱한 배의 실루엣이 고스란히 드러나는 타이트한 셔츠
를 입고 있었다. 때는 워크숍이 시작된 후 10분도 되지 않아서 그
가 자기 차례를 마치고 자신의 그룹으로 되돌아가기 직전이었다.
그는 연신 투덜거리며 소개 시간을 방해하더니 휴대전화로 메시
지를 보내기 시작했다. 나와 대화하면서도 기본적으로 시선은 다
른 곳을 향해 있었다. 그리고 다른 참가자가 발언하려고 하면 말
을 싹둑 잘라버렸다. 정말 인간 시한폭탄이 아닐 수 없었다. 프로
그램이 제대로 진행되려면 분명 내가 즉각 개입해야 했다. 호기
심에서 간청이 담긴 시선까지 다양했던 다른 참가자들의 표정만
봐도 그렇게 해야 한다고 말하고 있었다.

내가 특정 모델을 소개하는 도중에 그가 다시 투덜거리자 난
그를 향해 말했다. "잠시만요. 하실 말씀이 많아 보이지만 집중해
주시기 바랍니다." 그 순간 그 남자와 처음으로 시선이 마주쳤다.
"저더러 지금 집중하라고요?"라고 소리치는 그의 얼굴이 시뻘
겋게 달아올랐다. "서로 잘 알지 못하는 사이지만 제가 보기에는
하실 말씀이 많은 것 같군요. 그러면 저도 당연히 듣고 싶습니다.
부탁드려요! 지금 이 프로그램에 참석하셨는데, 어떠신가요?"

　　발언을 유도하는 나의 제스처에 그는 실제로 입을 열었다. 이 워크숍은 무의미하고, 남들과 잘 소통하는 자질인 소프트 스킬 따위는 원래 여자들의 전유물인 탓에 자신에게는 전혀 필요 없다고 말했다. 그리고 내가 자신의 시간을 빼앗고 있기 때문에 맡은 일도 제대로 못 하고 있다고 투덜거렸다. "당신에게 굉장히 좋지 못한 상황이네요." 내가 말했다. "당연하죠." 짧은 머리 남자가 날카롭게 대꾸했다. "그러면 앞으로 딱 한 시간만 지금 이 순간 그리고 여기서 다루는 사안에 온전히 집중하는 기회를 허용해주길 제안합니다. 그리고 11시가 되어서도 마찬가지로 끔찍하고 무의미하다면 그대로 이곳을 떠나셔도 좋습니다. 당신과 전혀 맞지 않는다는 의미니까요. 당연히 시간 낭비일 뿐이죠." 기나긴 항변이 이어졌다. 마침내 그가 하고 싶은 말을 끝내자 나는 "알겠습니다. 우선 참고해두겠어요"라고 대답했다. "그러면 이제 하고 싶은 말씀은 다 하셨고 우리 모두가 귀담아들었습니다. 이제 프로그램을 계속 진행해도 될까요?" 이 시점부터 사방이 조용해졌고 나는 워크숍을 제대로 마무리할 수 있었다. 아이러니하게도 그 남자는 워크숍이 끝날 때까지 계속 머물렀다.

　　"그럼 참고하겠습니다", "이미 알고 있습니다", "잘 들었습니

다” 등의 말은 ‘당신이 기대하는 바가 접수됐다’라는 동일한 의미
를 지닌다. 따라서 모두 효과가 있다. 때때로 사람들은 자기 말을
잘 듣겠다는 말을 듣고 싶어 한다. 그것만으로도 세상은 거의 제
대로 동작한다. 그러니 그들이 원하는 것을 이뤄주자. 그러면 인
생은 한층 수월해진다. “충분히 알아들었어요”는 근본적으로 상
대 의견을 접수했음을 의미한다. 우리는 이런 상황을 수없이 접
해서 잘 알고 있다. “귀하의 이메일을 수신했으며 현재 처리 중
입니다”라는 메시지도 그 일환이다. 이런 메시지를 수신하면 이
메일이 제대로 도착하지 않은 건 아닐까 하는 불안감이 진정된
다. 이런 식의 응답 메시지를 보내는 사람은 어떤 사람인가?

　사람들이 왜 소리치는지 스스로 질문해본 적이 있는가? 아마
대다수는 분노 혹은 공격성 때문일 거라고 생각할 것이다. 하지
만 그 이유는 분노와 공격성 때문이 아니다. 실제로 그런 상황이
벌어지는 이유는 한 가지 반응 때문이다. 고전적인 양파 껍질 원
칙이 여기서 적용된다. 한 꺼풀씩 벗겨낼수록 더 흥미진진해진
다. 왜 사람은 소리를 지를까? 지금 그가 공격적이기 때문이다.
그러면 왜 공격성을 보이는 것일까? 아마 좌절감 때문일 것이다.
결국 소리 지르는 것 외에 어떻게 반응해야 할지 모르기 때문이
다. 상대를 분노하게 만들고 소리 지르게 하는 원인이 바로 거기

에 있다. 그 이면에는 무엇이 있을까? 심리학적 관점에서 바라본 답변은 간단하다. 우리는 상대가 이야기를 듣지 않는다고 느낄 때 소리치게 된다.

일상에서도 우리는 그런 사례를 많이 알고 있다. 여자 친구가 길 건너편에서 달리고 있는 모습을 봤을 때 그녀에게 닿을 수 있는 유일한 수단은 큰소리로 부르는 일일 것이다. 하지만 여자 친구가 극장 옆자리에 앉아 있다면 귀에다 대고 소리치지는 않을 것이다. 따라서 누군가 소리 지른다면 그 이유는 타인이 자신의 이야기를 잘 듣지 못한다는 인상을 받았기 때문이다. 그 순간에는 '알아들었음'이라는 수신 확인 메시지를 전하는 것만으로 감정을 빠르게 진정시킬 수 있다.

이 조언이 당신에게 선사하는 것은 무엇인가?

33

그냥 우리는
맞지 않아요

한 라디오 채널에서 매주 토요일마다 게스트로 참여해 이른바 '만남 주선 방송'을 진행할 때의 일이다. 42세인 슈테판이 연결되었다. 그는 포츠담 출신으로 이번 겨울을 누군가와 함께 보내고 싶다고 자신을 소개했다. "안녕하세요, 슈테판." "안녕하세요, 카린." "당신의 성향을 소개해주시겠어요? 친구들이 당신을 보면 동의하는 특징 말이에요. 이건 딱 전형적인 슈테판이야! 이런 특징이 있을까요?" 나는 전화 너머 그에게 질문했다.

"고집스러울 정도로 직설적인 태도요"라는 말이 권총에서 총알을 쏜 것처럼 나왔다. 직설적인 태도라니? 지금까지 들어본 적 없는 기상천외한 대답이었다. "흥미롭네요. 예를 들어주시겠어

요?"라고 질문한 나는 슈테판이 최근 동료의 생일 파티에 초대
받자 감사를 표한 뒤 "내 생각에 저랑은 잘 맞지 않는 것 같아요"
라는 말로 거절했다는 이야기를 들었다. 그러자 그의 동료가 당
황한 표정으로 "음… 날짜가요?"라고 질문했다고 한다. "아니요,
내 생각에는 그냥 우리가 잘 맞지 않는 것 같아요." 와우. 그 말에
분명 상대는 아연실색했을 것이다. 어떻게 봐도 어디서 매일 들
을 수 있는 말이 아니었으니까.

깜짝 놀라 눈을 동그랗게 뜬 방송 조연출이 이중창 너머로 나
를 응시했고, 음향 엔지니어도 읽고 있던 신문을 책상 위에 내려
놓았다.

"분명 그런 말이라면 사람들을 불쾌하게 하는 경우가 생길 것
같군요"라고 나는 추측했다.

"뭐, 그럴 때도 좀 있었죠. 다소 무례하다고 생각하는 사람도
많겠지만 전 그냥 감정을 배제한 상태로 제 생각을 말한 것입니
다." 슈테판이 확고하게 말했다. "그저 서로 맞지 않을 때가 있지
않습니까? 그 정도면 심한 편은 아니라고 생각하는데요. 다른 사
람에 대해 뭐라고 험담한 것도 아니고요."

"그게 아무 말도 아니라고요?" 그의 말에 나는 정말 놀라서 되
물었다. 음향 엔지니어와 조연출도 서로 황당하다는 시선을 주

고받았다.

"네. 전혀 아니죠." 슈테판의 확고한 음성이 들려왔다. "눈에 보인다고 아무 셔츠나 입을 수는 없지 않습니까. 나한테 어울리지 않는데 말이죠."

나는 그 비유가 매우 흥미롭다고 생각했다. 실제로 셔츠에 대해서는 말하지 않지만, 입어보고 싶지 않은 사람에 관해서는 많은 것을 알려준다.

이런 점이 생방송의 매력이다. 평소 익숙한 루틴을 통해 마음 편하게 진행하려고 해도 갑자기 뭔가 불쑥 튀어나와 내 머리에 충격을 선사하며 의식을 깨어나게 만든다. 이 시점에 시계를 힐끗 바라본 나는 방송 규정을 떠올렸다. 7시 30분 이전에 노래를 한 곡 틀고, 광고와 교통 상황 안내가 이어져야 한다. 그러므로 지금은 그와의 대화를 마무리해야 했다. 정말 아쉽게도.

"그냥 우리는 맞지 않아요." 얼마나 간결한 말인가. 무언가를 평가하지 않고, 순수하게 언급하면서, 흥분하지 않고 담담한 투로 말한다면 말이다. 그렇다면 나는 정말 이런 말을 생일 파티 초대를 거절할 때 추천하고 싶은 걸까? 당연히 아니다. 하지만 중요한 표현을 모아두는 나만의 어록에 담고 싶을 정도로 가치 있어 보인다.

이런 말을 쉽게 할 수 있었다면 얼마나 많은 부부가 훨씬 쉬운 길을 갈 수 있었을까? 물론 훨씬 더 짧은 여정이었겠지만. 우리는 때때로 상대나 상황에 맞춰 이야기하려고 노력하느라 내면을 살피지 못할 때가 있다. 만약 그랬더라면 내면에서 자신을 걱정하면서도 확실하게 말하는 나지막한 속삭임을 들었을 것이다. "우리는 그냥 안 맞아. 우리는 서로에게 좋지 않아. 그러니까 그만두자." 하지만 누가 정말 그렇게 행동할 수 있을까?

다수가 '아니요'라고 말하는 법을 배우지 못했다. 이 문제와 관련하여 내면의 한 기관이 그렇게 못 하도록 자발적으로 보초를 선다. "그래서는 얻을 게 전혀 없어!" 내면의 경보가 울리며 "그냥 거절해!"라고 경고한다. 하지만 승낙하려는 충동이 그 사안에 대한 정직한 마음보다 훨씬 빨랐기에 결국 내키지도 않는 약속을 하고 계속 힘들어한다. 나는 그들을 정말 좋아하는가? 그들과 만나면 기분이 좋은가? 만남 후에 피곤한가? 정신이 번쩍 드는가? 짜증이 나거나 아니면 에너지가 충전되는가? 이는 충만한 인생을 위한 아주 좋은 질문이다. 모두가 서로에게 잘 맞는 것은 아니기 때문이다. 따라서 진심으로 "당신 제안은 정말 고맙지만, 우리는 잘 맞지 않는 것 같아"라고 말할 수 있는 사람은 확실히 불필요한 상황을 피해 갈 수 있을 것이다.

처음에는 좀 더 편한 대로 시도해볼 수도 있을 것이다. 호두 오일, 화병, 촛대, 요리책, 양말 등 받을 때는 깜짝 놀라지만 한 번도 사용하지 않은 선물들을 떠올려보라. 일부는 절대 쓰지 않을 것임을 알면서도 꺼끌꺼끌한 스카프 선물에 고마워하기도 한다. 우리는 누구에게도 상처를 입히고 싶은 마음이 없기에 결국 자신을 속인다. 진실한 감탄보다 거짓 기쁨이 훨씬 익숙하다. "고마워, 하지만 아니야. 그래도 고마워"라는 말을 대다수가 배우지 못했기 때문이다.

그럼에도 이런 마음을 극복하고 제대로 표현하는 사람은 이내 정직함이 그림자 거인과 같다는 것을 깨닫게 된다. 그림자만 보고 저 멀리서 거인인 줄 알았던 대상이 사실은 난쟁이에 불과하다는 것을 알아차린다. 다시 말해 진심은 생각보다 어렵지 않다. 그리고 극복할수록 빠르게 보상받는다. "좋은 제안을 해줘서 고마워. 하지만 아쉽게도 내 취향이 아니야"라고 말하는 것이 불가능하다고 느껴질 수도 있지만 노력해보면 편해질 수도 있다. "팔찌가 멋지다고 생각해. 평소 착용하는 일은 없지만." 이렇게 반응한다면 선물한 사람도 아마 기분 상하는 일이 없을 것이다. 우리 모두 그림을 보며 집에 걸고 싶다는 욕구를 느끼지 못했어도 정말 멋지다고 생각할 수 있다. 그렇지 않은가. 어떤 사람들은 그냥 멀리서 바라볼 때 더 큰 기쁨을 느낀다.

최근 한 내담자가 동료와 언성을 높이며 싸웠다고 한다. 두 사람은 함께 프로젝트를 진행해야 했는데 브레인스토밍은커녕 둘의 생각이 얼마나 다른지만 놓고 갑론을박을 벌였다. "전적으로 유치했어요." 나중에 내담자가 그렇게 회고했다.

그의 생각이 옳다. 왜냐하면 자신의 생각을 이해받지 못한다는 감정을 이겨내지 못하는 사람의 마음 상태는 유아기로 돌아가기 때문이다. 성인이라면 성격 차이가 있어도 그것이 상대에게 무례하게 굴 이유가 되지 못한다. 특히 비즈니스와 관련한 상황이라면 말이다.

내담자의 말에 의하면 어느 순간 깨달음을 얻고 상대와의 말씨름을 그만뒀다고 한다. "그거 알아요? 우리는 그냥 맞지 않아요! 그냥 그런 거예요." 숨넘어갈 정도로 격렬했던 분위기가 그렇게 잠시 멈췄다. "우선 나한테 없는 당신의 역량이 무엇인지, 그리고 당신에게 없는 것 중 내가 할 수 있는 것은 무엇인지부터 알아봅시다. 그러면 우리가 앞으로 어떻게 해야 할지 깨닫겠죠. 그렇지 않고서는 아무 의미도 없어요." 격랑이 일던 파도가 갑자기 잔잔해졌고, 두 사람은 처음으로 서로를 보트에서 밀어내려는 시도 없이 차분하고 편안하게 항해를 이어갔다. 찾아보면 분명 길이 있다.

　"인생은 6년간 지속된다. 이후로는 계속 그 구간이 반복되는 것이다"라고 어느 현자가 내게 말한 적이 있다. 태어나 처음 맞는 6년 동안 우리는 많은 경험을 하고, 그 정보는 수많은 시냅스에 연결되어 여러 신경섬유로 이어진다. 이 기간에 우리는 스스로의 신념과 행동에 관한 핵심 패턴을 형성한다. 이후로는 그렇게 형성된 행동 양식을 긴 나선처럼 반복한다. 어리석게도 우리는 정작 그 이치를 깨닫지 못한다. 따라서 타인과 협업해보면 명확한 시각을 갖추는 데 큰 도움이 된다. 실제로 벌어지고 있는 일의 이유는 무엇인가? 정말 다른 사람이 문제인가? 아니며 내가 지난 수백 번 동안 끔찍하게 생각했던 그 일 때문에 화나는 것인가? 이제 진정한 당신의 스토리에 온 것을 환영한다.

　"그냥 우리는 맞지 않아요"라는 말은 소리 내서 하든, 자신을 위해 마음속에 새기고 있든 여러 상황에서 목표 지향적인 사고방식으로 작용할 수 있다. 따라서 자신이나 타인을 매번 바꾸려 하지 않아도 된다. 당신의 삶이 한결 편해지는 데 도움이 되는 행동은 무엇인지 그냥 지켜보라. 그 말은 단순하고, 명확하고, 간결하다. 또 누구에게도 상처 주려는 의사도 없고, 상처를 주지도 않는다.

그저 담담하게 말한다면 말 그대로 순수하게 작용하면서도 굉장히 홀가분해지는 기분을 느낄 것이다. 소개팅 토크쇼에서 배웠던 것처럼.

어쨌거나 포츠담의 슈테판이 라디오 방송을 통해 정말 결혼할 여성을 소개받았는지에 관해서는 소식을 듣지 못했다. 20년이 흐른 지금 그의 사연을 이렇게 소개하지만.

이 조언이 당신에게 선사하는 것은 무엇인가?

주체성　　진실성　　자유

34

충분히
이해합니다

이 책의 32장을 집필하는 도중에 갑자기 내 노트북컴퓨터가 다운됐다. 몇 초간 모니터가 정지되더니, 결국 고장 나버린 낡은 텔레비전 화면처럼 전체가 시커멓게 먹통이 되었다. 하지만 나는 느긋하게 컴퓨터를 재부팅했다. 제3자의 손이 필요한 복잡한 작업을 직접 해내면 보상이 따르리라 생각하면서. 하지만 내가 믿던 친구는 그저 오류 메시지만 보여줄 뿐이었다. 구입한 지 6개월 된 기기가 자신은 쓸모없는 물건이라고 말할 때 나는 무엇이 빠른 해결책일지 확신했다. 전화 상담이 절실했다. 나는 두 시간 정도 일이 중단되겠구나 하고 예측했다. 그런데 마지막으로 언제 컴퓨터를 백업했더라?

이후 내 확신은 현실과 크게 충돌했다. 컴퓨터가 정지한 이후 실질적인 딜레마가 시작되었기 때문이다. 감쪽같이 숨어서 보이지 않는 애프터서비스 센터 전화번호를 찾아낸 후 깨닫고 말았다. 연락처가 그렇게 안 보이는 위치에 있는 이유 말이다. 문의 전화가 폭주하는 탓에 상담원에게 연결되지도 않고 끊길 정도였다. 두 번째로 전화 연결을 시도했을 때는 눌러야 하는 번호를 이리저리 조합했고, 나는 문의해야 하는 서비스 연락처가 다르다는 통보를 받았다. 누구나 공감할 정도로 구구절절하게 내 사연을 반복했지만 결국 통화를 마쳐야 하며, 유명 브랜드 숍과 백화점 등이 있는 베를린 쿠담 거리의 서비스 센터로 직접 가서 서포트팀의 진단을 받아야 한다는 사실을 받아들여야 했다. 그것도 당장 예약이 되지 않는 탓에 어쩌면 내일이 되어야 가능하다는 소식도 통보받았다. 뭐라고요? 당장이라도 자동차로 뛰어들고 싶었던 나는 허탈한 웃음만 나올 뿐이었다.

전자 제품 수리를 위한 오디세이가 이렇게 끝나버렸다고 납득하면서 나는 상황을 되감아보았다. 애프터서비스 사막에서의 경험은 아마 모두 비슷할 것이다. "안 됩니다. 항상 그랬어요. 제가 할 수 있는 것이 없어요. 기본적으로 그렇게 하지 않습니다. 하지만 시간이 소요되고요. 저희도 배송해야 합니다. 말씀드리기가 어렵습니다." 하지만 열흘이나 손 놓고 집필을 멈출 수는 없다는 나의 눈물 어린 호소에 현장에서 선의로 들려준 조언은 다음과 같았다. "꼭 계속 집필하기를 원하신다면 새 노트북컴퓨터를 구입하시기를 추천해드립니다." 아하, 그렇죠. 하지만 이것도 충분히 새 제품 아니던가요? 또 렌탈 기기는 워낙 문제가 많은지라…. 어쨌거나 다음에도 이런 문제가 생긴다면 여분의 비상용 컴퓨터를 구비해야 할지도 모르겠다.

　그날 내가 무엇을 놓치고 있었는지는 그날 저녁에야 깨달았다. 나는 하루를 마감하고 작별을 고하기 위해 나 자신과 하는 소소한 검토 시간을 무척 사랑한다. 컴퓨터가 고장 난 날에도 '이브닝 체크' 시간이 다가왔고, 나는 숙면과 깨어 있는 정신을 위해 간단한 질문을 했다. 오늘 나를 신경 쓰게 만든 일은 무엇인가? '이해 부족.' 순간 그 생각이 머릿속을 관통했다. 낮에 나눈 대화가 세세히 떠올랐다. 그 말이 맞았다. 상황이 그렇게 되는 데 기여한 사람들 중에 실제로 아무도 인간적인 반응을 보여주지 않았다. 예컨대 "충분히 이해합니다" 또는 "참으로 유감입니다. 분명 많이 불편하시겠어요" 등의 말이 오갔다면 정말 좋았을 것이다. 단순히 해야 할 말만 전하는 것이 아니라 마음을 이해받는다면 훨씬 기분이 나았을 것이다. 두 번째 질문이 시작될 무렵 나는 이미 잠에 빠져들었다.

종종 이 세상을 더 낫게 만들고 싶다는 충동을 느낄 때 나는 타인에 대한 이해심을 적극 강조한다. 최근 컴퓨터 모니터 때문에 전화 상담을 했는데, 항상 무언가를 잊어버리는 책임자 탓에 세 번째 상담 약속 뒤에 네 번째도 예약해야 한다는 사실을 깨달았을 때처럼 말이다. 동일한 문제로 무려 네 차례의 상담이라니? 할렐루야. 나와 상담하던 담당자가 끝까지 아무 유감도 표하지 않자 나는 만약 그 입장에서 내게 더 많은 이해심을 보였더라면 대화가 훨씬 편안했을 거라고 직설적으로 말했다. 나는 "계속 시간을 내셔야 해서 얼마나 불편하셨을지 이해합니다"라는 말을 기대했다. 그런 내용을 알아차릴 만한 뭔가를 말이다.

꼭 벼랑 끝에 서야만 그 기분이 어떠할지 공감할 수 있는 사람이 있다. 나였으면 뭐라고 했을까? 하지만 업체에는 나의 발언이 곱게 들리지 않은 것 같았다. 다소 언짢은 음성으로 "지금 고객님이 유일한 고객은 아닙니다!"라는 냉담한 반응이 돌아왔다. 세 번째 전화 연결 이후 나는 완전히 쓰러질 것 같았다. 그래서 전화를 끊어버렸다. 여전히 황당한 표정으로 전화기만 노려보는 동안에도 내 머릿속은 계속 굴러갔다. '저 사람이 행여 112에서 일할 때도

저렇게 처신하지 않기만 기원해야겠군!'

　물론 고객 서비스 직원들이 불편 사항에 공감하지 못하는 이유를 충분히 예상할 수 있다. 그들은 불편 사항의 반대편에 서고 싶어 한다. 어떻게든 문제에서 벗어나 해결책으로 이끌려고 한다. 심리학적 측면에서 보면 지나친 요구 때문일 수도 있다. 직업적으로 끊임없이 불평 불만과 영원히 똑같은 질문과 계속 마주해야 한다면 그냥 노트북컴퓨터를 포기하라고, "그렇지 않으면 제가 제대로 일할 수 없기 때문이죠!"라고 무작정 소리치고 싶을 것이다. 하지만 이런 분야에서 일할수록 효과적으로 경계를 설정하거나 무뎌지는 법을 배워야 한다. 보호 메커니즘을 발동하고 격벽을 단단하게 쌓아 올린다. 그리고 고객에게 가능한 방법을 언급하며 예의 바른 태도를 유지한다. 누군가가 쉴 틈 없이 분노를 터트리는 모습을 마주해도 그렇게 대응하면 충분할 것이다. 물론 나는 그렇지 못한 그들의 모습이 매우 인간적이라고 생각한다. 다만 문제는 그것만으로는 충분하지 않다는 것이다.

　차라리 잠시 이해심을 보여주고, 타인의 말을 귀담아들은 뒤 다시 명확한 선을 긋는 것이 훨씬 효과적이다. 그럴 동기가 잘 생기지 않는다는 문제점도 충분히 이해한다. 자신만의 이야기에 사로잡힌 사람은 타인의 의견에 귀 기울이려고 하지 않는다. 분명 양쪽 모두 그럴 것이다. 그렇지만 어쨌거나 타인의 불편 사항을 들어야 하는 사람들의 경우 시각의 변화는 황금만큼 값진 방법이다. "조금만 제 입장에서 생각해주신다면 매우 기쁠 것 같습니다. 만약 고객님이 이런 일을 겪으신다면 어땠을까요? 그러면 어떤 말을 듣고 싶으십니까?" 이 작은 요구는 새로운 가능성을 열어준다.

타인의 입장에서도 각자가 처한 상황에 대한 이해심이 필요하다는 것을 떠올린다면 분명 인생은 한결 편안해질 것이다. 그러므로 "충분히 이해합니다"라는 말은 어색함을 누그러뜨리는 데 확실한 아이스 브레이커 역할을 한다. 얼어붙은 상황을 누그러뜨리는 데 소소하지만 확실한 신호가 되어준다. 그러므로 항상 레이더로 위치를 파악할 필요가 있다. 진정한 대화는 상대방도 옳을 수 있다는 가능성을 고려할 때 비로소 이루어지지 않을까?

때때로 우리는 아무것도 이해하지 않으려고 하면서 그저 이해받으려고만 한다. 적어도 자기 말에 귀를 기울이고 인지해주기를 바란다. 그런 소망이 실현되는 순간 기분이 좋아진다. 우리는 아이들을 통해 그런 점을 깨닫는다. 어린아이는 방학이 끝나서, 가장 친한 친구가 똑같은 옷을 입고 와서, 기르던 햄스터가 죽어서 눈물을 흘린다. 그럴 때 울고 있는 아이를 보면서 그 이유를 조목조목

따지거나 "그렇다고 울지는 말거라"라고 말하는 어른이 많다. 나는 그 모습이 이해되지 않는다. 그렇게 말한들 눈물을 뚝 그치고 고개를 끄덕이며 "맞아요. 이제 눈물을 그칠게요. 좋은 조언을 해주셔서 감사해요"라고 말할 어린이가 세상에 어디 있겠는가?

우리는 누구에게 팔을 뻗든 상대가 이야기를 들어주기를 원한다. 지금 이 순간 우리의 상황을 이해해주는 사람과 만나고 있다면 축복이 아닐 수 없다. 그리고 당신이 누군가에게 그러한 사람이 되어주는 것 또한 마찬가지다. "충분히 이해합니다"라는 말은 언제나 우리 내면의 어린아이 같은 모습을 빠르게 안정시킨다.

이 조언이 당신에게 선사하는 것은 무엇인가?

이해　　대화할 준비　　공감

35

다행히도요

"여기가 아프신가요?" 손 전문 외과의가 친절하게 질문하며 내 손의 한 지점을 꾹 눌렀다. "아야!" 더 나은 대답을 떠올리기도 전에 나도 모르게 신음이 흘러나왔다. 이후로 다른 대답은 필요 없었다. 그는 알겠다는 표정으로 고개를 끄덕이며 컴퓨터에 무언가를 기록했다. 그러고는 손가락으로 내 손의 여기저기를 꾹꾹 눌렀다. "손의 움직임은 괜찮네요"라고 말하고는 계속 내 손을 검사했다.

"만약 손 수술을 하실 거라면 이 병원만 가능합니다." 정형외과 의사는 그렇게 확언했다. "그것도 의사장에게 집도받아야 합니다."

"그렇게까지 할 필요가 있을까요"라고 말하면서도 나는 예약을 잡았다. 하필 오른손잡이의 오른손이니 어떤 경우에도 최고의 치료를 받아야 한다는 생각 때문이었다. "제가 수술을 진행하게 되었어요." 몇 주 후 의사가 내게 그렇게 통보하겠지만 그때는 우리 둘 다 예상하지 못했다.

"증상이 무엇인지는 일단 자료를 보내봐야 파악할 수 있어요." 미래의 집도의가 엑스레이 검사 결과가 담긴 갈색 봉투를 테이블 위에 놓았다. "MRI CD도 그 안에 있어요"라고 말한 그는 진지한 표정으로 말을 이었다. "손은 복합적인 신체 부위입니다. 많은 것이 함께 작용하는 좁은 곳이지요."

우리는 한참 서로를 바라봤다. 만약 의사의 말이 내게 용기를 불어넣으려는 취지였다면 그리 성공적이지 못했다. 이어 나도 모르게 "그럼 선생님도 가능하세요?"라는 말이 입 밖으로 흘러나온 순간 나는 내가 얼마나 매너가 없었는지 깨달았고 그대로 돌아서서 뛰쳐나가고 싶은 심정이었다. 의사는 당황한 눈빛으로 나를 봤고 그 시선에 나까지 당황해버렸다. 그래서 나는 뭔가 구구절절 늘어놓으며 내 말을 애써 설명했다. "그러니까 수술 말이에요. 선생님도 제대로 집도하실 수 있는 거죠?" 그러자 웃음을 터트린 의사는 자아 없이 환한 얼굴로 말했다. "다행히도요!" 순간 모든 걱정이 사라졌다. 게다가 약간은 감동도 받았다. 다행히도? 단순하지만 얼마나 마음을 편하게 해주는 좋은 말인가? 나는 그 순간 느낄 수 있었다. 앞으로 1년 내내 아주 잘 쓰일 말이라고 말이다.

코치로 활동한 초창기에 나는 정기적으로 각 산업 분야의 전문 지식을 의심하는 커다란 회의론에 직면했다. "변리사를 코칭한 경험이 있나요?" "철강업이 생소한 경우에도 워크숍을 개최할 수 있는지요?" "감사 및 자문과 관련하여 당신의 노하우는 무엇입니까? 회계사를 코칭하셔야 하니까요." 초창기에 나는 무척 놀랄 수밖에 없었다. 어째서 금융 상품 국제 회계 기준인 IFRS9에 대한 지식이 성공적인 영업 교육의 기본 전제가 되어야 하는가? 비즈니스 코칭에서 녹색 수소 생산 파일럿 프로젝트에 관한 내부 정보가 무슨 도움이 된다는 말인가? 그때마다 내 판타지가 자동으로 날개를 펼쳤다. 마치 의사가 급성 맹장염 진단을 내린 뒤 갑자기 "엔지니어세요? 왜 일찍 말하지 않으셨어요? 그렇다면 여기서는 제대로 치료할 수가 없는데 말이죠. 저는 플로리스트의 맹장염만 수술할 수 있거든요"라고 말하는 상황에 대한 사람들의 반응이나 마찬가지인 셈이다. 이런 상황에는 모두가 어리둥절할 것이다. 그리고 물리치료사가 안타까운 듯 고개를 저으며 이렇게 말했다면 어떨까? "세무사세요? 미안합니다. 여기서 치료가 되지 않을 것 같아요. 저는 지금까지 버스 기사만 물리치료를 해서요. 그들은 앉는 방식부터 아주 다르거든요."

컨설팅 업계의 두드러진 현상인 업계 회의론 역시 마찬가지다. 컨설턴트는 고객의 비즈니스, 프로세스 그리고 구조를 잘 이해해야 한다. 고객의 고충을 제대로 파악하는 것은 무엇보다 중요하다. 그렇지만 코치는 명확한 커뮤니케이션, 인식 제고, 자신감 넘치는 행동 등을 바탕으로 내담자들과 함께한다. 또한 그 주제와 관련하여 상대가 카레이서인지 총리인지는 중요하지 않다. 다행히 나는 손 전문의와의 만남에서 웃으며 생각할 수 있었다. 한마디만 하면 모든 질문에 대한 답으로 충분하다는 사실을 말이다. 어떻게 작동하는지 살펴보자.

"하지만 에이전시가 어떻게 운영되는지 잘 아시잖아요. 그렇지 않으면 당신은 우리에게 코칭하실 수 없습니다."

"다행히도 코칭은 제대로 효과가 있을 것입니다. 내가 당신이 속한 업계를 얼마나 잘 파악하고 있는지와는 별개로 말이죠." 미소. 즐거움. 끝.

간단히 말하면 "정말 비행 공포증을 다시는 겪지 않아도 될 정도로 없애줄 수 있다는 거죠?" "다행히도요!"

간결하지만 단 한 번의 대답으로 광채가 난다. 이 대답만 있으면 어디에서나 제대로 무장한 것처럼 든든했다. 누구든 나를 찾아오라!

하지만 인생이 항상 그렇듯이 우리가 제대로 준비하고 기다리는 순간에는 아무도 찾아오지 않는다. 흥미로운 현상이 아닐 수 없다. 당신도 그런 순간을 알고 있는가? 이 간결한 대답을 내 허리에 권총처럼 찬 이후로 신기할 정도로 모든 문의 사항이 사라졌다. 내담자의 경우도 동일했다. 코칭을 받을 대상이 특정 항변에 이상적으로 대비하고 있는 순간 갑자기 모든 것이 순조롭게 진행되어간다. 질문도 없고, 불평도 없고, 기계에서 덜커덕 소리가 나는 곳조차 없다. 그냥 없다. 최악의 경우를 상정하는 것으로 최상의 경우도 가능해진다. 과거에 절망한 상태로 "최악이야!"라고 언급되었던 회의에서 대부분 "그래요, 좋아요. 우리 그렇게 해요"라는 말과 함께 금세 합의가 이뤄졌다. 지난 몇 년간 만반의 준비를 했어도 그렇게 손쉽게 풀린 적은 딱 한 번이었다. 명확성은 명확성을 끌어당긴다. 이것은 불변의 법칙이다.

"감독이 제게 흉터와 화상 분장을 할 수 있느냐고 물었어요. 여보세요? 내 이력서는 제대로 본 걸까요?" 최근 메이크업 아티스트가 분개하면서 고데기를 위험하게 내 귓가 주변으로 이리저리 흔들었다. 이런 반응은 전형적이다. 자신의 능력에 대한 어처구니없는 의문이 제기되면 대부분 침착하게 있지 못한다. 그것이 바로 흥분, 정당화, 긴장된 음성과 급성 색맹 증상(그럼 우리는 세상을 흑백으로만 본다)등의 도미노 효과를 일으키는 방아쇠다.

  "감독이 다음에도 화상 분장이 가능하냐고 물으면 그냥 이렇게 얘기해요. '다행히도요.'" 나는 내 귀가 제자리에 온전히 붙어 있기를 바라며 메이크업 아티스트에게 충고했다. 그리고 내가 그랬듯 그녀 또한 한결 안심하는 표정을 관찰할 수 있었다. 그녀의 입가에 걸린 미소가 거울을 통해 눈에 들어왔다. 드라마의 출구는 생각보다 간단하다.

  누군가가 당신의 전문성에 의문을 제기할 때 취해야 할 가장 중요한 태도는 절대 사적으로 받아들이지 말라는 것이다. 나는 앞으로 몇 장을 이 주제에 할애할 정도로 그 마음가짐이 모든 것의 기본이라고 생각한다. 이 책의 42장에 쓴 "개인적으로 받아들이진 않겠어요"라는 말을 미리 살펴보면, 대부분의 경우 회의론자가 질문하는 내용은 당신에 대해서라기보다 주로 자신에 대한 경우가 많다. 그래서 더욱 개인적으로 받아들일 필요가 없다. 회의론은 단순히 걱정, 두려움 및 의심이 가득한 사람들이 주로 사용하는 표현 수단이다. 어떤 상황에서도 언제나 신뢰가 부족하기 때문이다. 예컨대 그래픽디자이너가 마감일을 지키지 못할까 봐 두려워한다면, 프로젝트 리더가 잘못된 방향으로 이끌어갈까 봐 걱정한다면, 불안해진 감정은 당연히 그 계획에 의문을 제기한다. 바보처럼 보일까 봐 두려워하는 사람은 문의 사항을 통해 안정감을 얻고 싶어 한다. 확인해볼 수 있는 시도임은 분명하다. 다만 대부분 효과가 없다는 것이 문제다. 자신에게 어떠한 감정이 부족할 때, 이 경우에는 주로 확신이겠지만 대부분 이성적인 주장은 기나긴 생애 내내 안심하게 하는 수단이 되지 못한다. 감정에 감정으로 대답하는 사람은 오히려 성공적이다.

"정말 제대로 잘하실 수 있나요?"라고 두려움이 질문한다. "다행히도요!" 그러면 확신이 대답한다. 이렇듯 신뢰감을 형성하는 처방의 효과는 즉각적으로 나타난다. 그러므로 누가 당신의 능력에 의문을 제기한다고 해도 절대 상처받지 마라. 그렇게 묻는 것은 그저 상대의 권리이다. 그렇지만 그 질문에 느긋하고 여유롭게 대처하는 것 또한 우리의 권리다. 그런 상황이 생긴다면 당신의 주체성을 훈련하는 연습의 일환으로 받아들여라. 만약 그 과정에서 정말 상처 입는 일이 생긴다면 그때는 "상처란 근본적으로 도움을 구하는 절박한 외침이다"라고 말한 어느 심리 치료 사를 떠올리자. 나는 이 말이 전적으로 논리 정연하다고 생각했 다. 어떻게 해도 다른 방법이 없는 사람은 자신이 커지기 위해 다 른 사람을 작게 만들어야 한다. 하지만 그것으로는 고통이 더 커 지는 상황을 피할 길이 없다. 이 절박한 행동을 보면 그냥 "빨리 나아지기를 바랍니다"라고 말하고 멀어져라.

누군가가 당신에게 지금 하는 일을 실제로 잘하고 있느냐고 질문한다면 그 멋진 손 전문의를 떠올리며 미소 지어보기를 권 한다. 그리고 한결 느긋해진 표정으로 상대에게 의기양양하게 대답하라. "다행히도요!"

이 조언이 당신에게 선사하는 것은 무엇인가?

 관용

 긴장 완화

 가벼운 태도

36

칭찬해주셔서
감사합니다

많은 사람이 칭찬을 얼마나 편히 받아들이기 힘들어하는지, 그런 피드백을 이끌어내는 감정의 범위가 무엇인지 살펴보면 참으로 놀랍다. 물론 그런 문화가 존재한다고 가정해야겠지만 말이다. '독일은 칭찬 사막'이라고 7장에서 언급한 것처럼 독일은 칭찬하는 것으로 유명하지는 않다. 맞는 말이다. 칭찬하고 감탄하는 것은 독일인의 대인 관계에서 전혀 우선순위에 들지 않는다. 따라서 칭찬을 들어도 제대로 기뻐하는 것조차 힘들어하는 것도 당연한 일이다. 연습이 부족하기 때문이다. 정확히 그런 이유에서 칭찬한 사람이 다음번에도 칭찬을 해야 할지 두 번 고민하게 만든다. 정말이지 악순환이라고 할 수 있다. 7장의 조언인 "나는

당신의 그런 점에 감탄하고 있어"라는 표현이 칭찬하는 데 부족한 참여성을 논한다면, 이번 장은 오히려 정반대 입장인 칭찬을 편안하게 받아들이는 법을 다룬다.

"옷이 정말 예쁘네요. 잘 어울려요!" "그래 보이나요? 이거 오래된 옷인데요!" "멋진 코트예요." "정말요? 이거 저렴한 옷인데." 아하. "정말 핸드백이 멋지네요!" "그래요? 최근에 버릴까 했던 가방인데요." 외모와 취향에 대한 칭찬에 흔히 들을 수 있는 고전적인 반응이다. 먼저 상대의 칭찬이나 감탄을 들으면 자신의 선택 방향을 저렴하거나 오래된 것으로 평가절하한다. 하지만 상대가 듣고 싶은 말이 그런 것일까? 여기서 놀라운 것은 칭찬에 대한 놀람이다.

더 솔직해져보자. 그런 태도는 우리에 대해 무엇을 말하는가? 우리는 타인에게 그 상품이 가게 전체에서 가장 못나서 구매했노라고 알려주고 싶은 걸까? 물론 우리는 자신이 소유한 물건을 좋다고 생각한다. 그런 마음에서 물건을 소중히 간직하기 위해 선뜻 지갑을 여는 것이다. 그렇다면 상대의 칭찬에 그냥 간단히 "감사합니다!"라고 말하는 것이 왜 그렇게 힘들까?

코칭을 하면서 나는 종종 이 질문에 이런 대답을 듣곤 한다.

"과시하는 것처럼 보이고 싶지 않아서" 또는 "나는 '내 집', '내 요트', '내 차' 유형이 아니라서! 칭찬은 소소한 것을 선호하므로" 또는 "쏟아지는 관심의 중심이 되는 것을 잘 견디지 못해서" 등. 모두 충분히 이해할 수 있지만 기본적으로 칭찬을 수용하려는 의지와는 상관없다.

내 생각에는 뭔가 크게 오해하고 있는 것 같다. 30분 동안 번쩍이는 칭찬의 햇살을 맞으며 볕을 쬐려는 것만이 아니라 올림픽 시상식처럼 부담스럽게 의식하는 것이다. 칭찬은 너와 나의 편안한 토대를 쌓는 문제이다. 그때는 예의만 갖춰도 충분하다. "정말 외투가 예쁘네요!" "아아, 감사해요!" 또는 스스로 의식하며 "아, 그래요? 제가 정말 즐겨 입는 코트랍니다"라고 말하면 된다.

또 자신의 전문성, 노하우 또는 재능에 대한 칭찬을 들을 때 유독 어찌할 줄 몰라 하는 사람들이 있다. "그건 특히 제가 잘하는 일이죠. 감사합니다" 또는 "그건 저도 제게서 흐뭇해하는 점이랍니다"라고 편안하게 대답하는 사람들은 드물다. 하지만 나는 여기서 확실한 대안을 '칭찬'이라는 경주에 몰아넣고 싶다. 당신이 칭찬에 대한 감사를 소리 내어 말하고, 스스로 타인과 함께 그렇게 행동하는 것이 얼마나 쉬운지 예상하지 못할 것이다. 선물을 주고받을 때는 두 사람 모두 뭔가를 가지고 있는 것이 이상

적이다. 선물 받은 사람은 기뻐하고, 그 감정은 선물한 사람에게
되돌아간다. 대단한 거울 효과라고 할 수 있다.

　자신의 직업에서 크게 성공하고 지적 호기심이 왕성한 내담
자 지모네가 나를 찾아왔다. 그녀는 칭찬에 감사하는 법을 수십
년간 전혀 고려해본 적이 없었다. 칭찬은 주거니 받거니 해야 하
는 과정이므로 최대한 그런 상황에 얽히지 않으려고 했다. 왜냐
하면 수많은 일을 제대로 처리하면서 정서적 지성까지 갖추는
것은 400명의 부하 직원을 둔 그녀에게 배로 힘든 일이었기 때
문이다. 더욱이 그녀는 경영진으로부터 인정받는 기업의 인재였
다. 그래서 경영진으로부터 종종 긍정적인 피드백을 받으면서
모든 문제가 시작되었다. 지모네는 감사한 마음으로 칭찬을 받
아들이는 법을 딱히 배운 적이 없었던 탓에 칭찬이 위에서 내려
왔든 아래에서 올라왔든 계속 부정적인 시각으로 삐딱하게 받아
들였다. "역시 불안하고, 붙임성이 없고, 불확실한 사람이 리더가
되는 법은 없지"라는 임원진의 말이 지모네와의 상담 시간에 커
다란 이슈로 떠올랐다. 그녀를 포함한 모두가 이런 결과에 의아
해했다. 어떻게 이런 결과가 나타났는지….

　이 결과는 사실 여부와 큰 관련이 없다. 그 사람의 행동 자체
가 아니라 타인이 그 사람의 행동을 어떻게 받아들였는지를 묘

사한다. 그리고 우리가 상대에게서 어떠한 인상을 받았는지를 설명한다. 즉, 다른 방식으로는 달리 설명할 수 없는 행동에 대한 순수한 개인적인 해석이다. 이럴 때 코치는 실제 원인을 찾는 길잡이 역할을 하게 되는 경우가 많다.

지모네는 길잡이가 되어야 하는 나를 쉽게 도와줬다. 첫 상담 시간에 그녀는 겸손이라는 미덕이 자신에게 얼마나 중요한지 내게 설명했다. "남에게 폐를 끼치지 마라"는 어린 시절 그녀가 꼭 지켜야 하는 가훈이었다. 그녀의 부모는 자식들을 그렇게 키웠다. "누군가 너희에게 무엇을 해준다고 물어보면 처음에는 무조건 '아니요, 감사합니다'라고 대답해라. 우리 때문에 누군가 또 컵을 설거지하거나 창고에서 레몬을 가져오는 일은 없어야 하니까." 칭찬을 곧이곧대로 받아들이지 말라는 것도 그 일환이었다. 아이들은 그들이 이룬 성취에 대해 절대 뽐내지 말아야 했다. "사람들이 뭐라고 생각하겠니?" 아주 명확한 메시지였다. "그러니까 절대 요란하게 일을 벌이지 말고 절대 거들먹이는 일이 없도록 하라!" 그런 말을 반복해서 듣고, 또 그렇게 행동하면서 이 메시지는 수십 년간 일종의 신념처럼 새겨졌다. 그래서 지모네의 마음속에서는 뛰어난 행실마저도 그리 뻐길 것도 없고, 그리 잘한 게 없어 보이는 일로 해석하는 것이다. 따라서 그녀가 40년

후 경영자로서 주변의 칭찬을 받을 때마다 선의로 수용하지 못
하게 된 것이다. 그러니 감탄 어린 시선에 어쩔 줄 몰라 하고 과
묵해지다가 "아니, 아니에요, 전부 우리 팀이 함께 이뤄낸 것입니
다"라고 맞받아치는 것도 어찌 보면 당연하다. 지모네의 머릿속
에 새겨진 탓이다. 이성에 대한 호소만으로는 그녀와의 상담에
서 아무런 진척이 없었다. 그래서 난 도발적인 질문을 던지기로
선택했다.

"사실 그건 이미 매너 없는 태도 같은데요!"

"뭐라고요? 제가요? 매너가 없다고요?! 오히려 정반대겠죠."

나는 계속 내 입장을 고수했다. "당연히 칭찬한 사람이 매너가
없는 건 아니겠죠! 생각해보세요. 상대는 칭찬을 하고도 방금 당
신에게 두 차례나 거절당했는걸요."

"네? 뭐라고요?"

평생 자신의 소망과 감정을 억눌러온 사람은 이런 식의 비난
을 상상하지 못한다. 얼마나 어이없는 상황이겠는가! 지모네는
타인이 자신의 행동을 어떻게 느낄지 인지한 뒤로 깊은 생각에
잠겼다. 평소 그녀는 칭찬하는 역할을 선호하는 사람들 앞에서
도 자신의 생존권을 지키려는 듯 이렇게 행동해왔기 때문이었
다. 초대한 손님이 기대한 떠들썩한 반응을 보인 적도 없었다. 그

러다 보니 의도치 않게 폐를 끼친 사람이 많았을 것이다. 지모네는 단 한 번도 그런 관점으로 생각해본 적이 없었다. 누군가 자신을 위해 케이크를 굽고 싶어 하고, 진심에서 우러나와서 세 종류의 우유 중 무엇을 원하는지 묻는 사람이 실제로 있을 거라고 미처 생각하지 못했던 것이다. 또한 그런 부류일수록 타인을 챙기는 행위를 통해 선물하는 즐거움을 느낀다는 사실도 깨닫지 못했다. 그로써 이제는 구닥다리가 되어버린 겸손과 거절이라는 미덕을 예상보다 빠르게 뒤흔들 수 있었다.

이 결과를 칭찬에 적용한다면 다음과 같다. 누군가가 우리를 칭찬하면서 "자, 여기 있어요"라는 태도로 말을 건네면, 칭찬을 듣고 "감사합니다!"라고 응답하면 그만이다. 우리는 아주 잘할 수 있다. 다만 칭찬이라는 주제에서 이 마법 같은 말에도 종종 기묘한 예외가 발생한다.

칭찬을 있는 그대로 받아들이지 못하는 사람은 자신의 기쁨을 위해 칭찬을 건넨 사람에게 불분명한 태도로 반응하며 거부하는 듯한 분위기를 전달할 수 있다. 다음의 상황을 떠올려보자. 예쁘게 선물을 포장해서 생일을 맞은 아이에게 주었는데 그 아이가 "굳이 선물 주실 필요는 없었는데요! 그냥 여기에 내려놓으세요. 나중에 다시 가져가시고요"라고 반응한다면 어떨 것 같은가? 솔직해보자. 우리가 칭찬을 진심으로 받아들이지 못할 때도 이와 비슷한 일이 생기지 않던가. 상대는 당신이 자신을 전혀 소중히 여기지 않는다고 느끼며, 더 나아가 거절당한 듯한 기분에 사로잡힐 수도 있다. 그 모습을 지켜보는 당신의 기분도 덩달아 나빠질 것이다.

지모네의 경우 이런 생각이 놀라울 정도로 빠르게 정리되었다. 그녀가 겸손을 새롭게 정의한 이후로 직장에서도 더 승승장구했고, 좀 더 주체적이고 강력한 리더십을 인정받았다. 그러므로 다음번에 누군가가 당신에게 "정말 푹 쉬고 오신 것 같아요. 컨디션이 최상이시네요!"라고 말한다면 지모네의 사연을 떠올리며 그냥 "아! 그렇게 보인다니 좋네요! 칭찬해주셔서 감사합니다"라고 말해보자.

이 조언이 당신에게 선사하는 것은 무엇인가?

자기
존중

기쁨

고마움

37

나의 최선은 당신도 최선을
다해야 의미가 있다

자를란더 박사는 훌륭한 내과 의사다. 그는 항상 진심으로 환자
를 대하고, 이해심도 많으며, 똑똑하고, 유독 돋보이는 아름다운
손을 지녔다. 몽유병에 대한 확신을 갖고 질병을 깊숙이 파헤치
고 기존에 누구도 시도하지 않았던 잘못된 진단을 바로잡는 그
모습에 모두가 감탄할 정도였다. 그래서 환자들은 그를 좋아했
다. 또한 그의 진료실은 취향이 확실했고, 다채로운 분위기를 자
아냈다. 병원 대기실은 부티크 호텔 라운지 같았다. 벨벳 테이블
보가 깔린 테이블에는 일반적인 포푸리 대신 무거운 커피 테이
블 북coffee table book이 쌓여 있었다. 모든 곳에 웰빙의 내음이 넘쳐
흘렀다. 내 시선이 닿는 곳마다 '예스'라는 답이 절로 흘러나왔다.

첫인상에 두 번의 기회란 없다. 이 단순한 논리가 병원에 가장 아름다운 방식으로 적용되어 있었고 병원의 새 웹사이트도 최대한 그 점을 표현하려고 했다. 어느 날 정기적으로 병원에서 개최하는 강연이 끝난 후 자를란더 박사에게 웹사이트에 관한 이야기를 직접 들었다. 그는 웹디자인 에이전시를 선택할 때 실수한 듯했다. 계약할 때만 해도 뜻깊은 약속을 했지만 실상 에이전시는 웹사이트를 만드는 과정에서 그 약속을 전혀 지키지 못하고 있었다. 웹사이트는 심미안이 있는 사람이라면 의구심을 자아낼 만한 분위기를 연출했다.

"당신은 말을 지키는 분이죠." 그날 저녁 자를란더 박사가 내게 말했다. "만약 무능함이 집약된 상황에 대처해야 하면 어떻게 하십니까?" "음… 아마 계약을 철회하겠죠?" "만약 그런 선택지는 없다고 가정한다면요?" 피아노를 잘 칠 것 같은 손가락을 지닌 박사가 반쯤 빈 잔을 내려놓을 곳을 찾는 동안 나는 그것이 왜 선택지에 없는지 의문이 들었다. "나의 최선은 당신도 최선을 다해야 의미가 있다"라고 최근 제게 말씀하셨어요. 기억하시나요?" 그가 고개를 끄덕였다. "이중 잣대를 세우는 사람들이 하는 질문에 이 말을 적용하면 일깨우는 데 유용할 수도 있겠죠"라고 말하며 그가 내게 들려준 이야기에 적용해보았다.

그의 팀은 매우 빠른 속도로 모든 것을 에이전시에 제공했지만 이후 아무런 진척 사항이 없었다. "정말 아무 일도 진행되지 않았어요. 그들은 웹사이트 구축도 시작하지 않았습니다." 그는 웹디자인 업체의 이중잣대에 신음하며 말했다. "이런 상황에서 당신이라면 어떻게 질문하시겠습니까?"

대화를 나누고 며칠이 지난 후 박사는 웹마스터의 전화를 받고 성공적인 경험을 했다. "나의 최선은 당신도 최선을 다해야 의미가 있습니다. 그래서 질문하고 싶군요. 내가 지난 몇 주간 본 것이 정말로 당신들의 최선입니까?"

드디어 제대로 논점을 짚은 말이었다. 전조도 통과도 없이 핵심을 짚은 말. 이렇게 던진 공이 어떻게 변하는지 지켜보는 것은 언제나 흥미진진하다. 이 사례의 경우 결론은 긍정적이었다. 인터넷 업체의 수직이륙이 이뤄지며 갑자기 좋은 품질로 이어졌다. 이 현상은 주로 자체 평가를 하는 문제에서 생긴다. "이것이 정말 우리의 최선인가?"라는 말은 스스로 정당화하는 과정으로 빠지기 전에 우리를 되돌아보게 만든다. 웹마스터 또한 그랬다. 그도 이번 시기가 엉망이었다고 솔직히 인정했다. 지나치게 많은 클라이언트에게 동일한 날짜에 마감하겠다고 약속하는 바람에 클라이언트들이 바라던 세부 사항을 시각적으로 제대로 표현하지 못했다고 말이다. 에이전시는 스스로를 과대평가했다. 출발 지점부터.

만약 웹마스터가 과대평가하지 않았다면 상황은 전보다 나아졌을 수도 있다. 최악의 상황을 가정해보자.

의사　나의 최선은 당신도 최선을 다해야 의미가 있습니다.

웹마스터　우리가 맡은 일을 제대로 하지 않았다고 책임을 물으시는 건가요?

의사　책임을 묻는 거냐고요? 저는 확실히 그렇다고 생각합니다. 지난 몇 주 동안 맡은 일을 제대로 하지 않았으니까요. 연락마저도 잘되지 않았죠. 그러면 저로서는 당연히 '그것이 여러분의 최고였느냐'는 의문이 생기기 마련입니다. 전 매우 진지합니다. 만약 정말로 그렇다면 최대한 빨리 다른 결정을 내려야 할 테니까요.

어느 쪽이든, 이것이 최선이냐는 질문은 명확한 해명을 위한 초대장이다.

지금까지 자주 경험했지만, 누군가가 이상하거나 몰염치한 행동을 해도 근본적으로 대립을 피하는 사람이 많다. 이들은 상대에게 갑질하고 곤궁에 빠지게 하려는 의도가 없다. 다만 피드백이 조화롭게 들릴 만한 표현을 열심히 찾으려 한다. 정답은 이제 그런 표현을 찾지 말고 중단하라는 것이다. 불편한 팩트에서는 듣는 사람이 편안해지도록 겉을 포장하는 것이 불가능하다. 수많은 벨벳과 비단처럼 화려하게 표현할 수 없다.

자신의 행동이 불러온 결과로부터 다른 사람을 보호하는 것은 우리의 일이 아니다. 우리 모두는 저마다의 결정을 내린다. 그리고 모든 선택에는 파급력이 따른다. 모두가 스스로 선택한 결과를 경험하는 법이라고 인정해보자. 우리는 누구도 보호하지 않아도 된다. 오히려 지나친 보호는 깨달음을 얻는 데 방해가 될 뿐이지 않을까?

"나의 최선은 당신도 최선을 다해야 의미가 있습니다"라는 말은 개인적으로도, 직장에서도 적용할 수 있고 여러 상황에 유용하다. 동료, 아이들, 서비스 제공자는 물론 얼마 전 방문한 베이커리 점원에게도 말이다. 베이커리에서 붉은 웨이브 머리카락이 탐스러운 한 통통한 여성이 안내하고 있었다. 나는 그곳에 줄을 선 사람들에게 내가 들고 있는 컵 뚜껑에 그들의 가방이 닿지 않게 해달라고 부탁했다. 그사이 그곳으로 안내했던 점원은 계산대에서 동료와 개인적인 얘기에 빠진 채 연신 산만한 손동작을 하며 손님들의 주문을 건성으로 유리창 너머로 전달하고 있었다. 결국 나는 "건포도롤 두 개 주세요"라고 세 번째 말하던 순간 폭발하고 말았다.

"유감이지만 나의 최선은 여기까지인 것 같네요. 상대도 그만큼 최선을 다해야 의미가 있으니까요."

그제야 물끄러미 나를 처다보던 점원이 화들짝 놀라며 반응했다. "뭐라고요?"

"지금 이 자리에서 벌써 똑같은 주문을 세 번이나 했어요. 이제 좀 똑바로 들어주셨으면 좋겠습니다. 제 말을 전혀 귀담아듣지 않고 있으니까요."

"당연히 제대로 듣고 있어요!" 점원은 케이크에 가니시를 얹으며 내게 투덜거리더니 나지막한 목소리로 혼잣말을 했다. "도대체 뭔 날이 이렇담!"

"저도 이해합니다." 나는 화해를 시도하며 점원에게 말을 붙였다.

"뭐든 전부 힘든 날이네요." 점원이 한결 누그러진 음성으로 말했다. 그리고 그녀의 시선이 비어가는 진열대의 유리창 너머로 향했다.

그때 그 점원과 잡담하던 다른 점원이 "옆의 손님, 건포도롤 두 개 주문하신다고요?" 말하더니 덜컥 내 옆에 있던 손님에게 주문을 받고 결제를 진행해버렸다. 이럴 때는 뭐라고 해야 할까? 서로 다른 두 가지 일에 최선을 다하려다 보면 이런 일이 생기도 한다. 하지만 내가 놓친 크럼블 롤케이크가 훨씬 보기 좋았다.

당신은 "당신이 최선을 다해야 나의 최선도 의미가 있다"라는 말이 상황을 부드럽게 해주는 섬유 유연제라기보다 잠시 소동을 일으키는 웨이크업 콜에 가깝다는 것을 눈치챘을 것이다. 이 새로운 시작은 우리가 나아가야 할 방향을 제시한다. 그로써 당신은 그 창문에 몸을 기대기도 한다. 물론 떨어지지 않을 정도로. 상대의 집중을 요청하는 대화가 어떤 방향으로 전개될지 예측할 수는 없다. 웹마스터는 분명 전진하며 앞으로 도약했다. 본인의 책임을 감수하며 맡은 일을 프로답게 완수했다.

사실 이 장의 조언은 단순히 명확성만 강조할 뿐 해피엔딩을 보장하는 것은 아니므로 그는 포기할 수도 있었을 것이다. 하지만 명확하게 현실을 바라봄으로써 결국 해피엔딩을 이루는 계기가 되기도 한다.

일종의 담력 테스트는 언제나 우리를 전진하게 해준다. 항상 편안함을 느끼는 안전지대에만 머물며 최소한의 열정도 보이지 않는다면 당연히 성장은 불가능하다. 담력 테스트는 편안하지는 않지만 유용하다. 만약 당신이 대립보다 조화를 중요하게 생각한다면 가끔씩은 서로 대립하는 상황을 극복해보는 것도 중요하다. 그로써 조화를 되찾을 수 있기 때문이다. 기존에는 무작정 피하기만 했다면 이제는 전진하는 것이 최상이라 하겠다.

"나의 최선은 당신도 최선을 다해야 의미가 있습니다." 이 말은 상대와의 원활한 협업을 이끌어내거나 대립에 의한 충돌을 정리해준다. 아무튼 디자인에 집착하는 내과 의사에게도 이 말은 상황을 역전시키는 좋은 결과로 이어졌다. 결국 웹디자인 업체에서 그의 의사를 제대로 수렴하여 고품질 웹사이트를 제공했기 때문이다. 다만 몇 년 후 자를란더 박사가 캐나다로 이주한 일은 바보 같다고 느껴졌다. 만약 정말 능력 좋은 내과 의사를 알고 있다면… 내게 소개해주기 바란다.

이 조언이 당신에게 선사하는 것은 무엇인가?

38

당신 말이
맞습니다

교통경찰이나 시청 공무원들은 못마땅해하겠지만 나는 그 자리
에서 과태료를 납부하겠다는 불법 주정차 운전자들이 멋지다고
생각한다. 불법 주정차를 한 것은 분명했다. 표지판은 눈에 잘 보
이는 곳에 있었고, 교통법규야 모두가 잘 알고 있으니 말이다. 그
러므로 스스로 규칙을 깨뜨리기로 결정했을 때 그 책임을 지려
는 행동은 이성적이었다. 하지만 이런 마음가짐은 과태료를 부
과하는 담당 공무원을 매우 혼란스럽게 한다. 모든 잘못을 당당
하게 시인하고 과태료를 내면 되지 않으냐는 태도로 떳떳하게
구는 나는 교통경찰이 생각하는 '위법자-선량한 경찰' 연극에 동
참할 의사가 없었다. 다소 기분이 상한 경찰이 무뚝뚝한 어조로

내게 말했다. "저희가 이런 일을 자주 겪는 것은 아닙니다." 어쨌거나 이런 상황 자체가 그가 생각하는 방식에서 벗어났으므로 그는 나를 훈계해보려 했다. 하지만 나의 재치 있는 통찰력에 두 손 두 발 모두 들어버린 경찰은 결국 포기하고 말았다.

많은 공무원이 대화에서 명확한 통찰력보다는 무고한 강아지 같은 눈빛으로 바라볼 때 더 많은 것을 얻어낸다는 발상에 익숙하다. "뭐라고요? 주차 금지요? 전 아주 잠시 의상실만 들르려고 했을 뿐이에요! 그러면 도대체 제가 어디에 주차해야 했단 말인가요?"라고 말하고 커다란 눈망울로 주변을 두리번거린다. 그런 식이다. 하지만 그건 정말 내 취향이 아니다.

경찰들은 정말로 운전자들이 교통법규도 제대로 모르면서 운전면허증을 소지한 사실이 괜찮은 걸까? 그들은 정말로 자기가 무엇을 하는지 제대로 인지하고 있는 운전자보다 정신 산만한 운전자들에게 호감을 느끼는 걸까? 내키지 않는 핑계 대기가 용감한 일관성보다 가치 있는 일인가? 셀프 리더십과 창의력에 열광하는 나로서는 도무지 납득하기가 힘들었다. 나는 누군가가 나를 가르치려고 할 때 간단히 "당신 말이 맞습니다"라는 말로 상대의 말을 축약해버린다. 기나긴 훈계를 미연에 방지하는 데 매우 효과적인 방법이다. 거듭 강조하지만 어떤 말도 이만큼 효

과적이지 않다. 하지만 간단하고 효과도 최고인 이 말을 차마 입
밖으로 내뱉는 것을 힘들어하는 사람이 생각보다 많다.

사람들은 자신이 옳았다고 인정받는 것을 좋아한다. 전적으
로 인간적인 모습이다. 이 세상에 '내가 틀렸으면 좋겠다'라고 생
각할 사람이 어디 있겠는가. 당연히 우리는 각자의 성격과 무관
하게 자신의 정당성을 인정받고 싶어 한다. 우리 뇌가 그렇게 동
작하기 때문이다. 우리 인생이 제공하는 여러 퍼즐 조각에서 주
장과 의견이 형성되는 과정을 통해 그런 생각이 자연스레 떠오
른다. 논리를 담당하는 뇌는 이러한 인과관계의 사슬이 당연하
다고 생각한다. 또한 우리 자아는 계속 확인받고 싶어 한다. 따
라서 누군가가 맞다고 인정해주면 갑자기 행복감을 느끼고, 상
대의 말을 진지하게 듣는다. "당신이 맞습니다"라는 말은 이후에
나올 모든 것을 받아들일 용의를 극대화한다.

간략하지만 목표 지향적인 이 말을 마음에 잘 담아두면 난감
한 상황이 닥쳤을 때 비상구처럼 활용할 수 있다. 그로써 상상하
지 못한 방향의 전세 역전을 꾀하며, 얽히고설킨 대화를 건강한
방향으로 풀어나갈 수 있다. 나는 이 말의 기능을 어느 날 우연히
발견했다.

　온통 하늘이 구름으로 뒤덮여 흐렸던 어느 11월의 뮌헨. 나는 고풍스러운 회의실이 빼곡한 층에 있었다. 신진 예술가들의 작품들이 길게 늘어선 복도, 특정한 사유로 대도시 이름들이 붙은 회의실로 이어지는 많은 문. 나는 오늘 있을 기업 피치 훈련을 위해 오슬로 회의실에 있었다. 드디어 점심시간을 알리는 알람이 막 울렸다. 나는 무척 적극적인 내담자와 벌써 네 시간 반을 이 회의실에서 보냈다. 최근 그에게는 많은 문제가 생겼다. 승진하려면 국제 이사회로부터 그가 맡은 사업을 인정받아야 했다. 그는 그 자리에서 당연히 빛나고 싶어 했다. 1년 전 첫 시도에서 그는 이미 고배를 마셨다. 하지만 세 번째 기회는 없었다. 그래서 내가 나서게 된 것이었다. 우리는 시간을 쪼개며 점심시간도 30분만 가지기로 했다. 엘리베이터 타는 시간, 이동 시간과 대기 시간을 빼면 제대로 된 식사가 거의 불가능할 시간이었다.

　아무튼 정해진 시간 내에 이동하려고 생각한 나는 서둘러 옷을 맡긴 보관소로 향했지만 예전 워크숍에서 나와 안면을 튼 시니어 파트너가 불러 세웠다. "오, 이건 운명의 신호로군요! 반가워요. 쿠시크 씨! 이대로 저랑 같이 가시죠. 마침 다음 주에 위원회 앞에서 할 프레젠테이션을 준비하는 고위 간부가 리허설을 해요." 그는 내게 슬쩍 몸을 기울이며 나지막한 소리로 말했다.

"그런데 발표가 아주 엉망이더군요. 최악이에요! 물론 당사자에게 그렇게 말할 수는 없었지만요. 전문가의 조언이 절실합니다. 그런데 이렇게 갑자기 당신이 나타났으니 잠시 보시죠!"

음… 잠시요? 당장 그대로 코트를 걸치고 엘리베이터로 뛰어 들라고 조언하는 나의 직감은 거기에 휘말렸다가는 문제만 생길 거라고 말하고 있었다. 프레젠테이션 압박에 시달리는 불안한 여자. 그 여자도 자신의 가능성이 어느 쪽으로 향해하고 있는지, 그리고 귀로 듣지는 않았어도 시니어 파트너의 불만이 어느 정도인지 느끼고 있을 것이다…. 그런데 이제 그 여자는 서로 신뢰를 쌓는 과정도 없이 벼락치기 특강을 들어야 하는 상황에 처했다. 그리고 갑자기 상자에서 튀어나와 몇 가지 마술 트릭을 알려주는 웬 낯선 여자의 피드백으로 갑자기 최고의 퍼포머가 된다? 음… 심각하게 생각 좀 해봐야 할 일이다. 어쨌거나 답은 결국 "아니요!"니까. 그런 일은 비현실적으로 보였다. 하지만 당시 무슨 생각이었는지는 몰라도 나는 결국 시니어 파트너의 요청을 수락했다. 어쩌면 나의 에고가 '그래도 성공할 수도 있지!'라는 가능성과 사랑에 빠졌는지도 모르겠다. 아니면 당시에는 차마 "싫어요"라고 말하지 못해서였을지도. 아무튼 나는 내 감정과 정반대인 제안을 수락했다. 실패 가능성이 더 커 보였지만 말이다.

　　그래도 나는 최선을 다했다. 나는 무엇을 해야 하고 무엇이 문제인지 간추려서 진지하고 투명하게 설명했다. 하지만 그 장소에 들어설 때부터 안 그래도 매우 예민한 상태였던 불쌍한 여자 매니저에게는 그 짧은 순간이 버거웠을 것이다. 그곳에 모인 모두가 자신을 공격하는 듯했을 것이다. 그리고 내가 한마디할 때마다 "그래요, 맞습니다! 말 잘하셨어요! 그렇게 하지 않으면 아무것도 안 되죠!"라고 거듭 외치는 상사들의 반응도 그리 도움이 되지 않았다. 내가 출구를 찾아보려고 열정적으로 노력하는 동안 상황이 급변했다. 여자 매니저가 눈물을 터트린 것이다. 그러자 임원들은 급속도로 태도를 바꾸며 그쪽 편에 섰다. "쿠시크 씨! 그렇게까지 말씀하시면 안 되죠!" 그들은 방금까지 매우 좋다고 칭찬을 아끼지 않던 똑같은 조언에 격앙된 반응을 보였다. "그렇게 말씀하시면 잔드라를 비난하는 셈이지 않습니까!" 아니, 뭐라고요?

　　순간 나는 화가 났다. 그것도 아주 많이. 어쨌든 간에 그들의 말이 틀리지 않았기 때문이었다. 나는 이 무의미한 일에 끼어든 자신에게 화가 났다. 내가 내 직감을 믿지 못한 탓에 결국 이런 일이 벌어졌다. 최선을 다했지만 정작 아무 효과도 없는 상황에 실망감까지 더해졌다. 나는 잔드라의 입장을 충분히 이해할 수 있었다. 그래서 그녀를 위한 시간이 충분했다면 좋았을 것이라는 아쉬움이 들었다. 임원진의 어설픈 연기는 누가 봐도 진심이 아닌 것이 훤히 들여다보일 정도였고, 벌써 저녁 7시가 되어버린 탓에 배까지 고팠기 때문이다.

"당신 말이 맞습니다." 그때 갑자기 나의 마음속 자동 조종사가 내 입을 움직였다. 마지막 구간을 마무리하기에 좋은 생각이었다. 혼란에 빠졌던 그곳은 고요해졌다. 그래서 나는 하던 말을 이어갔다. "여기 계신 분들의 말씀이 전적으로 옳습니다. 저는 어떤 상황에서도 이 발표에 말을 얹을 자격이 없었어요. 완전히 전문가답지 못했죠! 유감이라고 생각합니다."

그러자 임원진은 또다시 매우 흥미로운 유턴을 보여줬다. "아니요, 아닙니다. 쿠시크 씨! 그런 말씀은 하지 마세요!"

"아니요, 꼭 필요한 것 같군요! 여러분의 말씀이 옳습니다! 이렇게 짧은 시간 내에 제가 나서서 밀어붙이는 건 처음부터 불가능한 일이었어요. 원래 이런 식으로는 절대 안 되는 법이니까요."

그러자 그때까지 눈물을 흘리던 발표자의 눈물이 쏙 들어갔고, 임원들은 갑자기 온화해졌다. "충분히 이해합니다. 하지만 저희는 쿠시크 씨 덕분에 정말로 쓰러질 정도로 감탄했습니다"라고 한 임원이 말문을 여니 또 다른 임원이 "그래도 많은 도움이 되었을 겁니다. 아닌가요?"라고 맞장구쳤다. 그러자 심지어 발표자인 매니저까지 고개를 끄덕였다. 나는 이 상황에 마음속으로 고개를 절레절레 흔들었다.

그사이 나는 "당신 말이 맞습니다"라는 말은 거의 언제나 먹힌다는 사실을 깨달았다. 불법 주정차 사례에서 보았지만 이 말은 진정한 이어캐처ear-catcher(소리로 남의 주의를 끄는 것-옮긴이)다. 그 상황을 지배하는 분위기를 진정시키고, 조화를 이루려는 의지를 고양시킨다. "당신 말이 맞습니다"는 격앙된 상태를 단계적으로 감소시키는 매우 효과적인 도구다. 특히 타인이나 자신을 진심으로 대하지 못한 순간 유용할 것이다. 이 말을 적극 활용하여 항상 평온하고 넓은 마음으로 대처하라. 그리고 상황이 어떻게 전개되는지 침착하게 지켜보자.

이 조언이 당신에게 선사하는 것은 무엇인가?

조화　　자기 성찰　　명쾌함

50 Sätze, die das Leben leichter machen

5부

내면의 성장을 위한
대화의 기술

39

우선 나 자신부터
용서해야겠어요

우리의 가장 큰 두려움은 무엇일까? 내가 말하려는 것은 전쟁이나 거미 혹은 에스컬레이터에 대한 공포가 아니다. 모두가 어렴풋이 인지하는 내면 깊숙이 자리 잡은 두려움을 말한다. 워크숍에서 이런 질문을 할 때마다 종종 '죽음에 대한 두려움'이라는 대답을 듣곤 했다. 그것도 나쁘지 않다. 만약 우리가 실제로 죽음을 마주해본다면 인생이 한결 편안해질 것이기 때문이다. 그렇지 않은가?

어쨌거나 심리학자들이 언급하는 주제는 죽음에 대한 두려움이 아니다. 그 대신 대인 관계에서 가장 상위권을 차지하는 두 가지 주제는 다음과 같다. 첫 번째는 실패에 대한 두려움이고, 두 번째는 사랑받지 못할까 봐 우려하는 두려움이다. 이 이야기를 처음 접했을 때 나는 내면에 존재하는 스테이지 코치가 왜 그렇게 두려워하는지 납득할 수 있었다. 공식 석상에 서면 우리는 왜 그렇게 위축되는가. 왜 그렇게까지 심장이 두근거리고, 당장 취소하고 싶고, 그냥 드러눕고 싶은지 말이다. 또 연설할 생각만 해도 왜 얼굴이 붉어지고, 누군가는 목소리마저 나오지 않는지 말이다. 우리가 가장 두려워하는 주된 공포가 거절과 실패라고 가정하면, 신체가 무대 공포증을 느끼는 것은 당연한 일이다. 무대에서는 두 가지 공포를 두 배로 느끼기 때문이다.

이런 현상은 심지어 자신감과 확신이 넘치던 사람마저 마음에서 속삭이는 작은 음성에 휘둘리고 마는 이유를 설명한다. "네 발표는 곧 무산되고 말 거야. 네가 잘해내지 못하는 장면을 만천하가 보겠지. 그럼 너는 그걸로 끝장이야."

일반적으로 수많은 사람이 참여하는 기업 피치 트레이닝pitch training을 개최할 때마다 나는 평소 능숙했던 매니저가 갑자기 경솔해지고, 안절부절못하다가 거만하게 말하고, 급격하게 얼굴이 붉어지거나 더는 본래의 모습을 보이지 못하는 상황을 거듭 지켜보았다. 말 그대로 그들은 정신 줄을 놓고 있었다.

2007년 무렵의 일이다. 나는 베를린에서 경력이 풍부한 심리
치료사와 만나고 놀란 적이 있다. 당시 나는 심리학 분야의 실습
을 본격적으로 시작했다. 그런데 개인 사정 때문에 몇 차례 결석
해서 몇 시간을 채우지 못했다. 치료사는 내가 불참한 수업을 자
신의 실습실에서 따라잡기를 원했다. 70세가 훌쩍 넘은 여성 치
료사는 이 방식이 가장 안정적이라며 내게 추천했다. 물론 그 제
안은 장점이 많은 것처럼 들렸다.

심리학 테크닉은 문제 상황을 가정해서 습득하는 방법이 가
장 효율적이었으므로 그녀는 내게 버리고 싶은 것이 있느냐고
물었다. 나는 주저하지 않고 외쳤다.

"주사 공포증이요!"

"딱 좋아요" 그녀가 대답했다.

미국의 임상심리학자 프레드 갈로Fred Gallo가 창시한 코칭 치료
인 에너지 진단 및 치료 방법Energy Diagnostic and Treatment Method, EDxTM
은 내담자에게 더 크고 명확한 주제가 있는 것을 선호한다. 두려
움의 대상이 명확할수록 빠르게 막혔던 에너지가 뚫리는 가능성
이 높아지기 때문이다. 그렇게 프로그램 설명, 근육 테스트, 훈련
과정 등이 이어졌다. 계속 받아 적고 결과를 확인한 끝에 치료사
는 흐뭇해하며 말했다.

"봐요. 정확히 이렇게 하면 당신의 엘리베이터 공포가 사라집니다."

엥… 뭐, 뭐라고요? 나는 혼란에 빠졌다.

저기요, 지금 갑자기 엘리베이터라니요?

자신의 진단 결과가 약 90분간 다룬 주제와 전혀 상관없다는 것을 깨달은 그녀는 나를 황당한 표정으로 보며 고개를 옆으로 기울이더니 그대로 얼어붙었다. 그러고는 씩 웃으며 한결 편안해진 음성으로 말했다.

"어머, 이런 일이! 우선 이런 실수를 한 나 자신부터 용서해야겠어요." 그렇게 말한 그녀는 메모를 챙겨 들고 카운터로 향했다. 그녀는 이 사건을 그렇게 해결한 듯했다.

나는 치료사의 모습이 두 배로 흥미로웠고, 곧바로 마음속에서 토론이 이어졌다. 저렇게나 빠르게 자신을 용서할 수 있다니 무척이나 신선했다. 그리고 저렇게 자유롭게 해낸다는 것 자체가 정말 대담하지 않은가? 양심의 가책 하나 없이 그토록 떳떳하게? 다른 한편으로는 함부로 판단하거나 별다른 조건을 달지 않고 상황 자체를 즉시 받아들일 수 있다는 것도 대단했다. 다른 사람들은 그런 자세를 갖추기 위해 여러 해 동안 수도원에 다니는데 말이다. 단 한 번에 그럴 수 있다니, 어떻게 저런 일이.

그래서 나는 성내기보다는 그냥 감탄하기로 했다. 치료사의 번개처럼 빠른 결정은 매우 인상적이었다. 지금까지 그렇게 진정한 내적 자유는 책에서나 볼 수 있었는데 말이다. 물론 오해하지 말기 바란다. 이 일은 그녀가 아마추어여서 일어난 것은 아니다. 나 또한 무엇이든 괜찮다고 생각하는 사람이 아니었다. 그녀는 그 시간 내내 자기 일을 전문적으로 해냈지만 다만 그 과정에서 실수를 범했다. 그리고 수치심에 잠식되어 어설픈 사과를 건네는 대신 전문적이고 자신감 있으면서 인간적인 방식으로 문제를 처리하기로 결심했다.

나는 당연히 이 에피소드를 내 어록에 기록했다. 당신도 꼭 하기 바란다.

매주 화요일 저녁마다 다른 교육 그룹에 참여하고 있었던 나는 이 에피소드를 다음 워크숍에서 들려주었다. 큰 웃음이 터져 나왔고, 감탄하는 목소리도 이어졌다. 이 말은 빠르게 우리의 만트라로 자리 잡았다. 우리 중 누구든 평가에 관한 사항을 착각하면 처음에는 충격받고 허탈한 미소를 짓고는 "이런, 우선 내 행동부터 용서해야겠어"라는 느긋한 말을 했다. 이것은 자신을 가장 침착하게 대하는 방식이다. 특히 스스로 전문가이자 완벽주의자라고 생각하는 사람에게 적극 추천한다. 종종 무자비한 평가와 부수적으로 따라오는 모든 괴로운 감정에 약간의 관용을 더하면 상황의 희생양에서 가능성을 지닌 기획자로 탈바꿈할 것이다. 그럼 지금 하는 일의 성공 또는 실패 유무와는 상관없이 자유와 편안함을 누릴 수 있다.

"우선 나 자신부터 용서해야겠어요." 이 말은 아주 쉽고, 한편으로는 아주 어렵다. 하지만 무조건 시도해보기를 추천한다.

이 조언이 당신에게 선사하는 것은 무엇인가?

40

걱정할 필요 없어

비좁은 공간에 말 한마디 섞어보지 못한 낯선 사람들이 가득 차 있는 광경은 상상만 해도 매력적이지 않다. 수많은 인파의 체취와 소음이 진동한다. 누구나 그렇겠지만 특히 나는 이런 상황을 선호하지 않는다. 하지만 막상 이런 상황에 처하면 무언가 깨달음을 얻곤 했다. 오히려 극한 상황이 성장을 위한 최고의 방법이라고 말이다.

내게 큰 가르침을 주신 스승은 이러한 담력 테스트를 '스트레치stretch'라고 불렀다. 극한 경험은 우리가 안전하다고 느끼는 안전 구역을 벗어나 확장할 수 있도록 해준다. 과밀집한 인파를 통한 스트레치는 어떨까? 나는 바로 인도로 출발하라고 제안한다!

콸콸 넘치는 매그넘(포도주 등을 담는 1.5리터짜리 병-옮긴이)이 있는데 굳이 비좁은 구멍으로 홀짝일 필요가 있겠는가?

뭄바이의 대혼돈 속에서 정신없는 며칠을 보낸 후 1,001가지 향이 구름처럼 뿌연 가운데 나는 모험 가득한 기차를 타고 바라나시의 의식과 동화 같은 타지마할의 일출을 보기 위한 여정을 떠났다. 어느 순간 커다란 캐리어를 든 나는 자그마한 2륜 인력거를 타고 목적지에 도착했다. 열대 정원이 있는 수도원이자 성지인 곳, 수련이 가득한 연못, 거대한 조각상과 작은 찻집이 있는 바로 그곳에. 원래 이곳은 수백 명을 수용하기 위해 조성되었다고 한다. 하지만 시바신의 탄신일을 기념하는 마하 시바 라트리 주간에는 무려 12만 명 이상이 벌떼처럼 몰려왔다.

이 시기에는 사람들 때문에 도무지 발 디딜 틈조차 없었다. 모두를 위한 공간은 날마다 협소해졌고 몰려드는 인파는 점점 늘어났다. 한번은 지름이 4미터인 프라이팬 앞에 앉은 적이 있는데 그 정도 사이즈가 아니라면 사람들에게 식사를 제공할 수 없었을 것이다. 이것이 인도의 방식이자 규모다. 거대한 명상 홀에서는 완전히 다른 도전이 진행되고 있었다. 몇 시간 내내 우리는 섭씨 40도에서 서로의 무릎을 맞닿은 채 A4 용지 크기의 딱딱한 방석 위에 가부좌를 틀고 앉아 있었다. 여성은 오른쪽, 남성은 왼쪽. 모두가 그 자세 그대로 명상하고, 찬양하고, 귀 기울였다.

너무 힘들었다가 또 괜찮아지는 상황을 거듭 겪다 보니 불현
듯 모든 것이 무의미해졌던 순간이 떠오른다. 당신도 그런 기분
을 아는가? 갈증, 무릎 통증, 배고픔, 식은땀, 삶의 의미, 산소 부
족 등의 모든 고통이 갑자기 부차적인 문제가 되는 순간. 온전히
자신에게 집중한 무아지경에 빠지면 모든 것이 가득 채워짐과
동시에 비워진다. 이 특별한 상황에서 거대한 스피커로 울려 퍼
지는 심오한 진리가 전달됐다. "우리에게 무의미한 일이 생기면
우리는 그것을 상황이라고 부른다." 나는 그 말을 새겨들었다. 조
개 모양의 홀이 그 소리에 진동했다. "우리 마음에 들지 않는 일
이 생기면 우리는 그것을 문제라고 부른다. 그리고 우리가 좋아
할 만한 일이 생기면 우리는 그것을 행운이라고 부른다."

나는 이 말이 참으로 조화로운 3화음이라고 생각한다. 실질적
인 문제가 무엇인지 침착하고 정확히 표현하고 있다. 바로 우리
자신의 평가가 문제였다. 물론 포춘쿠키에 담긴 옛 진리처럼 내
용물이 50퍼센트인 잔이 반만 채워진 것인지 또는 반만 덜어진
것인지는 관찰자의 시야에 달렸다. 하지만 이런 식의 현상을 새
롭게 다듬어 표현하는 것으로 옛 깨달음이 한층 심오해진다. 내
머릿속은 계속 명상에 잠겨 있었다. "즐거운 무언가를 떠올릴 때

우리는 재미를 느낀다. 우리를 두렵게 하는 무언가를 떠올리면 걱정이 생긴다.”

지금 아무 생각 없이 사용하는 익숙한 개념도 말뜻을 의식적으로 재해석해보는 자세는 매우 유용하다. 이를테면 ‘걱정하다’처럼 말이다. 나는 걱정에 사로잡힌 사람들이 얼마나 많은 에너지를 소비하는지를 깨달을 때마다 놀라곤 했다. 너무나 많은 사람이 걱정을 발생 가능한 시나리오로 생각하며 달고 산다. 이들은 가장 아름다운 순간마저도 정말 아무런 의심 없이 슬쩍 걱정을 끼워 넣는다. 심지어 낙관론자들마저도 배에 몰래 탑승한 밀항자와 같은 감정을 품고 있다.

걱정이란 도대체 무엇일까? 내 견해로는 애당초 걱정이란 무의미한 두뇌 활동에 불과하다. 우리는 앞으로 어떻게 전개될지 모르는 상황과 마주하면 가장 먼저 최악의 상황부터 떠올린다. 간단한 사례를 들어보자. 딸아이가 야외 콘서트에 가고 싶어 한다. 그러면 부모는 다음과 같이 생각할 것이다. ‘비가 안 오면 좋겠는데.’ 그리고 일기예보에서 비가 내리는 것이 명확해지면 ‘우비를 가져가야 할 텐데.’ 그리고 그것도 확실해지면 ‘아프지 말아야 할 텐데’라고. 이렇게 근심과 걱정이 꼬리를 물며 끝도 없이 이어진다. 이는 두뇌와 두뇌 특유의 드라이버 효과Screwdriver effect

때문이다.

"위험은 현실이다. 하지만 두려움은 각자의 의지에 달렸다. 고로 걱정은 무의미하다"란 말을 읽은 적이 있다. 이 말을 보자마자 빠져들었다. 왜냐하면 그 말에 따르면 두려움 또한 걱정과 마찬가지로 그저 각자가 떠올린 감정이자 가정 그리고 투사에 불과하기 때문이다. 결국 걱정과 두려움은 우리 머릿속에서 시작된다. 그것도 당장 존재하지도 않는 시간인 미래에. 만약 우리가 좀 더 현실에 집중한다면 어떻게 될까? 미래에 벌어질 부정적인 시나리오를 지금부터 과거로 여긴다면? 그러면 당장 사용할 수 있는 에너지가 늘어날 것이고, 스트레스 호르몬 수치도 낮아질 것이다.

2017년 5월 영국의 맨체스터 경기장. 팝 가수 아리아나 그란데의 콘서트 후 자살 폭탄 테러범이 폭탄을 터트렸고 그로 인해 23명의 선량한 시민이 목숨을 잃었다. 당시 벌어진 여러 테러 중 하나였던 이 사건은 영국에서 가장 심각한 문제로 떠올랐다. 런던에 거주하던 앨런은 이 사건 때문에 큰 불안에 떨었다. 그의 친구들 중 한 명인 나이절은 맨체스터에 거주하고 있었다. 앨런은 평소 나이절이 아리아나 그란데의 음악을 좋아했는지, 그리고 그때 맨체스터에 있었는지도 몰랐다. 그런데도 나이절과 연락이 닿지 않자 걱정에 휩싸여 일도 제대로 못 하고 불안감에 잠도 못 잤다.

물론 감정적인 측면에서 예외적인 상황에 관한 질문은 적절하지 못하지만 나로서는 코칭을 위해 어쩔 수 없었다. 그런 질문은 상황에 전혀 공감하지 못하는 것처럼 들릴 수 있을 것이다. 그렇지만 나는 앨런이 일반적으로 의미를 매우 중시하는 목표 지향적인 사람임을 알고 있었으므로 몇 가지 질문을 추가로 던졌다. 충격 때문에 정신 차리지 못하는 상태를 질문들이 뒤흔들 수 있을 정도인지 가늠하기 위해서였다.

"앨런, 지금 그렇게 걱정한다고 해서 당신이 얻는 것은 무엇일까요? 그러니까 내 말은, 당신에게 득이 되는 것은 무엇일까요?" 느리지만 곰곰이 생각한 앨런에게서 답변이 흘러나왔다. 답변 목록은 길었다. 나는 좀 더 파고들었다. "그러면 나이절은 지금 당신이 어떻게 행동하기를 바랄까요?" 그러자 앨런은 빠르게 가벼우면서 낙관적으로 들리는 아이디어를 제안했다. 그 말에 나는 덧붙였다. "그럼 그럴 만한 이유가 생겼을 때 충격받아도 되지 않을까요?" 그제야 처음으로 부드러운 미소를 지으며 생각에 잠긴 채 고개를 끄덕이는 앨런의 모습을 긍정적인 신호로 판단한 나는 유머러스하게 접근했다. "그거 알아요, 앨런? 걱정이란 아직 손가락을 베지도 않았는데 반창고를 붙이는 것이나 다름없어요."

미동도 없는 얼굴, 그리고 나를 뚫어져라 바라보는 시선이 느껴졌다. 이윽고 납득한다는 미소가 서서히 앨런의 얼굴에 퍼져나갔다. "맞아요!"라고 외친 그는 한결 편안해진 표정으로 고개를 절레절레 흔들었다. "미리 걱정하는 것은 고통이란 말이죠, 그렇지 않나요?" 결국 고통이란 벌어지지 않은 일을 미리 걱정하는 것을 의미한다. 순간 앨런은 본연의 모습을 되찾았다. "맞아요, 모름지기 손을 베기 전에 반창고를 붙이는 일은 없으니까요!" 우리는 큰소리로 웃었다. 정말 은유가 최고다!

그 말에 담긴 뜻이 얼마나 지혜롭고 아름답든 우리의 심금을 울리지 못한다면 아무 소용없다. 머릿속에 가득 차 있어도 정작 마음에 와닿지 못한다면 성장에 아무 도움도 되지 않는다. 결국 그 말을 해서 생기는 변화가 없기 때문이다. 그 말의 메시지가 정신적 측면에 전달될 때 깨달음이 되고, 그제야 비로소 말을 실행할 의지가 솟아오른다. 이 말이 너무 난해하게 들린다면 다시 한 번 읽어보라. 그러면 깨달을 것이다. 항상 반발심이 드는 곳, 바로 그곳에 진리가 숨어 있다.

누군가가 "걱정은 국수와 같다. 항상 너무 많이 만든다"라고 사회관계망 서비스에 포스팅한 적이 있다. 물론 단순하게 생각할 수도 있다. 내 조언은 '지금 당장 보험료를 계산할 때 필요한 위험 진단 때문이 아니라면 걱정은 하지 마라'이다. 그래봤자 얻을 것이 하나도 없다. 만약 당신이 문제를 해결한다면 애당초 걱정할 필요가 없기 때문이다. 그리고 설령 문제를 해결하지 못한다고 한들 괜찮다. 뭐 하러 걱정하는가?

이 조언이 당신에게 선사하는 것은 무엇인가?

안심   평온   신뢰

41

내가 틀렸어

"내가 틀렸어." 이 간단한 말을 제대로 하는 사람이 극히 드물다는 것은 가히 충격적인 일이다. 두 마디면 끝나는 이렇게나 간단한 말을. 하지만 20년 이상 비즈니스 코치로 활동한 나의 경험상 현실은 전혀 그렇지 않다고 강조하고 싶다. 더욱이 상황을 더 복잡하게 만드는 것은 사회적 위치다. 사회적 위치가 높을수록 무언가를 순순히 인정할 마음의 준비가 적어진다. 경영진의 영향력은 항상 크기 때문에 각 부서에 미칠 파급력을 고려하면 두 배로 안타까운 상황이다. 호흡할 공기마저 부족할 만큼 까마득히 높이 있는 최상부의 최고경영진이, 물론 극히 드물지만 "내가 틀렸어"라고 솔직하게 시인할 때 많은 시간과 임직원의 신경이 절약될 수 있다. 왜 그럴까? 나날이 커져가는 책임감과 함께 내적 주체성도 함께 성장하기 때문일 것이다. 우리 또한 무언가를 잘 못 판단했음을 인정하는 자세가 필요하다. 원래 실수란 지극히 인간적인 것이다.

본부장 회의가 열리고 있는 프랑크푸르트의 한 빌딩 23층. 내 뒤에 있는 통창 너머로 도시의 스카이라인이 보였고, 내 옆에는 잔뜩 조바심이 난 내담자가 계속 노트북컴퓨터를 두드리고 있었다. 오늘은 현장 실무Job on the Job 프로그램이 진행되는 날이다. 내게 그 말은 나의 내담자를 그림자처럼 수행하는 날이라는 의미이기도 했다. 그가 경험하는 모든 것을 나 또한 함께 경험한다. 그와 함께 다니면서 곁에서 조용히 침묵하며 그날 저녁 평가에 필요한 모든 내용을 기록한다. 클라이언트 곁에서 그림자처럼 보내는 그날 하루 상황에 따라 나는 나를 저널리스트, 기업 컨설턴트, 저자, 코치로 소개했다. 어떤 날은 공인회계사 역을 자처하기도 했다. 오늘의 역할은 코치였다. 우리 외에 내담자의 동료 여덟 명이 타원형 회의 석상에 모여 있었다. 각각 일곱 명의 남자와 한 명의 여자였다. 회의에서는 매우 심각한 사안이 논의되고 있었다. 잘못된 결정으로 일어난 72만 유로 상당 손실에 관한 내용

이었다. 연신 이마를 문지르던 본부장이 불안한 듯 의자에서 앞
뒤로 몸을 들썩이며 수동적이고 애매한 말로 회피하고 있었다.
"몇 주 전에 이미 그렇게 결정했습니다. 그렇게 논의가 되었죠.
그만큼 지침은 확실했습니다…" 그가 공식적으로 명확히 결정하
는 발언을 했더라면 그 공간에 있는 모두가 흡족하게 받아들였
을 것이다. 이를테면 "저의 완전한 오판이었습니다. 큰 오류였죠.
이제 내가 어떻게 판을 바꿀지 한번 지켜봐주시죠." 하지만 그는
계속 몸을 비비 꼬기만 했고, 회의실에 있던 전원은 아무 말도 못
했다. 시나리오는 그렇게 이어졌다. 점점 커지는 음성과 논점을
벗어나 빙빙 돌기만 하는 말에 동료들은 갈수록 짜증이 치솟았
다. 대다수가 그사이 각자의 문제를 처리하거나 회의 테이블 아
래에서 숙련된 솜씨로 이메일을 쓰거나 휴대전화 메시지를 보내
기 시작했다. 그러다 어느 순간 누군가가 폭발하고 말았다. "이제
제 문제를 상의해도 좋을까요? 15분 뒤에 시카고에서 연락이 올
예정이라서요!"

그러자 갑자기 모두가 정신을 차렸다. 각자 전화 받을 곳이 있
었던 터라 그제야 모두가 황급히 시계를 바라봤다. 그것이 이 에
피소드의 끝이었다. 회의는 예정보다 45분 이상 길어져서 이미
참석자의 절반이 회의실을 떠난 상황이었다. 그럼에도 그들은

다음 회의에 늦은 상태였다. 이제 약 50명의 직원이 본부장의 무
능력을 책임져야 했다. 그가 무턱대고 회의를 지연한 바람에 이
후로 예정된 회의에 차질이 생겼기 때문이다. 모두가 일정을 조
정해야 했고, 다음 일정을 처리하지 못하거나 단 5분 만에 끝내
야 하는 상황으로 번졌다. 당연히 누구도 그런 식으로 일을 완료
할 수 없었으므로 예정되어 있던 모든 일이 지연되었다. 그날 저
녁 벌어진 도미노 효과였다. 게다가 72만 유로 손실 문제도 여전
히 정리되지 않았던 탓에 동료들 사이의 분위기는 지하실을 뚫
고 내려갈 판이었다. 여기서 배울 점은 책임질 준비가 되어 있지
않은 사람은 주변 사람들의 시간과 에너지를 빼앗지 말아야 하
며, 그로써 자신에 대한 존중이 훼손되지 않도록 해야 한다는 사
실이다.

　이 사례를 체감하기 위해 특정 사업 부문의 운영을 떠올려볼
필요도 없다. 유사한 상황이 일상에서 수백만 번은 생기기 때문
이다. 백화점 안내 부스 직원이 당신이 찾는 열쇠 가게를 제대로
알려주지 않아 백화점 절반을 헤매고 다니게 했다든가 하는 상
황처럼 말이다. 또 공항 체크인 카운터 직원이 실수로 게이트 번
호를 잘못 알려준 탓에 뒤늦게 미친 듯이 달려갔지만 결국 비행

기를 놓쳐버렸는데도 "죄송해요. 제가 틀렸습니다"라는 말을 끝까지 듣지 못했다거나. 또 헤어스타일리스트가 내가 고르지 않은 색으로 염색하고는 끝까지 고집스레 그 색이 당신에게 어울리는 톤이라고 주장할 때처럼 몇몇 상황은 우리에게 커다란 영향을 미친다. 핑계를 대려는 경향은 실수를 인정하려는 의지보다 훨씬 크다. 그런 태도는 우리와 타인의 인생을 쓸데없이 더 힘들게 만들 뿐이다. 사실 너무나 간단히 해결될 수 있는 문제다. "죄송합니다. 제가 틀렸습니다." 딱 3초면 충분하다.

순순히 인정하는 것만으로 얼마나 많은 삶의 에너지가 생기는지, 그리고 인생이 복잡해지지 않고 마음을 넉넉하게 해주는지 제대로 알았더라면 우리는 분명 더 자주 그랬을 것이다. 게다가 잘못을 인정하는 자세를 통해 주체성을 기를 수도 있다.

부정적인 사항을 당당히 말하는 것은 항상 무능력 전략의 일환으로 비쳤다. 자신의 실수를 스스로 지적하는 것은 그저 타인에게 공격할 타깃을 제공하는 데서 끝나지 않기 때문이다. 하지만 다소 불편한 말을 꺼낸다고 해서 얼마나 큰일이 벌어진단 말인가?

그러므로 실수의 황금 규칙은 이렇다. 부정적인 사항은 항상 중요하다. 하지만 그것을 제대로 언급하는 순간 당신의 상황은 즉각 개선된다. 부정적인 사항에 대한 발언으로 관련 문제에 스포트라이트를 비추는 즉시 출구를 위한 해결책을 찾는 과정이 시작된다. 따라서 여유를 가지고 자신의 실수를 시인하는 태도는 언제나 흥분 상태를 가라앉히고 차분하게 만든다. 당신 자신과 다른 사람들까지도.

어리석게도 '실수'를 '실패'로 생각하는 사람이 너무 많다. 사실 진정한 의미에서 우리는 뭔가를 놓치고 있다. 우리가 어린아이였을 때도 이처럼 실수에 거부감이 있었더라면 어땠을지 상상해보자. 추측건대 우리는 말하는 법도 뛰는 법도 배우지 못하고 지금까지도 웅얼거리며 기어다닐 것이다. 위대한 깨달음이 모두 실수에서 영감을 받았다는 사실만 떠올려봐도 놀랍지 않은가. 발명가들은 수천 번의 실험이 어둠으로 끝났을지라도 그 경험을 통해 전구의 전선을 어떻게 감느냐에 따라 세상이 밝아질 수 있음을 알고 있었다.

코칭에서 항상 내가 반복해서 경험한 것 또한 만능 도구에 관한 잘못된 인식이었다. 무언가만 있었더라면 모든 일이 잘됐을 거라는 생각. '그랬더라면 항상 재치 있고 적절한 말을 할 수 있었을 텐데.' 하지만 정말 그럴까? 궁지에 몰려서 궁극의 미사여구를 찾는 데만 급급하다가 오히려 탈출구를 놓치는 셈이다. 진정한 해결책은 바로 그 문제점이 무엇인지 직접 언급하는 것이다. 그것만으로 충분하다.

지금껏 내가 한 말과 모순되는 부분이 있는데, 도구를 언급하고 있기 때문이다. 우리의 라벨을 명확하게 해주는 도구다. 나는 그 방법을 '명백한 것은 즉시 말하기State The Obvious Promptly, S.T.O.P.'라고 부른다. 앞의 에피소드에 등장했던 본부장이 자신의 과오를 그 자리에서 시인했더라면 정말 훌륭한 대처였을 것이다. 비록 72만 유로의 손실을 떠안아야 했을지라도 말이다.

아무튼 자신을 위해 "내가 틀렸어"라는 말을 적극 활용하기를 추천한다. 평소 자주 쓰는 어록에 이 말을 포함시키면 모두에게 더 유익하고, 용감한 결정을 내리고, 한층 더 성장할 수 있다. 그로써 자신이 틀렸을 때 순순히 인정할 수 있다. 지금 이 주제만큼은 내가 틀리지 않았음을 확신한다.

이 조언이 당신에게 선사하는 것은 무엇인가?

42

그냥 원래
그랬어

"다음 주에 발표될 넷플릭스 시리즈에 누가 캐스팅될지 맞혀봐요. 바로 나예요! 내가 아니면 누가 되겠어요!" 한나가 헤드폰 너머로 소리쳤다. 흥분한 그녀가 자리에서 벌떡 일어나는 모습이 보였다. "드디어 뉴욕으로 날아가요오오! 스코틀랜드에서 두 달 정도 촬영한대요. 두 달씩이나요!" 많은 것을 암시하는 세부 사항들이 줄줄이 이어졌다. "레드 카펫에 선 내 모습을 볼 마음의 준비나 하세요. 레드 카펫, 딱 기다려. 내가 간다!" 그렇게 기뻐 날뛰던 그녀는 캐스팅을 위해 출발했다.

나는 한나를 위해 그리고 나를 위해 함께 기뻐했다. 어쨌거나 레드 카펫 행사는 언제나 즐겁기 때문이다. 여기에서는 출연과 영향력 같은 당연한 주제 외에도 많은 것을 챙겨야 한다. 예컨대 '아직 아무도 묻지 않은 질문에 대답하는 방법'처럼 말이다. 하지만 이것은 정치인들이 의도적으로 질문을 무시하는 끔찍하게 속이 훤히 보이는 발언과는 다르다. 어쨌거나 장래의 꿈에 관한 일이니까. 한나에게는 지금이 인생에서 가장 중요한 단계로 성큼 올라선 순간이었을 것이다. 앞으로 남은 것은 캐스팅되고 계약한 후 실제로 촬영하는 것.

　몇 달 뒤 한나에게 전화가 걸려 왔다. 녹초가 되어 덜덜 떨리는 음성으로 몇 번의 확약이 이어지고 영상 전화까지 마친 후 결국 새로운 메시지가 전달됐다. 한나가 맡으려고 했던 배역이 갑자기 네덜란드 여배우에게 넘어갔다는 소식이었다. 금발에 키가 크고 더 어린 배우에게. "뭐라고요? 그게 가능해요? 외모로 뽑는다고요? 가발도 있고, 마스크도 있고, 신발도 있는데요!" 한나는 너무 당황한 나머지 자제력을 잃고 어찌할 바를 모르고 있었다. 배역을 빼앗기고 몇 주가 흐른 후에도 극복하지 못한 한나는 상담 시간에 분노를 터트렸다. 보다 못한 내가 그녀가 말하는 도중에 개입했다. "캐스팅에 뽑혔다는 통보를 받았을 때 당신은 어디에 있었나요?"

　"뭐라고요? 왜 묻죠? 친환경 마켓의 유제품 코너요. 그게 중요한가요?” 한나는 내 질문을 못마땅해하는 기색이 역력했다.

“그래서 그날 하루는 어땠어요?”

“당연히 기분 좋았죠. 그랬던 거 같아요.” 그녀가 생각에 잠겼다. “방금 새로운 에피소드의 주연을 제안받았고, 돈도 계좌에 있었고, 그리고 사랑에 빠진 상태였죠. 그러니 좋을 수밖에.”

“아하.” 나는 말했다. “그러면 기분이 좋았던 그날, 친환경 마켓으로 되돌아가봅시다. 유제품 코너로 가보세요. 그럴 수 있겠어요?”

“그럼요.” 뭔가 언짢은 표정이었지만 한나는 두 눈을 감고 생각에 잠겼다.

“그래요. 이제 당신의 생각을 휴대전화에 집중해봅시다. 벨이 울리는지 아니면 울리지 않는지 떠올려보세요.”

“뭐라고요?”

“그래요. 휴대전화 벨은 울리지 않아요. 그리고 전화가 오지도 않을 거예요. 당신이 친환경 마켓에 있는 동안, 그리고 이후로도요. 당신의 에이전트는 당신에게 전화를 걸지 않을 거랍니다. 그 배역도 당신에게 제안되지 않을 테니 지금 같은 사연도 없겠죠. 당신은 그런 드라마 시리즈가 있다는 것 자체도 모를 겁니다.”

한나가 놀란 표정을 지으며 감았던 눈을 떴다. 갑자기 차분해진 그녀는 마치 주변이 조금 더 밝아진 것 같은 기분이라고 설명했다.

극도의 분노에 휩싸인 상태에서 갑자기 신호가 들어오면 어떤 일이든 일어날 수 있다. 그때는 우리 것이 되지 않은 일은 내려놓아야 함이 자명하다. 이런 생각이 머리에서 마음으로 전달될 때 모든 부정적인 생각이, 카드로 쌓은 집이 우르르 무너지듯 순식간에 사라지며 모든 것이 한결 편안해진다. 우리 뇌는 작은 사실 하나만 가지고도 대하드라마를 지어내기도 한다. 그리고 애초에 이 사연에서 한나가 겪은 일은 무언가에 대한 전망이었지 그 이상도 이하도 아니었다. 실제로 한나가 처음부터 손에 쥔 것이 없었으므로 사실 잃어버린 것도 없다. 친환경 마켓에서 캐스팅 오디션 제안을 받았을 때 그녀는 기분이 좋았다고 언급했다. 전화가 오기 전까지 그녀는 그 배역이 전혀 아쉽지 않았다.

만약 어떤 일로 매우 힘들어한다면 그 길이 교차되었던 순간으로 되돌아가서 다른 출구로 나가거나 계속 걸어가라. "그냥 처음부터 원래 그랬어"라는 평범한 말을 통한 상상 속 여행은 기적을 일으킬 수 있다. 이 말은 우리가 실현할 수 없는 모든 기회를 치유해주는 약이 된다.

나는 죄책감을 느끼는 상황에서도 이 말을 활용하기를 적극 추천한다. 이를테면 오랜만에 여행을 가려고 정했을 때 벌어지는 상황처럼 말이다. 자영업자라면 내 말 뜻을 이해할 것이다. 일하면서 사기가 저하되고 마지막으로 떠났던 휴가가 아주 오래된 것만 같은 기분이 들 때 우리는 여행을 떠나고픈 생각에 빠져든다. 그리고 여행을 떠나려고 한 걸음 내딛는 순간 갑자기 주문이 폭주한다면? 예술가들도 분명 다음과 같은 상황을 겪어본 적 있을 것이다. 해변에 늘어져 있는데 갑자기 사진 촬영, 배역, 영화, 대형 프로젝트처럼 수익이 보장된 행사 제안이 들어오면 어떻게 해야 할까? 만약 당신이 어떻게 바꿀 수 있는 사안이 아니라면 그냥 내려놓는 것이 좋다. 빠르면 빠를수록 좋다. 수용하고, 시인하고, 내려놓는다. 말 그대로 이런 결심은 우리를 침착하게 만든다. 단순한 깨달음처럼. "그냥 처음부터 원래 그랬어." 자신에게 건네는 이 독백만으로 빠르게 마음의 평온을 되찾을 수 있다. 어떤 사람은 이 사고방식이 너무 숙명적이며, 주어진 상황에 항복하는 것 같다고 생각할 수도 있다. 하지만 당신이 마음먹는다면 다르게 들릴 수도 있을 것이다. 당신의 에너지를 많이 아껴줄 여유로운 마음가짐으로의 초대라고 생각해보면 어떨까?

그러면 최고의 직장을 찾을 기회, 집을 팔 기회, 마지막 항공좌석을 예약할 기회가 사라져도 그렇게 힘들지 않을 것이다. 침착하게 마음을 가라앉힌다. 숨을 내쉬고, 들이마신다. 지금 상황이 원래 있었던 그대로임을 인식한다. 그러면 당신이 어떻게 해도 바꿀 수 없는 일을 파헤치는 것이 무의미해진다. 과거는 그냥 그것이 속한 그곳에 그대로 두는 것이 최선이다. "당신이 어떻게 애를 써도 아무것도 바꿀 수 없는 날이 1년에 두 번씩 있다." 달라이 라마는 이렇게 표현했다. "하루는 바로 어제이고, 또 다른 하루는 내일이다."

만약 당신이 상황을 바꿀 수 있다면? 그래서 당신에게 여전히 영향력을 행사하는 그 무언가에 화난 상태라면? 당신이 취소하고, 개선하고, 디자인할 수 있는 일이라면? 그런 상황이라면 당연히 당신의 분노도 긍정적으로 작용한다. 적극적으로 문제를 해결하고 싶은 마음이 결심에 필요한 추진력이 되고 재도전하게 만드는 원동력이 된다.

평온에 대한 기도는 우리가 항상 어떻게 반응할지 선택할 수 있다는 사실을 상기시켜준다. "내가 바꿀 수 없는 것들을 수용하는 평정심을 허락하소서. 내가 바꿀 수 있는 것들을 변화시키는 힘을 허락하소서. 그리고 둘을 구별할 지혜를 주소서." 아주 진실하고 간단하지만 한편으로는 아주 어렵다. 우리가 항상 이 모든 것을 척척 쉽게 해낼 수 있었더라면 얼마나 좋았겠는가.

　　한나의 사연으로 돌아가면, 그로부터 4개월 뒤 그녀는 억울했던 캐스팅 취소가 결국 축복이었음을 깨달았다. 드라마 촬영에서 제외된 탓에 한나가 참여한 다른 프로젝트에서 평생을 함께할 남자를 만났기 때문이다. 두 사람은 몇 년 전에 결혼했다. 청첩장에는 "그냥 처음부터 원래 그랬어"라는 문구가 금박으로 근사하게 새겨져 있었다.

이 조언이 당신에게 선사하는 것은 무엇인가?

평온　　　안도　　　평화

43

당신을 위해
더 기뻐하고 싶어요

나는 배우를 무척이나 좋아한다. 이들은 비즈니스 세계에서 내가 겪은 경험에 대한 훌륭한 거울이며, 호기심이 왕성하다. 개인의 성장에 대한 사람의 관심은 직업을 선택하는 것부터 드러난다. 자신의 안전지대를 언제라도 벗어날 수 있다는 용감한 마음가짐을 지닌 사람들과 함께 일하면 더 적극적이고 활기찬 분위기가 조성된다. 템포런tempo run(고강도 인터벌 운동과 유사하지만 최대 속도로 달릴 필요는 없는 운동법-옮긴이) 훈련법도 가능하고, 언제라도 깊이 잠수할 수 있다. 설득은 불필요하다. 무조건 편안한 행복을 좇으려 하지 않는다. 이들은 이미 코칭 전에 스스로 결정하는 편이다. 이러한 태도는 좋은 출발점이다.

배우들은 어느 정도 자신을 응시하는 경향이 있고, 이런 태도는 스스로에 대한 진정성을 높인다. 두 가지 특성 모두 배우에게 유용하다. 평균을 상회하는 이들의 감정 지능도 커다란 이점이다. 그렇지만 어리석게도 과도한 시기와 질투가 많은 배우의 계획을 망친다. 대다수의 직업군과 달리 배우들은 자동으로 동료와 비교되는데 그들이 서로 경쟁하기 때문이다. 이들의 세상에서는 다른 방식으로는 경쟁할 수가 없다. 흥미를 느낀 배역을 보는 순간 내면의 질문지가 빼곡히 채워진다. 저 역할을 어떻게 따낼 수 있을까? 이런 뉘앙스를 연기하려는 나의 이미지는 어떠한가? 데모 녹화할 때 어떤 색을 입혀야 할까? 훌륭한 감독과 마주하려면 어떻게 해야 할까? 내가 다른 사람보다 큰 확신을 주었을까? 왜 나는 캐스팅 오디션에 초청받지 못했을까? 캐스팅에서 최종 합격하지 못한 이유는 무엇일까? 소속 기획사를 바꿔야 할까? 질문에 질문이 꼬리를 문다.

그러다 보면 성과를 이루고 자신을 더 갈고 닦아야 한다는 압박과 끊임없는 비교가 이들의 일상이 된다. 굴뚝 청소부라면 그렇지 않을 것이다. 심장 전문의, 가스·수도 기술자, 치과기공사도 마찬가지다. 라이프 코치도 그럴 필요가 없다. 왜냐하면 내가 굳이 별도로 상담 예약을 하지 않는 한 다른 동료 코치들이 일대일 상담 치료에서 무엇을 하는지 알 방법이 없기 때문이다. 끊임없는 비교는 다른 예술가들의 퍼포먼스를 직관하는 예술인 직군의 특성이다. 특히 배우들이 가장 심하다. 언제, 어디서, 누구나 영화를 접할 수 있기 때문이다.

대부분의 경우 비교는 드라마에 캐스팅되는 가장 확실한 방법이면서 그 과정에서 실패를 겪게 만드는 원인이 된다. 실패하는 사람이 다른 배우든 자신이든 말이다. 타인과 자신을 비교하면서 계속 벌어지는 격차를 느끼면 전혀 매력적이지 않은 두 개의 극 중 하나를 선택하게 된다. 다른 한편에는 오만, 경멸, 시기가 가득하다. 그러면 마음속에서 이런 속삭임이 들릴 것이다. "세상에, 저 여배우는 정말 별로야. 나라면 전혀 준비하지 않고도 저것보다 연기를 잘하겠네." 아니면 그 반대편에는 불안, 자기 파괴, 실망이 자리 잡고 앉아 소심한 목소리로 이렇게 속삭일 것이다. "내가 포기해야 했어. 나보다 열 배는 낫네. 저 배역을 맡기에 나는 너무 나이도 많고, 키도 크고 키도 작고, 뚱뚱하고 말랐고, 너무 지적으로 보이는 거 같아."

이들이 자발적으로 나서서 서로 캐스팅, 촬영, 워크숍, 코칭에 대해 조언하며 응원해주는 모습은 정말 신기할 정도다. 수없이 접촉하고, 카메라 앞에서 동료가 더 돋보이게 연기하고, 피드백을 주고받는다. 아무리 그렇다 해도 다른 한편으로는 동료 여배우가 배역을 확정 지을 때, 레드 카펫 앞의 사진작가가 옆 사람 이름을 크게 외칠 때 마음속에서 따끔따끔하고 불편한 통증을 느끼는 것만은 어쩔 수 없다.

　나는 여기서 누구나 얼굴을 알고 있을 상위 5퍼센트의 인기 배우들을 언급하는 것이 아니다. 그들이 사는 세상은 내가 설명한 것과는 많이 다를 것이다. 내가 말하는 대상은 재능이 많고 항상 최선을 다하는데도 지금까지 특별한 두각을 드러내지 못한 무명 배우들이다. 이 세상에는 그런 사람들이 훨씬 많다.

　베를린에서 독일영화상 시상식이 열린 날의 일이다. 내가 기억하는 바로는 적어도 몇몇 여성이 하이힐을 신지 않고 손에 들고 서 있었다. 내가 스탠딩 테이블 주변에서 조금 떨어진 계단 위에서 프로세코 두 잔을 들고 있을 때 두 여배우가 신음을 흘리며 다가와 계단에 앉았다. 한 명은 빈손이었지만 다른 한 명은 평생 가문의 영광이 될 길쭉한 황금 롤라 트로피를 핸드백에서 꺼냈다. 그해 최우수 여배우상을 받은 배우였다. 두 사람 모두 같은 부문 후보에 올랐고, 수상자는 좀 더 잘 알려진 배우였던 듯하다.

　"그거 알아요?" 빈손인 여배우가 말했다. "가능하면 당신을 위해 기뻐하고 싶은데, 그게 잘 안 되네요." 잠시 정적이 흘렀다. 이후 더 확고한 시선으로 바라보며 말을 끝냈다. "그래도 진심으로 축하합니다."

"고마워요." 수상자가 대답한 후 핸드백에서 트로피를 꺼내 들었다. "정말 제게 의미 있는 상이에요." 그녀가 트로피를 물끄러미 바라봤다. "저, 그럴 자격이 있었잖아요. 아닌가요?"

"맞아요." 처음 말을 꺼냈던 배우가 대답했다. 그리고 잠시 후 말을 덧붙였다. "하지만 저도 그랬어요."

"그럼요." 이제는 트로피를 손에 쥔 여배우가 대답했다.

두 사람은 서로를 바라보며 미소 지었다. 우연히 목격했지만, 고요하고 솔직하면서도 진심이 느껴지는 광경이었다. '정말 영화 속 장면 같네!'라는 생각이 내내 머릿속을 채웠다. 자고로 진심을 전하려면 저 두 사람 같아야 한다는 생각도.

두 배우의 대화가 내게 왜 그렇게까지 깊은 인상을 남겼을까? 무엇보다 진심이 담겨 있었고, 공허하면서도 거짓된 기쁨을 연기하지 않았기 때문이다. 처음에 밝히지 않았더라면 그 말이 시기하거나 질투하는 것인지 제대로 알아챌 수 있었을까? 시선은 불안정하면서도 동시에 딱딱하기도 했지만 음성에는 가려지지 않는 기쁨이 녹아 있었다. 그리고 숨기지 못한 말이 은근슬쩍 튀어나왔다. "솔직히 말하면 정말로 기뻐요." 정말로…? 솔직히…? 질투가 나는데도 그냥 두었다면 마음의 크기가 얼마나 되었을까? 하지만 모두가 자신에 대한 솔직한 심정이다. 이런 마음은 언제나 자기 성찰의 좋은 동기가 된다.

"우와, 축하해!" 내 친구 마르크가 필립에게 말했다. 두 사람은 음악 프로듀서다. 우리 세 사람 모두 어릴 적부터 잘 알았고, 특히 두 사람은 서로를 잘 챙기는 사이였다. 그날은 필립이 프로듀싱한 음악이 음악 차트에서 마르크보다 높은 순위에 올랐을 뿐만 아니라 싱글 판매 50만 장을 돌파한 날이었다.

"정말 굉장해." 마르크가 말했다. "너를 위해 더 기뻐할 일이 생기면 좋겠다. 플래티넘상 말이야!" 또다시 이 말이 등장했다. 그리고 마르크의 가장 큰 장점이 솔직함인 만큼 그가 덧붙였다. "사실 난 그냥 나의 기쁨을 위해 일하는 경향이 있는 편이지."

두 사람은 함께 큰소리로 웃었다. 곁에서 그들의 대화를 들은 나는 정말 당당하고 멋진 태도라고 생각했다. 그러므로 당신도 언젠가 타인의 행복에 불편하고 신경 쓰이는 감정이 생긴다면 이 두 가지 에피소드를 떠올려보기 바란다. 꼭 그 말을 소리 내어 말할 필요는 없다. 입 밖으로 꺼내고 싶지 않다면 조용히 마음속으로 자신과의 독백으로 떠올려보라. '비록 내가 타인을 위해 진심으로 기뻐하는 것까지는 못했지만, 그래도 기분이 한결 나아졌어!' 자신의 상태를 인정하는 것만으로도 내면에 더 많은 에너지가 샘솟는 것을 느낄 수 있다. 그렇지 않았으면 부당하게 그 에너지를 화살에 실어 무작정 반짝이는 승자를 겨누는 데 썼을 것이다. 그런 행동은 누구에게도 도움이 되지 않는다.

"가능하면 당신을 위해 더 기뻐하고 싶네요." 얼마나 아량이 크고, 자신을 제대로 비추는 자세란 말인가. 말하는 사람과 듣는 사람 모두의 인생을 훨씬 편안하게 해줄 수 있는 말이다. 해결책은 이렇게 간단할 수 있다.

이 조언이 당신에게 선사하는 것은 무엇인가?

통찰력 솔직함 넓은 마음

44

그냥 여기 이걸로
할게요

나는 결정을 빨리 하는 편이다. 항상 그랬던 것은 아니다. 예전에
는 어떤 음식을 주문해야 할지 결정하지 못해 메뉴판을 통째로
외운 적도 있다. 그렇게 해서 같은 테이블에 앉은 사람들의 이성
이 사라지게 만드는 일도 잦았다. 그러다가 어느 날부터 번개처
럼 빠른 결정으로 망설임과 숙고, 추측이 뒤섞인 짜증나는 칵테
일을 과감히 건너뛰었다. 드디어 신속한 결정의 나라로 이주하
는 것이 내게 훨씬 매력적으로 비쳤다. 만약 이런 변화가 얼마나
힘들까 고민했던 나날에 비해 실제로 얼마나 간단했는지 떠올린
다면…. 정말이지 고전적인 점프대 현상이나 다름없다. 몇 시간
을 벌벌 떨며 10미터 높이의 탑에서 적절한 순간만 기다리며 서

있는다. 하지만 대기와 점프의 차이는 결국 단 한 걸음으로 종결된다. 1초도 걸리지 않는 그 순간을 결심한 이유는 갑자기 내면의 두려움이 사라져서가 아니라 두려움이 사라져야 비로소 용기가 생기는 것이 아님을 내면의 법정이 깨달았기 때문이다. 두려움을 느끼면서도 과감히 실행하는 것이 용기다. 결국 결정의 문제다. 그것이 이 장에서 다루려는 내용이다.

본론으로 들어가기 전에, 만약 당신이 무언가를 시작하기 전에 몇 시간씩 들여서 온라인 사용자 평가를 비교하고, 새로운 주방 찬장 표면을 쐐기 또는 다이아몬드 월넛 무늬로 골라야 할지 몇 주간 고민하기를 즐기는 성향이라면 다음 장으로 넘어가기를 추천한다. 원래 결정이 빠른 편이라도 마찬가지다. 만약 당신을 제외한 세상의 시간이 어떻게 흐르는지 이해해보고 싶지 않다면 말이다. 망설이는 모든 사람이 어떻게 그 고통을 참아내는지 나는 이 장에서 세세하게 언급할 예정이다. 우리 가운데 이렇게 시간을 낭비하고 결정을 내리지 못하는 사람들도 옥신각신하지 않고 즉시 행동으로 옮기고 싶어 한다. 다만 허락된 여러 선택지 중 무엇을 어떻게 골라야 할지 모르기 때문에 못 하는 것이다. 이제 그랬던 사람들에게도 자신과 근본적으로 합의할 기회가 생긴 것이다. 자신이 사뭇 결정하지 못할 때 스스로 어떤 결정을 내리고 싶은지 알아볼 기회. 뭔가 정신 나간 소리 같은가? 전혀 그렇지 않다.

나는 당신에게 비상구를 제안하려 한다. 일반적으로 골똘히 생각하며 반응하는 상황을 위한 탈출 전략이다. 이 상태가 임박했다는 것을 깨닫는 순간 당신은 앞으로 그 상황을 줄일 수 있는 말을 소매에서 꺼내 불투명한 마법을 걸 수 있다. "전 여기 이걸로 할게요." 어찌 보면 당연한 말 같지만 매우 효과적이고 구체적인 핵심 경험에 의한 여러 깨달음을 바탕으로 한다.

1990년대 초 텍스멕스 레스토랑(미국 텍사스 스타일의 멕시코 요리 전문점-옮긴이)에서 있던 일이다. 당시 베를린의 동네 코너마다 부리토 가게들이 우후죽순으로 생겨났다. 여러 네온사인 선인장이 거친 서부의 고전적 분위기를 물씬 풍겼다. 도시 전체에 치즈 소스 냄새가 났고, 강한 외국 억양을 쓰는 스태프가 할라피뇨 같은 이국적인 단어로 된 놀라운 스페인어를 말했다. 나는 아직도 텍스멕스의 맛이 어떤지 제대로 모르지만 그래도 의심하지 않는 음식들이 있다. 새해 전날에 먹는 퐁듀, 크리스마스의 오리 요리, 영화관의 나초 등이다.

대도시에서 유행한 가게 중 한 곳에는 새하얗고 고운 모래가 바닥에 깔려 있었다. 건축 공간의 타일이 아니라 해변 같은 기분을 선사했다. 모래 위에 놓인 테이블 다리를 조정하는 동안 옆 테이블에서 들려온 짧은 대화가 순식간에 내 인생을 바꿨다. "당신은 항상 가장 좋은 자리를 차지하죠." 남자가 비난하는 어조로 새까만 짧은 포니테일에 백설공주처럼 하얀 피부를 지닌 펑크 스타일의 여자 친구에게 핀잔을 줬다. 남자는 아마도 여자가 자신에게 묻지도 않고 주문해버린 상황에서 비치샌들을 신어야 하는 가게 분위기에 괴로워하며 불안한 시선으로 주변을 둘러봤다.

"당연히 내가 가장 좋은 걸 갖죠. 안 그러면 두 번째를 가져야 할까요?" 백설공주가 무심하게 대답했다. 그 말을 듣고 나는 깜짝 놀랐다. 어떻게 보면 말장난이라고 볼 수 있는 말이 열어준 새로운 시각에 시야가 밝아지는 것 같았다.

나는 10대로 되돌아가 학교에서 하교한 후를 떠올렸다. 그때만 해도 어머니들이 다이닝룸에서 메뉴판을 들고 아이들을 기다리는 것은 아니었다. 냄비에 있는 음식을 먹는 것이 당연했고, 운이 나쁘면 으깬 감자와 구운 양파를 곁들인 간 요리가 나오기도 했다. 당시만 해도 우리는 21세기에 음식을 둘러싸고 벌어질 모험적인 호들갑을 상상하지 못했다. 그 시절 우리는 메뉴를 선정할 때 결정을 내려야 하는 커다란 압박과는 아주 멀리 떨어져 있었다. 하지만 지금은 숲에 있는 나무처럼 너무나 자연스러운 일이 되었다. 그 일은 이른 아침 카페에서부터 시작된다. "카페인 아니면 디카페인이요? 스몰, 미디엄, 톨 사이즈? 우유, 락토프리, 오트밀크, 아몬드밀크 혹은 두유? 1.5퍼센트 저지방, 무지방 아니면 일반 우유? 차갑게 또는 뜨겁게? 개인 텀블러 아니면 리필 아니면 테이크아웃 컵?" 고작 커피 한 잔 주문하는 데 이 모든 의사 결정이 필요하다. 오전 9시가 되기도 전에 얼마나 많은 결정을 내려야 하는지 혼란스러울 지경이다. 결정 장애가 있는 사람들에게는 매 순간이 고통의 연속이다.

하지만 더 마음 편히 받아들이고 텍스멕스의 여자처럼 또는 나처럼 행동하기 바란다. 우연히 그 말을 접한 뒤로 나는 가장 심플하거나 그 가게에서 제일 잘 팔리는 메뉴를 주문한다. 무엇인가가 마음에 들면 메뉴판을 덮어버린다. 레스토랑은 물론 벽지부터 여행 휴가지까지 그렇게 선택한다.

한 가지 예를 들어보겠다. 당신이 지금 막 입어본 바지를 사야 할지 말아야 할지 확신하지 못했다고 가정해보자. 선택의 지름길은 이 장의 제목을 떠올리면서 그냥 점원에게 바지를 보여주며 "이걸로 할게요!"라고 말하는 것이다. 만약 그것이 올바른 결정이었다면 당장 선택이 옳았음을 느끼게 될 것이다. 잘못된 선택이었다면 물론 곧장 확인할 수는 없다. 때로는 그다음 날 아침이 되어 바지를 입으려고 할 때 갑자기 불편한 기분에 거부감이나 후회가 생길 수도 있다.

이러한 경로 수정은 전적으로 정당하다. 특히 이 경우에는 바람직하기까지 하다. 어쨌든 도전적인 '하지만'이라는 감정은 그다음에 무엇을 해야 할지 당신이 느낄 수 있도록 직관을 자극한다. 왜냐하면 바로 그런 점이 평소 잘 결정하지 못하는 사람들의 도전 과제이기 때문이다. 끊임없는 찬반 목록을 제시하며 당신의 길을 막아서기 때문에 자신이 느끼는 감정에 제대로 닿지 못한다. 따라서 한번 다른 방식으로 미래를 경험할 의사가 있다면 자신과 정중한 거래를 하라고 조언하고 싶다. 다음에 "내가 뭘 해야 할지 모르겠어"라는 말이 나오면 그냥 뭔가 한 가지를 결정하라. 무엇이든 상관없다. 그냥 결정하라. 어차피 당신에게 아주 중요한 결정이 아니기 때문이다. 당신의 시야를 새로이 열어주는 것은 그 결정에서 보이는 당신의 반응이다. 그것도 결국 당신의 감정이다. 그러니 그냥 믿고 시도해보라. 하지만 처음에는 당신에게 중요한 순간보다는 소소한 일상에서부터 시도해보라. 중립적인 순간에 자신과 의견이 일치하는 효과가 있다.

이는 자신의 결정이 다른 것에 반하는 결정으로 이어진다는 사실을 깨닫는 데도 도움이 될 수 있다. 내가 온라인 쇼핑으로 하나의 전기 자전거를 주문하면 다른 전기 자전거에는 '노'라고 말하는 것이다. 레스토랑에서 103번 메뉴를 선택했다면 오늘은 다른 102가지 메뉴를 먹지 않음을 알게 된다. 그런 식이다. 여러 대안이 있는 거대한 저장고에 집중하는 사람은 자꾸 임시 해결책만 찾게 되고, 어딘가에 완벽한 해결책이 존재한다는 환상에 빠져들게 된다. 완벽을 달성하는 방식에도 여러 가지가 있다. 그러니 그냥 주저하지 말고 여기, 이것을 선택하라.

선택하든 그렇지 않든 고민은 당신이 선택할 수 있는 옵션이 아니다. 그리고 인생을 한결 편하게 해주는 모토 역시 마찬가지다. 그냥 입 밖으로 말하는 순간 우리 인생은 훨씬 더 건강해진다. 꼭 필요할 때만 망설여라. 그렇지 않으면 그냥 선택하고 신뢰하라.

이 조언이 당신에게 선사하는 것은 무엇인가?

확신　　자유　　많은 시간

45

개인적으로 받아들이진
않겠어요

카라 욘슈타트Kara Johnstad는 훌륭한 가수이자 자아실현과 타인의
성장을 돕는 데서 기쁨을 느끼는 진정한 자유인이다. 콘서트나
음악학교 일정이 없는 날이면 그녀가 '오벌 오피스'라고 부르는
반원형 음악실을 맨발로 휘젓고 다녔고, 제자들에게 반주를 해
주던 스타인웨이 그랜드피아노를 치며 큰소리로 노래를 불렀다.
그녀는 매사에 진심이고 항상 긍정적이다. 나 또한 한동안 정기
적으로 그녀의 음악실에 갔다. 노래 부르는 것은 정말 근사한 일
이다.

12월의 어느 날, 방문을 마친 후 소복이 쌓인 베를린의 눈을
밟으려 방한 복장을 단단히 여미고 있을 때였다. 주제가 계단을

지나 복도로 들어왔다. 오늘 그녀는 나를 만나기로 되어 있었다. "방금 들었어요?" 그녀는 화내며 말했다.

그사이 나는 하얀 털모자 아래로 머리를 한 움큼 쥐고 포니테일로 묶었고, 당황한 표정으로 옷장 거울을 통해 그녀를 바라봤다. "무엇을요?"

"또 노래하잖아요!" 주제는 불평하며 목에서 거칠게 스카프를 잡아당겼다. "1층에서부터 들리던데요"

"그래요⋯." 나는 살짝 머뭇거리며 말했다. "가수잖아요?" 나는 주제가 무엇을 말하려는 것인지 확신할 수 없었다. 그래서 그녀를 향해 돌아섰다.

"가수로서 자신을 드러내는 것이 얼마나 힘든 일인지 잘 아시잖아요. 그런데 일부러 저러는 거 같아요! 저를 겨냥한 것처럼요!"

아하. 그제야 나는 우선 잘 살펴볼 필요가 있다는 생각이 들어 당황스러웠다. 그러고는 장갑을 집었다. 이제 밖으로 나갈 준비가 되었다는 것이 기뻤다. 매사를 자신과 엮어서 생각하면 너무 피곤할 수밖에 없다.

심리분석에서는 이 현상을 투사라고 부른다. 전형적인 라이

프 코칭에서 다루는 주제는 아니다. 모두가 그런 것은 아니지만, 투사는 직업적 사다리를 타고 높이 오른 사람의 내면에서 그가 이룬 성공과 함께 성장하는 경향을 보인다. 자존감이 낮은 사람 말 그대로 자신을 제대로 의식하지 못하는 사람은 성격 자체가 불안정하고 자주 의심하며 매사를 개인적으로 받아들이는 경향이 있다. 우리는 이런 사람이 유독 쉽게 상처 입는다는 걸 잘 알고 있다. 중립적인 평가마저도 자신에 대한 조롱으로 판단하고, 선의로 한 말까지 부정적으로 재해석하는 경향이 있다. 이런 태도는 모두를 피곤하게 만든다. 추측과 비난 그리고 정당화는 우리 인생을 줄지어 늘어놓은 달걀 사이를 눈을 감고 춤추며 도는 달걀 댄스처럼 만들기 때문이다.

불안이란 첫눈에 보이지 않는다. 그래서 상황은 더욱 힘들어진다. 오만함과 같은 열등감은 그 사람이 공격적이거나 냉소적일 때 등장한다. 이런 콤플렉스를 위장해주는 방법은 다양하다.

"개인적으로 받아들이진 않겠어요"라는 말은 이 문제에 관련된 모든 사람에게 내가 꼭 처방하고 싶은 말이다. 아마 상대는 당신이 아니라 자신에게 그렇게 행동하거나 말하는 것일 수도 있다. 그에 대한 정확한 인식은 모든 드라마를 완결시켜버리는 현명한 통찰력에 의해 이뤄진다.

평소 자신이 많은 것을 사적으로 받아들이는 성향이 있다는 것을 깨달았는가? 이제라도 그런 태도를 바꾸고 싶다면 다음과 같은 말이 유용할 것이다. 우리의 기분은 생각하기 나름이다. 따라서 새롭고 유익한 생각을 하다 보면 기분도 새로워지고 훨씬 좋아진다. "개인적으로 받아들이진 않겠어요"라는 새로운 말은 확신에 찬 것처럼 들리면서도 아주 간단하다. 그리고 언제나 좋은 시작을 보여준다.

마음이 쉽게 상하는 사람이더라도 곧장 상처받았다고 괴로워하기보다 주변 사람들의 동기를 물어보려고 노력하는 것도 좋은 생각이다. 저 사람은 왜 하필 저렇게 행동하는 걸까? 굳이 저렇게까지 얘기하거나 행동하는 특별한 이유가 있는 걸까? 여러 가능성을 감안하는 이 똑똑한 질문들은 시야를 넓혀준다. 그래서 자신이 느끼는 불안감으로 잘못된 주장을 내세우고 그것이 사실인 양 매도하는 일을 예방할 수 있다.

언젠가 "따지고 보면, 타인이 당신을 어떻게 생각하느냐는 당신과 무관합니다"라고 한 내담자에게 말한 적이 있다. 그 말을 듣자마자 그는 격분했다. 하지만 얼마 지나지 않아 처음의 충격이 가시고 난 후에는 오히려 홀가분해진 표정을 지었고, 우리 두 사람은 진심으로 소리 내어 웃을 수 있었다. 이 말이 다소 도발적으로 들리는 것은 사실이다. 하지만 매우 예리한 만큼 구구절절 맞는 말이다. 살짝만 긍정적인 표현으로 바꾼다면 더 부드럽게 들릴 수도 있다. 이를테면 "누구나 자신이 원하는 대로 생각할 수 있다." 어쨌거나 누구나 자신이 원하는 대로 생각한다. 그것이 당장 우리에게 맞는 생각이든 그렇지 않든 말이다. 거기에 우리가 어떻게 손쓸 수 없는 상황도 종종 생긴다. 그러므로 상황을 제대로 파악할수록 인생은 좀 더 여유로워지고 편안해진다.

주제와 같은 유형이 자신이 상처받았다고 느끼고는 단호하게 돌진하며 정면공격을 피하지 않는 상황이 생길 수도 있다. 당신도 그런 일을 겪어본 적이 있는가? "그런 행동은 별로예요! 그냥 인정하세요!" 대부분 이런 말은 듣는 사람을 깜짝 놀라게 한다. 특히 상황이 옳지 않은 경우에는 더욱 그렇다. 하지만 그때 어떻게 대처해야 하는지 당신은 이미 알고 있을 것이다. 그때는 단계적 흥분 완화 도구들 중 하나를 꺼내라. 상황을 빠르게 개선할 수 있다.

상대가 계속 막무가내로 당신의 행동이 고의적인 공격이었다고 주장한다면 또 다른 방법을 제안한다. 나의 세계에서 그 방법은 '내버려두기'다. 그냥 내버려둬라. 꼭 화를 내야 하는 사람에게는 당장 필요한 행동이기 때문이다. 침착하게 상대의 상태를 인정하고, 상대가 바라는 행동이 당신과는 전혀 관련이 없음을 스스로 상기하라. 이 세상에 사는 모두가 제각각이다. 그런 우리 인간이 무엇을 원하는지 정확히 아는 사람이 어디 있을까?

당신이 진심과 선의로 행동하는데도 굳이 당신과 사사건건 맞서고 따지려 한다면 그냥 어쩔 수 없는 일이다. 그 상대가 당신이든, 주제이든. 여기서 질문은 '저 사람이 어떻게 저런 생각을 했지?'가 아니라 '내가 저 말을 들을지 말지 어떻게 결정했던가?'이다. 이 질문은 우리가 어떤 반응을 보여야 자신에게 유익할지 선택할 자유를 선사한다. 그로써 앞으로는 "개인적으로 받아들이진 않겠어요"라는 말을 더 자주 하는 자신을 발견하게 될 것이다.

이 조언이 당신에게 선사하는 것은 무엇인가?

46

사람들에 대해 말하지 말고
함께 의견을 나누기

한여름인데도 몸이 얼어버릴 정도의 냉기. 나는 온갖 최첨단 기술을 바탕으로 끔찍하게 디자인된 회의실에 앉아 있다. 창문은 열리지 않고, 태양을 가리기 위해 설치된 블라인드가 쉴 틈 없이 위아래로 움직인다. 햇빛 강도에 따라 유리 선팅이 자동으로 변하는 탓에 회의실 내 밝기가 몇 분마다 달라졌다. 어떻게든 머리에 닿는 에어컨 냉기를 제어해보려고 엔지니어가 애썼지만 효과가 없었고, 그것도 몇 번의 실패 끝에 포기해버렸다. 하지만 실내 공기는 이곳 분위기에 맞춤이었다. 7월 말의 뜨거운 날씨에 재킷에 스카프까지 두르고 마주 앉은 아홉 동료의 표정에 서리가 내리기 직전이었기 때문이다.

바덴바덴에서 열린 리스크 관리 회의. 회의 어젠다는 마케팅 부서에서 들끓는 소문이었다. 그곳 부서장을 맡고 있는 나의 내담자가 이 특별 회의를 소집했고, 내게 사회를 부탁했다. 나는 꼭 필요한 경우에만 중재자 역할을 맡았다. 사실 나는 자발적으로 두 진영 사이에 서고 싶은 사람이 이 세상에 있을지 의심스러웠다. 하지만 내담자가 중재자 역할을 잘할 수 있을지 확신하지 못하고 있었고, 이미 그의 책상에 놓인 두 가지 독촉장에 현 사안이 타오르고 있었으므로 이번만큼은 어쩔 수 없이 뛰어들었다.

그래서 무슨 일이 벌어졌을까? 참석자 대부분이 지난 몇 주간 함께 일한 팀원들에 대해 불평했다. 모든 측면에서 비난, 정당화, 밀고, 자기방어, 분노, 좌절이 쏟아져 나왔다. 확실히 비상 회의가 소집될 만했다. 여기 있는 모두가 누군가의 행동을 비난하고 있음을 깨닫게 하는 건 내게는 쉬운 일이었다. 나는 화이트보드 앞에 서서 "내게 거슬리는 것은"이라고 적었다. 그리고 팀원들의 불평과 불만 사항들을 적었다. 얼마 지나지 않아 가장 거슬리는 일로 '험담하기', '상사에게 동료를 모함하기', '추측을 사실처럼 매도하기'가 톱 3에 선정됐다. 지금 이곳에 가장 결핍된 것은 통합이었다. 나는 어떻게 하면 그 내용을 동료들에게 전할 수 있을지, 그리고 어떤 구체적인 행동으로 통합에 관해 설명할 수 있을

지를 모두에게 질문했다.

　"그냥 사람들에 대해 말하지 말고 함께 의견을 나눠보는 것은 어떨까요?" 오랫동안 별다른 아이디어가 제시되지 않자 내가 제안했다. 갑자기 전원이 수긍하는 분위기가 조성됐다. 좋은 의견이라고 생각하는 것 같았다. 그럼 타인의 공격으로부터 자신도 보호할 수 있을 거라고 생각했을 것이다. 이 말은 활발한 교류를 알리는 출발 신호로 모두의 참여와 즐거움을 촉진했다. 마지막에는 모두가 동의한 새로운 규칙에 선서하겠다며 너도나도 자리에서 일어난 탓에 분위기가 더 고조되었다. 새로운 마케팅팀을 위한 새로운 시작이자 적어도 설득력 넘치는 선언이었다.

　행동 지침은 특히 구성원들이 자발적으로 공식화할 때 효과가 커진다. 앞으로 누군가 팀에서 험담을 하려고 해도 신경을 곤두세울 필요가 없어진다. 이제는 험담에 대한 반응이 확정되었기 때문이다. "저번에 사람들과 함께 얘기하자고 하지 않았습니까. 그런데 왜 직접 울리케한테 무슨 의도였는지 묻지 않으시죠? 내 생각에는 그게 훨씬 간단한데요." 확실하게 소신을 밝히고, 돌아서고, 계속 일한다. 이러면 어떤 불화가 시작되기 전에 얽히고설키는 실타래를 직접 풀 수 있다.

"저는 누군가에 대해 말하는 것보다 함께 얘기하는 것을 선호합니다"라는 말은 당신의 정확한 입장을 밝혀준다. 물론 더 부드럽게 표현하는 방법도 있다. "실제 상황을 제대로 알지 못하는 한 저는 이 일에서 빠지겠습니다" 혹은 "그에 대해서는 아무 말도 하고 싶지 않습니다. 제게는 너무 신경 쓰이는 일이라서요"라고 말하면 된다. 물론 남을 헐뜯는 것이 일상이던 사람에게 이런 태도는 정말 흥을 깨버리는 것처럼 느껴질 것이다. 따라서 당신의 제동을 개인적으로 받아들이는 사람들도 생길 것이다. "사람들이 서로 헐뜯고 그럴 수도 있죠! 왜 갑자기 그렇게 도덕적으로 구는 건가요?" 양심에 찔린 상대가 당신의 발언에 이렇게 반응할 수도 있다.

나는 소문과 엮인 문제에서는 방향을 조금 비틀어보는 것이 현명하다고 생각한다. 소문이 좋은 결말로 끝나는 법은 없기 때문이다. 하지만 막상 남을 헐뜯어서 좋을 것이 무엇인가? 그러면 상황이 더 나아지는가? 그래서 이 세상이 더 살기 좋은 곳이 되는가? 우리가 말한 그 사람이 더 나은 사람이 되는가? "왜 그래요. 뒤에서 조금 씹는 것 정도는 재미있잖아요!" 글쎄, 나는 그 재미를 잘 모르겠다. 당신은 그러한가? 나는 이런 유의 즐거움을 느껴본 적이 없다. 정말 남을 헐뜯고 험담하면 한결 마음이 홀가분해지고, 활기차지고, 자유로워지는가? 내 경우 오히려 기분이 지저분해지기만 했다.

한편, 가십을 다루는 잡지 산업은 이 소문을 기반으로 성황을 이룬다. 어떤 사람들은 유명 인사에 대한 소문을 자신에 관한 일보다 더 많이 알고 있는 듯하다. 앞에서 나는 한 심리 치료사가 누군가 내게 화낸다는 것은 도움을 요청하는 비명일 뿐이라는 깨달음을 주었다고 언급했다. 정말 마음에 와닿는 말이다. 그런 식으로 사는 사람은 추측건대 자신과의 관계가 평화롭지 않을 것이다.

여기 효과 만점인 도구가 있다. 바로 T.H.I.N.K. 전략이다. 아주 간단하면서 효과적인 약어로, 자신에게 사용할 수도 있고 다른 사람에게 전달하기에도 좋을 만큼 실용적이다. 이 다섯 철자는 간단하지만 영리한 질문을 던진다. 체크리스트는 단순하다. 우리가 누군가에 대해 말하기 전 자신에게 다음과 같이 질문해 볼 수 있다.

지금 내가 말하고자 하는 것이 정말로….

- T(true): 사실인가?
- H(helpful): 유용한가?

- I(inspiring): 영감을 주는가?
- N(necessary): 필요한가?
- K(kind): 상냥한가?

그렇지 않다면 그대로 둬라. 아무리 애써봤자 당신의 상황은 개선되지 않을 것이다. 그게 인생이다. 하지만 마주한 상황을 개선하고 나 자신도 나아지려면 어떻게 해야 할까?

이제 바덴바덴의 마케팅팀은 원활하게 돌아가고 있다고 한다. 그 사이 두 명의 팀원이 부서를 떠났고, 세 명이 새로 합류했다. 마케팅팀 총책임자는 면접 때마다 그때 회의에서 정한 규칙을 언급하며 지원자들이 그 말을 어떻게 생각하는지 질문했다. "사람들에 대해 말하기보다는 함께 얘기하는 것을 선호합니다"라는 말은 그렇게 화려한 사훈으로 자리 잡았다.

이 조언이 당신에게 선사하는 것은 무엇인가?

명확한
양심   충성도   선업

47

전혀 모르니까
지금 해보는 겁니다

만능 연기자인 자빈 탐브레아Sabin Tambrea는 한 드라마 캐스팅 오디션에서 말을 탈 수 있느냐는 질문에 "네, 탈 수 있습니다. 다만 말 타는 법부터 배워야겠지만요"라고 대답했다. 얼마나 멋진 말인가! 결국 탐브레아는 중세 기사 배역에 캐스팅되었다.

무엇보다 내 마음에 들었던 것은 그의 말 이면에 숨겨진 자명함 때문이었다. 말타기에 관한 질문을 받는 순간 실제로 자질이 있는지 여부는 그에게 중요하지 않았다. 학습을 즐기는 사람은 항상 모든 것이 가능하다. 그게 언제든, 어떻게든 배우면 그만이다. 성공도 이렇게 끊임없이 배우려는 준비성과 마음가짐을 통해 결정되기도 한다. 세상을 앞으로 움직이고, 자기 자신을 뛰어

넘는 일에도 물론 어려움은 있다. 하지만 대부분은 그럼에도 불구하고 이뤄진다.

이 세상은 용감한 자들만의 것이며, 위기를 마다하지 않는 사람만이 앞서 나갈 수 있다는 진리는 틀렸다. 아주 그릇된 생각이다. 근본적으로 이 세상은 누구에게나 열려 있다. 우리 모두 달릴 수 있고, 신발 끈을 묶고, 요구르트 뚜껑을 열 수 있기 때문이다. 물론 처음부터 그랬던 것은 아니다. 비록 첫 시도는 비참하게 실패하더라도 나중에는 돌파구를 찾아내어 언젠가는 신발 끈 묶기는 생각하지 않아도 되는 일이 된다. 걷기, 자전거 타기, 자동차 운전, 스키, 피아노 연주, 스텝 댄스, 이탈리아어 등 모든 것의 양상이 같다. "어떻게 해야 하는지 당장 감도 오지 않지만 그렇기 때문에 지금 시도해보는 겁니다." 머릿속 서랍에만 있던 사안의 가능성을 제시하는 너무도 근사한 말이다. 이 말은 '절대 안 돼'라는 고리타분한 생각에서 우리를 끌고 나와 다시 시도하게 하고 결국 행동하게 만든다.

내가 개최한 워크숍의 참가자들만 떠올려봐도 얼마나 많은 성인이 결심과 낙담이 뒤섞인 감정 안에서 자신이 할 수 있는 것은 전혀 없으므로 아무것도 배울 필요가 없다는 것을 내게 확인받고 싶어 했던가. "그건 내가 할 수 없었던 일이에요!" 그렇기 때문에 앞으로도 더 발전할 필요가 없다는 말이 대표적인 구호인 듯 날카롭게 반응했다. 하지만 우리가 처음부터 할 수 있는 것은 아무것도 없었다. 그러다가 어느 시점부터 가능해졌다. 이를 진보라고 한다. 바로 그것이 인류의 장점이다. 그렇지 않은가? 끊임없이 새로운 것을 발명해내는 것. 당신이 못 하는 무언가가 있는가? 좋다! 그래도 시도해보라. 그것을 바로 배움이라고 부른다.

진지한 의사 결정이란 언제나 안정된 조건을 포기한다는 의미다. 이 말이 누군가에게는 허세를 부리는 것처럼 들릴 수도 있고, 사람의 유형에 관한 문제가 제기될 수도 있다. 물론 모든 사람의 성격은 제각각이다. 당연하다. 하지만 일하면서 각양각색의 사람들과 경험을 쌓고, 무언가를 감수하고 감행하는 태도는 누구에게나 좋은 생각으로 받아들여진다. 과묵한 사람은 과묵함에, 내향적인 사람은 내향적인 태도에, 무모한 사람은 당연히 무모함에 맞선다. 어쩌면 성격과는 무관하게 한번 모든 것을 신뢰해볼 수 있지 않을까? 어릴 때 우리는 계속 그렇게 했다. 원래 의심이란 또 다른 의심을 낳을 뿐 정답으로 이어지는 경우는 드문 법이다. 의심, 두려움, 유보를 전제로 해서 잘 나아갈 수는 없다.

대부분은 지연이라는 미루는 습관으로 이어진다.

　물론 나 역시 가끔씩 의심이 들 때가 있다. 그때는 "두려움이 느껴지면 다음 보폭을 조금 줄이면 된다"라는 아주 간단하면서도 현명한 조언이 도움이 된다. 이 말은 마음을 진정시켜준다. 또한 어떤 경우에도 멈춰 서지 말고 나아가라는 의미를 내포하고 있다. 앞을 향해 전력 질주하든, 비틀거리든, 살금살금 걸어가든 전진은 전진이다. 우리 중 대부분에게 긍정적인 영향을 미친다.

　우리 내면에 탑재된 빌트인 엔진은 앞으로 나아가는 것을 선호한다. 따라서 모든 것이 고요해진 저녁이 되고 일과가 끝난 후 내일을 위한 알람 시간까지 설정했지만 잠이 오지 않으면 우리 내면의 의심쟁이가 머릿속 영화관에 실패라는 주제의 영화를 상영한다. 의심은 죄책감을 원천으로 하며, 그런 감정은 주로 잠들기 전에 깨어난다. 그러면 이미 머릿속은 '그냥 … 했으면, 차라리 내가 … 그들이 이제 날 어떻게 생각하겠어? 그냥 이메일을 쓸까 … 아니, 어디 말해봐. 솔직히 메일을 쓸 필요는 없잖아!'라는 생각으로 가득하다. 페트라 보크Petra Bock는 《내 마음은 답을 알고 있다》(프롬북스, 2013)에서 '마인드 펙Mind-Fuck(스스로 성장과 발전을 거부하며 현재에 머무르려는 심리-옮긴이) 현상'이라고 지칭했다.

　그런 만큼 "어떻게 해야 할지 모르겠지만 그래서 지금 시도해

보는 겁니다"라는 말은 보크가 설명한 '쉽게 빠져나오는 티켓'이
될 수 있다. 어쩌면 잘하지 못할 수도 있고, 심지어 실패할 수도
있다. 그래도 상관없다. 나 자신과 타인에게 너그러운 사람이 되
는 것은 언제나 훌륭한 생각이다. 좀 너그러워진다 한들 큰일이
벌어질 게 무어란 말인가?

다음에 크게 망설이는 상황이 찾아온다면, 당장 '나는 못해'라
는 생각이 들더라도 그냥 시도라도 해보자. 그러면 결과에 감탄
하게 될 것이다. 조금은 더 자유롭고 개방된 사고의 소유자가 되
어 "시도는 해보겠지만"이라는 말보다 "어떻게 해야 할지 전혀
모르지만 그래서 지금 해보겠습니다"라는 자세로 임해보자. 그
러면 기적이 일어난다.

이 조언이 당신에게 선사하는 것은 무엇인가?

자기
신뢰   용기   미소

48

선택권은 항상
당신에게 있어요

얼마나 대단한 경치인가! 건물 코너에 위치한 넓은 사무실에서
는 취리히의 가장 아름다운 풍경이 모두 보였다. 그로스뮌스터
의 그림엽서 같은 옛 도심, 노랗게 물든 지평선 너머 보이는 알프
스산맥, 그리고 정면에 빛나는 취리히 호수까지. 하지만 이곳에
모인 세 명의 투자은행가는 한 폭의 수채화 같은 풍경을 눈앞에
두고도 정신이 나가기 직전이었다. 다음 날 그들은 그해의 가장
중요한 거래를 체결하려고 준비 중이었다. 모두가 협상을 위해
수개월간 노력했고, 이제 고지를 단 10미터쯤 남겨둔 시점에 정
신이 나갈 지경에 이르렀다.

특히 팀에서 가장 경험이 많은 크리스는 언제나 자신은 가장

안전한 은행이라고 자부했지만 지금은 까무러치기 직전이었다. 그는 사무실을 정신없이 이리저리 오가며 연신 서류를 뒤졌다. 그리고 앉았다가 또다시 벌떡 일어나기를 반복했다. 허무함을 가리키는 성급한 제스처였다.

"저, 10분 정도 시간 좀 내주시죠?" 몇 번을 참았던 내가 크리스에게 질문했다. 그 말은 맨몸으로 토네이도를 향해 달려가는 짓이나 마찬가지였다.

크리스는 반쯤 정신이 나간 것 같은 표정으로 나를 물끄러미 바라봤다. "지금 여기 상황이 어떤지 전혀 모르겠어요? 데드라인입니다! 그런데 지금 10분이 어디 있겠어요! 당장 10시간이 부족한데요!"

하루의 일진이 좋지 않을 때는 명치에 구멍이 날 것 같았다. 하지만 지금은 그런 상태를 운동으로 해소하고 있다. "물론 잘 이해하고 있습니다. 그래서 한 번 더 물어볼게요. 지금 10분 정도 내주실 수 있나요? 나를 위해서가 아니라 당신을 위해서요. 그러니까 결국 일을 위해서죠!"

나는 머리로 테라스를 가리키며 그곳으로 걸어갔다. 그 순간 나는 한동안 정기적으로 즉흥극에서 연기를 해서 참 다행이라고 생각했다. 실제로 도전적인 상황에서 무덤덤한 태도를 보일 때 많은 도움이 되었다. 당신도 이미 잘 알고 있겠지만 무엇이든 개인적으로 받아들이지 않는 태도 말이다.

정말 믿기지 않는다는 시선을 쏘아대며 테라스로 들어온 크리스가 한 차례 심호흡을 했다.

"내가 보기에 정말 제정신이 아닌 건 당신 같아요." 그렇게 서두를 꺼낸 나는 재빨리 말을 이었다. "그러니까 내 말은 당신이 말 그대로 정신이 없다는 거예요. 그런 식으로는 시간만 낭비할 뿐입니다. 날 믿어볼 마음이 있다면 지금 당장 당신의 중심을 잡아줄 훈련을 하도록 하죠. 오늘은 중요한 일을 앞두고 있으니까요." 여전히 그는 입을 꾹 다물고 있었다. "몇 분만 투자하면 아마두 시간은 생길 겁니다. 어떻게 하실래요?"

그러자 크리스가 벌떡 일어났다. "그럽시다."

우리는 알프스산맥을 바라보며 두뇌의 균형을 잡아주는 테크닉에 따라 함께 호흡했다. 이어 나는 그에게 구름을 집중적으로 관찰해보라는 과제를 주었다.

"하지만 정확히 관찰해야 합니다." 내가 말했다. "거기에 목숨이 걸린 것처럼요." 그는 이 상황을 매우 진지하게 받아들이는 듯했다. 3분 후 내 스마트폰에서 알람으로 설정해놓은 징 소리가 울리자 그는 어딘가에서 웰니스 테라피를 받은 것처럼 보였고 내적으로 한결 차분해졌다.

"지금 우리가 뭘 한 거죠?" 믿기지 않는다는 듯이 질문한 그가 안경을 고쳐 썼다.

나는 초침으로 보이는 시간과 우리가 정서적으로 느끼는 시간의 질의 차이를 간략하게 설명했다. "시간에 쫓기고 서두르는 듯한 기분이 들 때 이곳에 자주 나와보세요. 충분히 그럴 가치가 있을 거예요." 내가 말하자 크리스는 연신 고개를 끄덕였다. "지금이란 당장 존재하는 유일한 시간입니다." 이런 순간은 예기치 않게 철학적으로 다가온다. 그 순간마다 나는 감탄할 수밖에 없었다. 철학적이지만 얼마나 또 사실적인가.

선택권은 항상 우리의 몫이다. 계속 시간의 꽁무니만 뒤쫓을지 아니면 잠시 밖으로 나와 당장 우리에게 중요한 것은 무엇인지 상기해볼지 스스로 결정하기 나름이다. 우리가 30분 이상 교통체증에 갇혀 있는 동안에도 시간에 쫓기며 운전대만 두드리고 있을지 아니면 라디오를 따라 노래 부르거나 다른 것을 위해 생산적으로 활용할지 말이다. 어차피 차가 막히는 것은 기정사실이고 도착 시간은 동일하다. 짜증을 내거나, 화를 내거나, 그냥 받아들이거나, 체념할 것인지조차도 우리에게 달렸다. 사실 화내라고 강요하는 사람은 없다는 것을 우리는 종종 잊는다. "선택권은 당신에게 있어요." 일부에게는 이런 말이 그저 달력에 쓰인 격언처럼 들릴 수도 있을 것이다. '그러면 정말 힘든 시련이 닥쳤을 땐 어떻게 해야 할까?'

한 젊은 여성이 사고로 다리 하나를 잃었다고 가정해보자. 나는 그 상황이 어떨지 떠올려보다가 이런 깨달음과 마주했다. 모든 면에서 삶의 변화는 절대적일 것이다. 그런 상황에서도 앞으로 나가는 길과 방식은 다양하다. '내 인생은 이제 아무런 의미도 없어. 이런 나를 누가 원하겠어? 수면제나 모아서 내 삶과 작별하겠어.' 이런 생각을 하며 깊은 우울감에 잠식되어버릴 수도 있고, 재활 스포츠를 통해 행복이란 감정을 되찾고 그로부터 2년이 지나 패럴림픽에 도전해볼 수도 있다.

헤더 밀스Heather Mills라는 여성의 사례를 들어보자. 불의의 교통 사고를 당해 왼쪽 다리가 절단된 헤더는 자선 행사에 적극 참여했고 거기서 만난 영국의 유명 싱어송라이터 폴 매카트니와 결혼했다. 하지만 6년 후 그와 이혼하면서 3,200만 유로의 위자료를 받았다.

내가 말하려는 건 다리가 하나만 있어도 이런 사연들이 전부 가능하다는 점이다. 사연을 다음과 같이 요약하면 너무 날카롭

게 들릴지도 모르지만, 결국 나가야 할 방향을 정하는 것은 하나
밖에 남지 않은 다리가 아니라 머리다.

'선택권은 항상 당신에게 있다.' 약 30년간 독방에 수감되어 아
무런 선택권이 없었을 넬슨 만델라를 지탱해준 것은 바로 이런
마음가짐이었다. '평생'을 4제곱미터의 감방에서 보내라는 판결
을 받은 수감자가 이런 생각을 누구보다 가장 먼저 받아들여야
했던 것이다. 처음에는 종신형이었던 그의 형량이 최종적으로
'단' 27년에 그칠지는 판결을 받은 그 시점에는 전혀 몰랐을 것이
다. 나는 이러한 극한 상황에 처했던 만델라가 선택했을 몇 가지
를 떠올려봤다. 밤마다 몰래 책을 집필하고, 창살 뒤에서도 항상
두 눈 뜨고 자유를 포기하지 않고, 용서를 쌓고, 괴로움을 내려놓
는다. 그리고 결국 조기 출소한 만델라는 그로부터 4년 뒤 남아
프리카공화국의 첫 흑인 대통령으로 당선된다. 정말 그는 나의
상상을 초월했다. 그가 걸어간 길이란 얼마나 굉장한가.
'나는 어떻게 느끼고 싶은가?', '나는 무엇을 생각하고 싶은
가?', '나는 어떻게 행동하고 싶은가?' 만델라가 자신에게 자주 물
었을 세 가지 질문은 상황이 어떠하든 누구나 자신만의 답을 찾
는 데 길잡이가 된다. 그래서 설령 매번 번뜩이는 무언가가 떠오

르지는 않더라도 많은 이가 그렇게 시도하고 있기에 우리도 포기하지 말아야 한다.

아마 당신의 머릿속은 '언제나 내게 선택권이 있다고? 진심이야?'라고 야유하고 반박하며 밀어붙일 것이다. 교육, 출신, 성격의 약점, 신념, 사회화 등 그 주장에 맞서는 문제는 너무도 많다. 이러한 일련의 간접 증거는 이성을 담당하는 좌뇌를 심각하게 만든다. 좌뇌의 사고방식으로는 언제라도 우리 인생을 바꿀 수 있다는 말이 정말 실현 가능한 일인지 납득되지 않기 때문이다. 트라우마, 잘못된 진단, 전쟁 또는 운명의 시련이 닥쳐오더라도 말이다. 하지만 분명히 효과가 있다. 이 세상에는 우리에게 용기를 주고 감탄하게 하는 감동적인 스토리가 너무도 많다.

당신에게는 언제나 선택권이 있다. 이것이 우리에게 전하는 아름다운 메시지다. 잠시라도 '아니면'이라는 생각을 기억 속에서 지워버린다면 말이다. 당신은 권리를 원하는가? 아니면 행복을 원하는가? 당신이 지금 고민하는 것은 문제에 관한 것인가? 아니면 해결책인가? 인생에서 당신이 경험하고 생활하고 싶은 것은 미래인가? 아니면 지금인가?

스위스 은행가의 사례를 떠올려보면 그때 그는 마지막 질문을 통해 마침내 시간의 압박에서 벗어났다. 이후로 나는 산맥이 보일 때마다 "당신에게는 언제나 선택권이 있습니다"라는 말이 자동으로 떠오른다.

이 조언이 당신에게 선사하는 것은 무엇인가?

평온   자유   관점

49

좋아요, 그럼
당신 말을 들어보죠

워크숍이 끝나면 가끔씩 아주 일반적인 방식으로 숙제를 내고 아무도 눈치채지 못하길 바랄 때가 있다. 모두가 이해했다고 생각했을 때 어떤 결과가 나오는지 보고 싶어서다. 다음에 학습 곡선이 훨씬 더 높아질 수도 있기 때문이다. 한 가지만큼은 분명하다. 이해만으로는 아무것도 되지 않는다. 개인의 경험이 빠진 지식은 그저 이론에 불과하다. 각자의 노하우를 실제로 활용해야 달라진다.

　물론 누구나 당연한 일이라고 생각할 것이다. 그렇지 않았다면 운전에 관한 책을 읽고 누구나 차를 운전할 수 있었을 테니 말이다. 하지만 유독 비즈니스 트레이닝과 경영 분야에서는 두 명

중 한 명이 이 진리를 잊어버린다. 워크숍에서 깨우친 지식을 적극적으로 활용하려는 사람은 소수에 그쳤다. 모두 자신이 속한 그룹 앞에서 새로 소개된 도구를 예전부터 잘 알고 있었던 척하느라 바빴기 때문이다. 순수하게 기뻐하며 "와, 정말 효과가 좋았습니다"라고 큰소리로 시인하는 것을 어려워하는 사람이 너무 많았다. 그저 말꼬리만 잡으며 "글쎄, 지금은 그리 새로운 것도 아니죠. 이미 예전부터 알고 있었는데요"라고 말하는 편이 훨씬 쉽다. 그래서 좋은 점이라면 그 말의 진위 여부를 빠르게 확인할 수 있다는 것이다. 예를 들자면 이렇다.

노르망디 중부 지역인 제네바와 로잔 사이의, 눈이 소복이 쌓인 전나무 숲이 우거진 숲속 마을. 제대로 푹 쉬고 오기에 제격인 꿈같은 장소가 아닐 수 없다. 진정한 야외 공간이었다. 나는 기업 클라이언트들에게 비서들이 계속 결재 서류를 들이미는 회의실에서보다 이곳에서 더 많은 것을 배울 수 있다는 확신을 심어주었다. 새로운 내용에 적응하려는 의지는 새로운 환경일수록 확실히 더 커지기 마련이다. 그래서 우리는 숲속에서 이틀을 보내기로 했다. 그렇게 숲속 마을의 낮이 저물자 우리는 각자 휴대전화를 손전등 삼아 밧줄 사다리를 타고 나무 위로 올라갔다. 환경적 요인과 글램핑 분위기가 더해진 탓에 탐험 같은 기분이 들었다. 숲속 마을 워크숍이 이렇게 특별한 환경에서 크리스마스 직전에 개최됐다. 여자 둘, 남자 넷. 참가자 전원이 각 기업에서 잠재력이 큰 인재로 촉망받는 임원이었다. 유망해 보이지만 아직은 뭔가 부족해 보이는 분야에 투자하기를 즐기는 사람들이었다. 이 프로그램의 이름은 '주체적 리더십'이었다. 우리는 지난 모임의 과제에 대해 토의했다. 3주 전 우리는 전권을 위임하는 문제와 관련하여 이곳에 모였다. '그거야 간단하지.' 당시 모두가 그렇게 생각하는 탓에 나는 당장이라도 자세하게 설명하고 싶은 마음을 꾹 참았다.

그리고 지금 결론은 명확해졌다. 통나무집의 매력과 벽난로에서 타닥타닥 장작이 타는 소리에도 워크숍 참가자들의 분위기는 그리 좋지 못했다. 참가자 중 주차네에게서만 진정한 성공담을 들을 수 있었기 때문이었다. 다른 참가자들은 직원들이 말을 듣지 않았고, 그들이 해야 할 방향과 정반대로 움직였다고 과정을 보고했다. 그러면서 위임은 일반적으로 매우 힘든 일이라고 토로했다. 이어서 그들은 내게 적절한 도구와 조언을 요청했지만, 나는 즉시 알려주지 않았다. 화이트보드에 '성공을 위한 3단계'라고 정답을 써 내려가는 것은 너무 진부했기 때문이다. 동료의 성공을 통해 그 과정을 직접 깨닫는 편이 훨씬 효과적이다. 그래서 시간이 걸리더라도 지켜보는 편이 더 나았다.

22년간 리더십 훈련을 진행할 때마다 그랬지만 사람들은 질문은 적은 반면 하고자 하는 말은 지나칠 정도로 많았다. 정기 모임이 있는 날도 그랬다. 그날 대부분의 경영진은 앞으로 무엇을 하고 싶은지 말했다. 심지어 아주 명확하고 세세하게 밝혔음에도 마지막에는 "모두 확실히 이해하셨나요?"라는 잘못된 후속 질문을 던졌다. 그러면 고개를 끄덕이는 사람들이 모두 자기 방식대로 생각하는 잘못된 경주가 시작되는 것을 피할 수 없다. 모두 이해했느냐는 질문에 고개를 끄덕이는 이유는 무엇인가? 그것도 충분히 이해한 내용에 말이다. 그리고 말한 사람이 주문한 방향과 전혀 다르게 상황이 전개되는 경우도 종종 발생한다. 더욱이 '확실하다'는 것 자체가 인생의 많은 것처럼 해석하기 나름인 개념이어서 지극히 주관적이다.

다른 사람들과 유일하게 달랐던 주차네의 발표가 좋았던 점은 발표를 마친 후의 마무리 발언에 있었다. "그래서 이제 여기 있는 모두를 위해." 그녀가 말했다. "여러분 중 누가 정확히 요약해주시겠어요? 피에르, 당신부터 시작해주세요!" 나는 집이 떠나가라 소리쳤다. "정말 좋은 아이디어네요!" 그리고 계속 말을 이어갔다. "정말 좋은 방법이에요!"

  주차네의 마무리는 아주 단순하면서도 모범적이었다. 그 발표에서 이해한 내용을 스스로 정리하도록 하면 잘못 이해한 부분이 초기에 드러날 가능성이 매우 높아지기 때문이었다.

  다른 사람이 이해한 내용을 자기 말로 반복하도록 하면 내용이 제대로 전달될 가능성이 높아진다. 기업의 팀 운영도 그렇지만 육아에서도 마찬가지다. 특정 과제에서 이해한 부분을 직접 표현하게 하면 우리가 전하려는 내용이 상대에게 제대로 닿았는지 확인할 수 있다. 그래야 "좋아요, 그럼 당신 말을 들어보죠"라는 이번 장의 제목에 의미가 생긴다.

  어쩌면 이 요구가 다른 사람들을 꽤 긴장시킬 수도 있다. 그러면 갑자기 그 공간에 구속력이 생기고, 가만히 고개만 끄덕이고 있을 때와 다른 에너지가 넘쳐흐른다. "그럼 이제 당신 말로 들어볼게요"라는 말은 우리가 누군가에게 약속하고 책임을 지웠음을 소리 내어 표현하는 것이다. 그 공간의 사방에서 이런 말을 들을 수 있다. 이것은 전혀 다른 차원의 리더십이다.

  "너무 신경 쓰이는데" 갑자기 네 명의 남자 중 한 명이 한층 밝아진 분위기 가운데 혼자 신음을 흘렸다. "그러려면 모든 것을 소화해야 합니다. 안 그래도 하루에 12시간이나 일하는데 지금

이 순간마저도 내가 무엇을 어떻게 발표하는지 집중해야 한다니요. 항상 모든 것을 전달할 마음은 없어요. 때로는 다른 사람들도 함께 생각해야죠."

나도 인간적인 측면에서는 그의 발언을 충분히 이해한다. 만약 이곳이 이상적인 세계라면 나 또한 모두가 같은 생각을 하고 같은 행동을 하는 낙원 같은 섬에 살고 싶을 것이다. 하지만 지금 현실에서 내가 뭐라고 할 수 있을까? 부디 환상의 세계에 안부를 전해달라 해야 하나, 세상은 절대 그렇지 않으니 말이다.

사람은 각양각색이다. 따라서 관용을 베풀고, 공감하고, 인내하는 과정을 통해 함께 사는 사람들을 보다 명확하게 파악하는 법을 배워간다. 최종적으로는 우리 자신도 거기에 포함된다.

다소 언짢은 심경을 보인 참가자 중 필립은 전날 밤 라클렛(치즈와 감자로 만드는 스위스 요리-옮긴이) 만찬에서 자신이 열렬한 축구 팬임을 밝혔다.

"목표 달성도 축구와 같답니다, 필립. 공이 있는 곳으로 달려가는 것이 아니라 미리 공이 도착할 지점으로 달려가지 않던가요? 축구도 그렇지만 우리 인생도 그렇죠."

필립은 미심쩍은 표정으로 고개를 갸우뚱했다. 끝까지 그는 동의하지 않는 것 같았다.

나는 무엇보다 '셀프 리더십'이 중요하다고 생각한다. 자신의 생각도 제대로 통제하지 못하고, 자신의 감정이 어떠한지, 또 그것이 각자의 행동을 어떻게 바꿀 수 있는지도 모르면서 어떻게 타인을 제대로 이끈단 말인가? 나의 관점에서 볼 때 셀프 리더십은 숙련된 리더십을 위한 가장 중요하고 필수적인 전제 조건이다.

많은 사람을 편하게 해준다는 것은 리더십을 제대로 발휘해서가 아니라 타인이 직접 하도록 허용했음을 의미한다. 즉, 계속 한 입씩 잘라 떠먹여주라는 의미가 아니다. 모든 작업을 직접 하면서 팀의 의견을 수동적으로 반영하고 마지막에는 모두가 고개만 끄덕이게 하는 방식으로는 절대 리더십을 발휘할 수도, 타인이 우리에게서 보고 배울 점을 찾을 수도 없다. 주체적 리더십은 질문하기, 위임하기, 다짐받기, 그리고 가장 중요한 과정인 내려놓기로 이어진다. 이를 통해 개개인 또는 경영진 모두 성장하고 서로를 보며 교훈을 얻을 수 있다.

"말을 꺼내기 전이라면 그 말의 주인은 우리 자신이다. 하지만 한번 말하고 나면 그 말은 우리를 지배한다"라는 타이 속담이 있다. 이 속담은 지금도 적절하다. 상대에게 그의 언어로 스스로 말하게 하는 편이 훨씬 가치 있다. 그래야 나중에 상대가 그 약속을 이행하기를 기대할 수 있다. 그러기 위해서는 우선 그들이 한 말의 가치가 커져야 한다.

"좋아요, 그러면 당신 말로 들어보죠." 이렇게 말한 사람은 그 순간 한결 마음이 편해지는 반면 그 말을 듣는 사람은 갑자기 진지해진다. 그만큼 리더십과 셀프 리더십이 자연스럽게 이뤄지도록 돕는 말이라 하겠다.

이 조언이 당신에게 선사하는 것은 무엇인가?

구속력　　사려　　강인함

50

그럼 가볍게
넘길게요

나는 타이를 사랑한다. 풍경, 음식, 마사지, 사고방식, 심지어 그곳의 뜨거운 열기까지도. 하지만 습도가 80퍼센트에 육박하면 현지인들마저도 신음하고 모든 것이 어지럽기만 하다. 그러면 나는 수온이 32도인 따뜻한 바다에 뛰어들면 시원하다고 할 수 있을지 고민하며 우중충한 독일의 집중호우를 그리워한다. 도대체 알맞은 기후는 정작 필요할 때 어디로 사라진 걸까?

마침 결혼식 피로연에 참석한 타이인 가족이 매우 아름다운 전통 의상을 입고 테라스에 나타났다. 그들이 어디에 앉을지 고민하는 동안, 등판이 붉은 게처럼 빨개졌어도 여전히 뜨거운 햇살 아래 버젓이 등을 노출한 한 관광객이 테이블에서 간장 소스

병을 높이 휘둘렀다. 무슨 일이 벌어질 것처럼 아찔한 순간, 간장 뚜껑이 커다란 아치를 그리며 날아갔고 시커먼 소스가 아름다운 타이 여성의 새하얀 의상에 떨어졌다. "어머나 세상에!" 놀란 작센인의 외침이 온 테라스에 울려 퍼졌다. "젠장!" 자리에서 벌떡 일어난 남자가 냅킨으로 타이 여성의 치마부터 닦으려고 했지만, 충격이 가신 후 희미한 미소만 지은 그 여성은 귀 뒤의 플루메리아꽃을 정돈하며 그저 "마이 펜 라이(괜찮아요)!"라고 말했다.

타이는 항상 그런 식이었다. 유리컵을 깨트려도, 툭툭이 경적을 시끄럽게 울려대거나 신부의 여동생이 입은 예복에 간장을 흘려도. "마이 펜 라이"라는 말은 그 나라의 만트라나 다름없었다. 순전히 예의를 갖추기 위해서가 아니라 진정한 삶의 공식이었다. 무슨 일이 일어나든 그렇지 않든 우리는 성내지 않을 것이며, 그 때문에 우리가 괜찮지 않다고 결정하지 않을 것임을 의미한다. "마이 펜 라이. 카!" 나의 언어로 옮기자면 이 말은 "그럼 그냥 가볍게 넘길게요"란 의미다.

이 미소의 나라에서 당신은 자신의 기분을 스스로 결정하는 것이 실제로 가능함을 매일 경험할 것이다. 무언가에 격분할 수도 있지만 무덤덤하게 흘려보낼 수도 있다. 그리고 어떤 문제를 가볍게 또는 무겁게 받아들이기도 한다. 당신은 이미 '항상 선택권은 자신에게 있다'는 사실을 잘 알고 있다. 앞서 47장의 조언이 우리에게 여러 대안 중 무엇을 선택하고 싶은지 신중히 검토하기를 촉구한다면, "그럼 그냥 가볍게 넘길게요"는 남은 인생 중 고민하고 있는 순간, 그러니까 지금 이 순간을 위한 말이다. "그럼 그냥 가볍게 넘길게요"에는 기본적인 사고관과 인생을 대하는 마음가짐이 담겨 있다. 오히려 자신과 이런 합의를 이끌어내지 못하는 사람이 많다. 그러니 인생을 위해 세웠던 계획이 제대로 굴러가지 않을 때마다 불안도 커지는 것은 당연한 일이다.

"그럼 그냥 가볍게 넘길게요"를 한마디로 줄이자면 불교에서 중시하는 네 가지 숭고한 마음 상태 중 하나를 일컫는 평정심이다. 그 밖에 선함, 자비로운 기쁨 및 연민이 있다. 항상 문제는 '나는 지금 이 공간에 어떤 에너지를 전달하고 싶은가?'이다. 두려움, 격분, 침착, 기쁨 중 무엇인가? 우리는 스스로 결정할 수 있다.

"너무 어려워요! 머리가 핑핑 도는 것 같아요!" 최근 전화 코칭을 받던 마르쿠스가 말했다. 나는 "하기 전까지는 모든 것이 힘들어 보이기 마련이에요"라고 말하면서 제법 부처 같았다고 생각했다. 솔직히 말하면 우리 엄마도 이런 말을 했을 것이다. 어린 시절 내게 새겨진 만트라는 "뭔가 연습하지 않으면 할 수 없는 것이 당연해. 그러니까 꾸준히 공부해"였다. 그리고 엄마의 말은 옳았다….

언젠가 엄마와 함께 에펠탑 앞에 신문지를 깔아놓고 일곱 시간이나 앉아 기다리던 일이 떠오른다. 그사이 우리는 에펠탑 꼭대기로 올라갈 기회를 두 번이나 놓쳤다. 끝없어 보이던 기나긴 줄 서기 후 첫 번째로 '엘리베이터 고장'이 일어났고, 두 번째는 '운영 시간 종료'였다.

세 번째만큼은 승리하리라 확신하며 이번에는 이른 오전부터 도전했다. 그런데 마치 소규모 민족 이동 같은 엄청난 인파에 입이 떡 벌어질 수밖에 없었다. 아니, 저들은 도대체 어디로 가는 중이란 말인가? 에펠탑밖에 없었다. 마침 그날은 국경일이어서 휴일이기도 했다.

몇 시간 동안 불꽃놀이용 화약 기술자들이 에펠탑을 차지하고 철제 대들보에 로켓 폭약을 설치했다. "엄청난 불꽃놀이야!" 우리가 아무 생각 없이 위를 바라보고 있는 동안 피크닉 바구니를 든 한 가족이 떠들어댔다. 결국 일요일 온종일 작열하는 햇살에 피부가 새까맣게 타버릴 정도였지만 엄마와 대화도 많이 하고, 놀이도 하고, 사람도 구경하며 참 많이 웃었다. 평정심도 상속될 수 있을까? 저녁에는 갑자기 몰려온 수천 명이 한 손을 가슴에 얹고 국가를 함께 부르는 모습에 소름이 돋으며 전율이 흘렀다. 그리고 가히 '천재적이다'라는 표현으로는 담아내기에 부족할 정도의 엄청난 장관을 목격했다. 그 기나긴 기다림은 인생에서 가장 아름다운 불꽃놀이로 보상받았다. 감사합니다.

　자신의 경험을 일상의 테스트로 간주하면 일반적으로 많은 부분이 간편해진다. 인생은 그때부터 앞을 향해 살아가고, 뒤에서 이해받는다. 우리는 살면서 무슨 일이 생길지 알 수 없다. 따라서 시간이 허락하는 한 그냥 다음 파도에 몸을 맡기자. 그러면 자유로워질 것이다. 허용하고, 그대로 두고, 내려놓는 것도 좋은 방법이다. 가벼움은 우리가 직면한 문제의 숫자와 관련이 없다. 가벼움이란 그저 선택의 문제다.

　만약 상처 입거나 뒤처진 것 같은 상황이 마음에 들지 않으면 어떻게 해야 할까? 공정하지 않거나 불쾌할 때는? 물론 그 상황을 비판하고 큰소리로 울거나 격분할 수 있다. 하지만 아무런 반응도 하지 않는 선택도 가능하다. 어쨌거나 답은 이미 정해져 있기 때문이다. 그런 마음가짐은 무슨 일이 있었든 상황을 훨씬 가볍게 받아들이게 만든다.

　어디선가 "마음의 평화를 희생해야 한다면 그 대가는 너무 크다"라는 문장을 읽은 적이 있다. 이 사고방식을 우리에게 적용할 수 있다. 더욱이 우리를 이 책의 1장으로 되돌린다. 아직도 기억하는가? "날 화나게 할 사람은 내가 정해"라는 태도는 타이의 "마이 펜 라이"에 대한 독일의 답변이다.

사소한 일이 커다란 행복을 망치도록 허락하지 마라. 따라서 제아무리 간장 소스가 당신의 새하얀 드레스에 떨어져도 잠시 숨을 멈췄다가 심호흡하며 지금이 당신에게 매우 특별한 순간임을 상기하자. 어쩌면 당신 옆에 있는 누군가가 대신 화를 낼 수도 있다. "당신은 정말 화도 안 나? 만약 얼룩이 안 지워지면 어떻게 해?" 그럴수록 인생 전체에서 그 순간이 차지하는 크기를 상기하면 좀 더 편안한 심정으로 말할 수 있을 것이다. "그냥 가볍게 넘겨버리죠, 뭐."

이 조언이 당신에게 선사하는 것은 무엇인가?

긴장 완화 · 자기 결정 · 훨씬 가볍게 받아들이는 자세

에필로그

솔직한 태도가 습관이 될 때
변화는 찾아온다

당신이 이 긴 여정을 함께해줘서 너무 즐거웠다. 우리는 많은 것을 함께 살펴봤고, 여정은 이렇게 끝을 맺는다. 당신의 마음에 와 닿은 말이 하나라도 있었는가? 가장 좋아한 말은 무엇이었는가? 그 말들이 모두 동일한 방향을 가리키고 있었는가? 그렇다면 어떤 방향인가? 인정, 명쾌함, 구분, 셀프 리더십 등이 바로 당신이 이 책을 읽는 내내 주변에 있었던 네 가지 방향이다.

'빙고! 이 말만큼은 정말 내가 평생 기억한다는 데 내 이름을 걸겠어'라는 생각이 마침 들었다면 나는 당신의 흥을 깨는 눈치 없는 악역을 맡으려 한다. 아무리 그렇게 느꼈다 한들 그저 한 번 읽는 것에 그친다면 의식하지도 못한 사이에 다음 단계를 밟을 가능성이 희박해지기 때문이다. 내가 말하려는 것은 바로 태도

전환이다. 그것은 깨달음과 능력 가운데 펼쳐진 넓은 평야다. 깨달음이란 실천해야 비로소 힘이 된다. 그렇지 않으면 그저 막연한 이론에 불과하다. 따라서 나는 이렇게 호소한다. 부디 이 책에 수록된 말을 그대로 따라 해보고 그 효과를 직접 체험하며 주변의 달라진 반응에 감탄해보기를 바란다. 그러면 분명 기존보다 더 좋은 방법 또는 길이 생길 것이다. 그때야 비로소 이 책은 진정한 보물 상자가 될 것이다.

"사용하거나 아니면 잃거나." 독일의 마술사이자 최면술사 티몬 폰 베를렙슈Thimon von Berlepsch는 이렇게 말했다. 정말 그렇다. 우리는 무언가를 활용하지 않으면 금세 잊어버린다. 성격 발달 문제도 마찬가지다. 뇌, 자아, 그리고 낡은 습관들은 우리가 새로 받아들인 것들이 그대로 내면의 시스템에 등재되지 않기만을 바라기 때문이다. 새출발 직전의 들뜬 마음이 얼마나 큰지와는 별개로 말이다. 우리 내면에는 처음부터 끝까지 의심하며 반대하는 목소리가 살고 있다. 무언가 쉽게 바꿀 수 있는 것도 회의적으로 바라보게 하며 입을 꾹 다물게 한다.

언젠가 내 조카 마리는 "아이디어의 가치는 그것을 사용하는

데 달렸다"라고 말했다. 활발한 물병자리 소녀답게 번뜩이는 재치가 돋보이는 인재다. 당연히 그런 발상을 흡족해할 것이다. 나 역시 마찬가지니까. 코칭할 때 사람들이 가장 많이 묻는 질문은 항상 이렇다.

"그럼 이제 어떻게 실천해야 할까요?"

의지를 행동으로 옮기는 것을 아주 어려운 단계처럼 느끼는 사람이 무척 많다. 그 과정에서 우리는 5미터 점프대에서 다이빙 하는 것이 실제로는 얼마나 쉬운 일인지 깨닫는다. 우리는 이미 앞으로 나아가기 위해 한 발을 내디뎠다. 따라서 여기서 질문은 "다이빙은 어떻게 해야 하는가?"가 아니라 "내가 처음부터 다이 빙하고 싶었다는 것을 어떻게 기억할 수 있을까?"이다. 이때 다 음 세 가지 단계가 분명 도움이 될 것이다.

첫째, 결정하라

당신은 무엇이 매력적이고 추구할 가치가 있는 목표라고 생 각하는가? 현재 목표를 이루지 못하고 있다면 두 가지 가능성이 있다. 하나는 그곳으로 향하는 길을 열심히 생각하고 당장이라도 도착하고 싶어 하지만 너무 어려워하며 한 발자국도 떼지 않은 경우다. 다른 하나는 너무 느긋하게 행동하며 자신을 과신하기 때문이다. "굳이 결정할 필요가 있을까. 내가 기억하기로는 처음부터 그랬었는데!" 잠깐 이해한 수준으로 그것을 영원히 써먹을 수 있다? 음… 그렇다면 예외적으로 특이한 경우일 것이다. 그보다는 의식적으로 결정하는 편이 훨씬 전도유망하다. 그러므로 당신이 쓰고 싶은 말을 떠올릴 방법을 직접 결정하라. 간단한 목록을 정하고 포스트잇이나 달력에 짧은 메모 남기기, 책상에 카드 남기기 등 방법은 아주 많다.

둘째, 약속하고 서명하라

"정말 그래야 해?" 방금 결정해야겠다고 결심한 사람도 이 말을 보는 순간 다시 그만두고 싶은 마음이 생길지도 모른다.

그렇지만 자신과 합의하지 못한 사람은 분명 그해 마지막 날이 되면 또다시 매년 반복되는 다이어트 루틴처럼 "내년 2월까지 5킬로그램을 빼고 만다!"라고 외치기 마련이다. 그러고는 고작 며칠이 지나 1월 3일에는 푹신한 소파에 앉아 더블 사이즈 티

라미수를 음미한다. 항상 그래오지 않았던가.

우리는 작은 글씨로 인쇄된 내용을 제대로 읽지도 않고 서명하곤 한다. 하지만 정작 자신의 성장을 위해서는 어디에도 서명하지 않으려고 한다. 한번 서명하고 나면 너무 공식적으로 지켜야 할 큰일처럼 느끼기 때문이다. 그런데 이런 서명은 22년간의 코칭 경험으로 검증된 방법이다. 직접 무언가를 약속하고 그 내용을 작성한 뒤 서명하고 곧바로 어떻게 실행할지 결정한 사람은 가장 빠르게 앞으로 나아가며, 그 약속을 현실로 만든다.

그러면 자신과의 약속, 계약 그리고 동의는 어떤 식으로 진행해야 할까? 이런 방법은 어떨까? "다음에 내가 무슨 일을 너무 개인적으로 받아들여서 맥박이 빨라지는 순간이 오면 나 또는 타인에게 이렇게 말할 것이다. '그냥 개인적으로 받아들이지 않을래요.' 그리고 말을 이어가며 침착하게 행동할 것이다."

이제 한 가지 약속이 필요하다. 이렇게 적어보자. "결심을 제대로 지키지 못할 때마다 그날 저녁 벌금으로 50유로를 내거나 내가 가장 좋아하는 드라마를 그다음 날까지 보지 않는 벌칙을 수행할 것이다." 확실히 벌칙이 될 만한 것을 골라야 하지만, 감당할 만큼 가벼운 수준의 벌칙이어야 한다. 지혜롭게 규칙을 세우면 오랫동안 제대로 지키기 마련이다. 종종 이 방법에 격분하는 사람들의 불평도 들리지만 나는 확실히 말하고 싶다. 이 방식은 처벌하기 위함이 아니라 오히려 정반대라고 할 수 있다. 이 규칙은 당신이 자신에게 진지하다는 결심과 태도를 보여준다. 그것만으로도 이것은 처벌을 위한 기준이 아니라 당신의 가치가 된다.

셋째, 연습하라

지식은 어떻게 작동하는지 잊었을 때 능력으로 흡수된다. 따라서 마지막 단계로는 새로운 습관 들이기가 필요하다. 미국 아파치족의 지혜처럼 가장 쉬운 방법은 평화로운 시기인 평소에 연습하는 것이다. 지평선에서 적들이 몰려올 때 처음으로 활과 화살을 쥐는 대신 영리한 아파치족 아이는 어릴 적부터 놀이처럼 자연스럽게 활쏘기를 훈련한다. 전혀 위태롭지 않은 상황에서 평화롭게 말이다. 우리의 경우도 마찬가지다. 우리는 직장과 일상에서의 상황이 어떻게 벌어지는지 잘 알고 있기 때문이다.

어느 한순간 갑자기 예상하지 못했던 상황에 직면하고, 또 번개처럼 빠른 속도로 반응해야 한다. 그러므로 다음 대형 사고를 넢놓고 마냥 기다리기보다 아무 일도 없는 평온한 시기에 열심히 훈련해두어야 갑자기 터질 결정적인 순간에 반격할 수 있다.

결정적인 순간에 그런 태도를 유지하려면 여러 평범한 상황에서 미리 연습할 필요가 있다. 간단한 다과에서, 파티에서, 계산대에서, 스포츠센터에서, 친구와의 통화에서. "이건 내 책임이 아닌 것 같군요"라고 말하기 위해 꼭 누군가를 공격해야 할 필요는 없다. 그저 편안한 상황에서 자연스럽게 사용할 수도 있다. "그럼 여기 이걸로 할게요"는 레스토랑에서 유용하게 쓰일 것이다. '날 화나게 할 사람은 내가 정해'라는 생각도 손을 씻으면서 빠르게 할 수 있다. "결정을 번복했습니다." "모르겠어요." 거의 모든 말을 평온한 일상에서도 제대로 연습할 수 있다.

처음에 삐거덕거리더라도 즐거운 마음으로 시작했는데 결국 동체착륙을 해야 하는 상황이 온다면? 그래도 자신을 용서하고, 살면서 지금까지 그랬던 것처럼 계속하면 된다. 자리에서 툴툴 털고 일어나서 왕관을 고쳐 쓰고는 가던 길을 계속 걸으면 된다.

아니면 타이 국가나 다름없는 "마이 펜 라이"라고 노래 부르라. 이러든 저러든 "비틀거리는 사람이 길을 걸을 때 더 조심한다"라는 옛 지혜는 진리다.

이 책에서 소개한 표현을 계속 연습하고 활용한다면 매사가 빠르고 수월하게 진행될 것이다. 여기에 수록한 조언은 다양한 상황에 처한 많은 사람을 통해 이미 확실한 효과가 입증됐다. 그러므로 처음에 말을 사용하는 데 어려움이 생긴다면 아마도 목소리 톤이 문제일 수도 있다. 너무 진지하거나, 너무 단호하거나, 혹은 너무 의미심장하게 들린다면 당신의 말투가 화난 것처럼 전달될 수도 있다. 하지만 우리가 추구하는 목표는 그 상태의 정반대다. 따라서 당신이 고른 말이 최대한 자연스럽게 들리도록 노력하라. 아주 편안하고, 부수적으로 가볍게 들리도록 말이다. "당신을 전적으로 이해합니다. 그리고 나는 뭔가 다른 것을 원하고요"라는 말도 "그러면 스파클링 애플 주스로 시킬게요"라는 말처럼 들려야 한다. 주체성은 항상 침착함에서 비롯된다.

당신도 승리를 확신하며 자신에게 필요한 말을 갈고 닦았을 테지만, 연습한 말을 실전에서 제대로 써볼 만한 상황이 없었을 수도 있다. 하지만 마냥 기다린다 한들 그런 상황은 오지 않는다. 절대로. 몇 주를 기다려도 오지 않는다. 어쩌면 평생 오지 않을지도 모른다.

하지만 만약 그렇다면, 축하한다! 그 또한 기뻐하기에 충분한 이유다. 생각이 당신의 시스템에 깊이 스며들면 실제로 마음가짐과 태도가 달라질 수 있다. 그리고 마음가짐이 달라지면 더는 그런 말도 필요 없어진다. 다시 말해 그런 말을 연습해야 했던 상황 자체를 마주치지 않게 된다. 우리가 답을 찾는 순간 인생이 묻는 질문이 달라지기도 한다.

나는 당신이 이 책에서 소개한 말 중 어떤 말부터 시작할지가 너무도 궁금하다. 나의 이야기가 영감을 주었는지, 관점이나 통찰에 영향을 주었는지, 그중 일부라도 인생에 꼭 적용하고 싶다는 마음이 들었는지가 참으로 궁금하다. 혹시라도 나의 조언으로 당신 인생이 한결 편해지는 마법 같은 순간들이 늘어난다면 내게는 큰 기쁨일 것이다. 그러므로 내가 진심으로 아끼는 이 어

록 중 마음에 스며든 말이 있다면 그것이 선사하는 결과에 감탄
하라.

나는 이 조언들이 세상에 널리 퍼지기를 바라며 처음으로 당
신에게 전했다. 지금 나의 심정은 뱅크시Banksy(영국의 가명 미술
가—옮긴이)의 그림에 등장하는 빨강 하트 풍선을 든 소녀가 된 기
분이다. 햇살이 찬란하게 비치는 10월의 일요일에 구릿빛 풍선
50개를 손에 쥔 내가 지붕 꼭대기까지 날아오를 것 같은 기분.
이제 움켜쥐었던 손을 하늘을 향해 뻗은 나는 새빨간 풍선이 하
늘을 향해 날아가는 모습을 감탄하면서 바라보고 있다.

이 책이 당신에게 선사한 것은 무엇인가?

셀프
리더십

자유

주체성

명쾌하게 자신을 드러내고 단호하게 관계를 정리하는 심플한 태도

당신도 감정 소모 없이 말할 수 있습니다

1판 1쇄 인쇄 2025년 1월 13일
1판 1쇄 발행 2025년 1월 24일

지은이 카린 쿠시크
옮긴이 한윤진
펴낸이 고병욱

기획편집실장 윤현주 **책임편집** 신민희
마케팅 이일권 함석영 황혜리 복다은 **디자인** 공희 백은주
제작 김기창 **관리** 주동은 **총무** 노재경 송민진 서대원

펴낸곳 청림출판(주)
등록 제2023-000081호

본사 04799 서울시 성동구 아차산로17길 49 1009, 1010호 청림출판(주)
제2사옥 10881 경기도 파주시 회동길 173 청림아트스페이스
전화 02-546-4341 **팩스** 02-546-8053
홈페이지 www.chungrim.com **이메일** cr1@chungrim.com
블로그 blog.naver.com/chungrimpub **페이스북** www.facebook.com/chungrimpub

ISBN 978-89-352-1467-9 03320